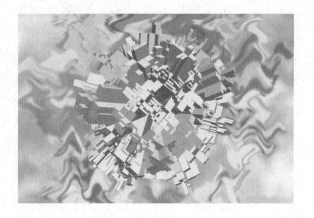

钟启泉◎著

课堂研究

Classroom Researching

华东师范大学出版社

目录

课堂与课堂研究

一、课堂:儿童成长的场域

康德(I. Kant)在其《教育学讲义》中说:"人唯有凭借教育才能成为人。人绝非人所创造的教育以外的产物。确切地说,人唯有凭借人,亦即唯有凭借同样受过教育的人才可能受教育。"[1]学校教育中的"教"与"学",通常是以"课堂教学"为核心活动展开的。那么,学校的课堂究竟是一个怎样的世界呢?

课堂是"儿童成长"的场域。教育不是单纯地习得知识、技能的学习过程,而是人格陶冶的过程。教育的本质在于人的"成长"。"成长"是借助"经验的重建"——统整每时每刻的经验的种种要素,来丰富经验的意义,从而为尔后的经验提供方向的。在这种经验的重建过程中,"知识"与"技能"作为知性反思的产物被习得。就是说,它们是探究过程所衍生的副产品,"成长"的主旨终究是更为优质的经验的重建。对于经验的重建而言,"感受"(feels)具有极大的意义。任何一种思考都是环境与人的交互作用。当儿童直面眼下的具体情境,必然会有所观察、有所倾听、有所感悟,这就是"开放儿童的经验"。直接地反映这种"人、事、物"的侧面,就是感性的侧面。这种"感性"尚未构成"概念",它反映的是客体的直观。整体的意义、儿童的"探究",就是利用它作为推进力得以展开的,而这种经验过程的知性反思就是"理解"。儿童正是在基于经验的学习的日积月累之中获得了对于自身潜能的信赖,从而培育起探索未知世界的勇气与自信。罗杰斯(C.

Rogers)强调:"有意义的学习是兼备逻辑性直觉、理性与情感、概念与经验、构思与意义的。"[2]

　　课堂是培育"文化传递力与文化创造力"的场域。社会在不断变化,新的知识、技术和行为方式作为其文化的一部分得以积蓄起来。社会的延续发展有赖于人类文化的传承,教育就是这样一种文化传承的活动。提起"文化",人们往往会联想到科学、艺术、道德、制度之类的样式,事实上,文化是社会中人们实现各自理想的人类活动的过程,科学、艺术、道德、制度等不过是在这一过程中衍生的产品。这就是说,在文化的传承中,创造文化的人类的活动过程是不可或缺的。文化的传递并不是以单向地从先辈传承给后辈的方式来进行的,年轻的后辈必须形成自身独特的文化创造的能力与态度。仅仅是单纯地培育具有知识、技能的人,并不是教育的目的。

　　进一步地说——课堂也是儿童体验"文化创造的共同体"的场域。文化传递与文化创造的统一并不是在彼此孤立的儿童身上发生的事件。正如文化是社会的人们实现理想的人类活动的集体实践过程一样,教育也是集体性的文化传递与创造的过程。换言之,课堂教学是以科学、艺术、技术之类的人类的文化方式作为媒介,生成自身的意义,在儿童之间、师生之间相互交换意义。以学科教学的情境为例,它并不是儿童获得"标准解释"、"标准理解"的一种代码(符号与规则的体系)或是唯一的"标准答案"的过程,而是儿童以教材为媒介,了解不同于自身的另一种代码(符号与规则的体系)的存在,并且体验自身的代码体系的相对性的过程。这样,直面意义生成的现场,儿童成为新的"意义生成的当事者",并且"参与了社会的文化共同体的实践"[3]。

　　课堂,绝不是寂静无声的墓地,而是交织着多重声音的世界。归根结底,学校的课堂不是单纯的物理空间,而是一个社会的、政治的、历史的、文化的空间。

二、课堂转型的意涵:从"教堂"转向"学堂"

　　"核心素养"作为当今国际教育界的潮流,勾勒了未来新人的形象——人格品质与关键能力,规约了学校教育的课程发展与教学实践。倡导基于"核心素养"的课程与教学是新时代教育的诉求,这种诉求说到底就在于实现课堂教学的转型——从"知识传递"的教学转向"知识建构"的教学。

然而,我国的中小学课堂却在应试教育的背景下被扭曲变形了。素质教育与应试教育之争已有30多年,新课程改革也有10多年了,应试教育却愈演愈烈,其典型表现就是"素质教育与应试教育有机结合论"。这是荒谬绝伦的逻辑!由此,不由得使人联想起罗杰斯在1983年做出的有关"教育的政治学"的精彩分析:"传统教育与人性化教育是教育的两种模式或是两极。"[4]这种分析跟我国教育界对教育两极——应试教育与素质教育——的区分,是异曲同工的。

罗杰斯接着罗列了传统教育——"非人性化教育"——的基本特征:1.教师是知识的掌握者,学生则是被动的知识接受者。2.教师讲解教科书,或用语词传递知性化的知识是传授知识的主要方法,考试是测量学生掌握知识程度的手段。这两者是传统教育的核心要素。3.教师是权威人物,学生则是服从者。4.由权威制订的规则是课堂里通行无阻的政策。5.信赖被最大限度地压抑。教师不信任学生,学生也对教师的真心、诚恳、公平和能力不抱有信赖。6.臣民(学生)不间断地或是持续地处于恐怖状态,惟命是从。7.民主主义及其价值被践踏无遗。8.在这种教育体制之中全然没有"整体的人"的余地,只关注学生的学业成绩。在罗杰斯看来,这是一种因循守旧的教育政策,其重心在于"教师的权力"及其"权力的最大化",而维护这种权力的策略就是以学业成绩作为奖惩手段的应试教育。与此相反的另一极——人性化教育——的基本特征是:1.作为学习促进者的教师,与其他人——学生,可能的话还有家长和社区人士——一起分担学习过程的责任。2.作为学习促进者的教师从自身内部和自身的经验出发,从教科书或教材以及社区经验出发,准备学习资源。3.每个学生同他人合作,发展自己的学习计划。4.提供重建学习的氛围。5.焦点在于培育持续性的学习过程。6.实现学习目标的必要的纪律就是自我纪律。7.学生学习的程度与意义的评价主要由学习者自己进行。8.促进学生成长的风土,与其说是传统教学中的接受式学习,不如说是更深更快地浸透在学生的生活与行动之中的自律。之所以有这种表现是因为:方向是自己选择的,学习是自我主导的,学生是全身心地投入学习过程之中的。这是截然不同于传统教育的一种模式。

两种不同的教育路线，秉持不同的教育价值追求，是水火不容的。按照罗杰斯的说法，人性化教育模式的前提条件是，学生真真切切地经验到来自教师和成人的充分信赖，而这种前提条件在传统应试教育文化中是根本不存在的。——这个判断或许可以帮助我们洞察"灌输中心课堂"的反教育本质，同时也凸显了我国中小学"课堂转型"，即从"教堂"（灌输中心课堂）转向"学堂"（对话中心课堂）的紧迫性。毫无疑问，构成今日我国主流的中小学课堂，可以称之为"教堂"（传递中心课堂）。"教堂"原本意图实现的是如下三项教育价值：其一，借助教育实现人人平等，所有儿童平等地分享知识，从而阻抑由于知识拥有的差异而造成的人际差异。其二，不是强调与生俱来的能力差异，而是注重人们周围环境的影响而造成的后天能力的发展。其三，谋求学术与教育的结合，旨在最大限度地提高每一个儿童的认知能力，使他们人人聪慧。为此，通过"语词"所授予的内容，是作为人类文化（遗产）的现代学术（科学、技术、艺术）上的真理与真实而加以选择的[5]。因此，"教堂"就是以教师单向地向学生传递"制度化知识"的课堂，在这种课堂中却产生了"适应者"与"不适应者"。这无异于催生了臣民（学生）的两极分化。而且，无论是"适应者"还是"不适应者"，其对于自然、社会与人类的经验与知识的量与质，往往是狭窄的、肤浅的。每一位学生都是知识的被动接受者，以为所谓的"学习"，就是教师教授并且评定所记（掌握）的内容。他们体验不到参与学习本身的喜悦，也被剥夺了持续学习的意识与喜悦。

作为理想的"学堂"，在实现"教堂"所秉持的三项教育价值的同时必须剔除"教堂"的弊端，在"学堂里"，每一位学生不是被动地而是能动地学习；不是竞争性地，而是合作性地学习；不是靠单向传递、孤独地记忆知识的学习，而是基于双向性、多向性对话的学习。以往一线教师的课堂研究仅仅局限于对教学步骤、教学方法之类的探索，然而，不同学科、不同学生、不同教材，教学步骤与教学方法不应当、也不可能千篇一律。离开了对于课堂本来的教育价值的追求、离开了对于课堂事件的实质性理解、离开了"教"与"学"概念的重建，是谈不上真正意义上的课堂研究的。

"教"与"学"的概念，应当作为建构意义与关系的实践，重新加以界定。可以说，这是把课堂作为"教"与"学"得以实现的场域重新加以审视的课题。课堂教学教学的理论中就是如何设定目标与学力的课题。这里存在着两种立场——依据儿童的生活经验来构想文化内容的经验主义立场与依据学术与文化来选择文化内容的系统主义立场。这两种立场经历着长期而广泛的论争。

经验主义教育的立场强调"教育与生活相结合"。经验主义教育的代表人物杜威（J. Dewey）在他的《学校与社会》（1899）中宣告了教育的哥白尼式的变革："儿童是太阳，教育的各种措施围绕着这个中心旋转。"[2]尔后出版的《民主主义与教育》（1916）则是杜威教育哲学的宣言。在杜威看来，"教育是生活的过程，而不是将来生活的准备"。"学习应当通过生活、联系生活来进行"——这就是他的"做中学"的主张。对于主张"实验性经验主义"的杜威而言，"做中学"并不是单纯的丰富体验而已，而是借助实验性的、科学的方法来展开问题解决的过程，旨在习得实验性智慧。

系统主义教育的立场强调"教育与科学相结合"。布鲁纳（J. S. Bruner）称得上是为系统主义提供思想根基的有影响力的人物。布鲁纳的《教育过程》（1960）被作为"学问课程"（discipline-centered curriculum）福音书，流布世界。作为《教育过程》的续编，《直觉・创造・学习》（1962）与《教学理论的建设》（1966）相继出版，展开了对教学理论的探讨。当时布鲁纳抨击的是生活适应教育，通过逐条批判杜威的《我的教育信条》（1897），旗帜鲜明地宣扬系统主义的立场，强调了学校固有的作用："学校不应当满足于仅仅同外部广泛世界的连续性或是同日常经验的连续性作好准备。学校是人类驱使知性发现新的世界或是向着不可想象的崭新的经验世界飞跃的特殊的社会。"[3]布鲁纳重视学术所具有的基本观念——"结构"（structure）。他主张"任何学科的基础都可以以某种形式教给任何年龄的任何人"的假设，提出了反复地教授"结构"的螺旋式课程。不过，有人从"学问中心课程是否适应美国社会或适应实际的课堂中学习的儿童，以及是否有效"的视点，对其展开了批判。所以，布鲁纳本人后来也开始关注课程的"适切性"（relevance）。

"教育与社会相结合"与"教育与科学相结合"其实并不是二元对立的。倘若考虑到轻视科学的生活的脆弱性与无视生活的科学的偏向性，那么，学校教育中的"生活"与"科学"并不是非此即彼的问题，而是两者应当如何统整的问题。

"协同性"的特质——彼此从平等的立场出发,发表自身的教学实践,根据教学实践的事实,共同展开分析、评价、批判,从而揭示教学改进的方向与线索。**这既不是特定教师的经验,也不是客观主义的分析,而是旨在开拓儿童无限的发展可能性,分享理想而可行的教学模式及其技术的"协同性"。再者,这种"课堂研究"必须是日常性的、长跨度的"持续性"研究。最后,这种"课堂研究"的另一个引人注目的特质就在于"伦理性"——**一线教师与研究人员作为合作研究者,对于教学展开的设计、实施与课后的分析、评价的作业,负有共同的责任。在课堂研究中,研究者的理论借助一线教师的实践加以琢磨与修正,反之,一线教师的实践借助研究者的理论加以检验,或者将自身的实践经验上升到理论的高度。一线的教师借助日常的课堂研究,不仅打造自身的教学实践力,同时也打造教师的"学习共同体"。

"课堂研究"绝不是在真空中进行的活动。从某种意义上说,"课堂研究"是同那些扭曲课堂研究的思想及其势力展开博弈的一场斗争。"应试教育"最后的堡垒就是课堂教学。课堂不变,教师不会变;教师不变,学校不会变。换言之,课堂变了,教师才会变;教师变了,学校才会变。

参考文献

[1] 筑波大学教育学研究会. 现代教育学基础(中文修订版)[M]. 钟启泉,译. 上海:上海教育出版社,2003:71.
[2] C. Rogers. 教育的挑战[M]. 友田不二男,主译. 东京:岩崎学术出版社,1985:24.
[3] 佐伯胖. "学习"的意涵[M]. 东京:岩波书店,1995:146.
[4] C. Rogers. 人性中心的教师[M]. 伊东博,主译. 东京:岩崎学术出版社,1984:113—129.
[5] 佐藤学. 课程与教师[M]. 钟启泉,译. 北京:教育科学出版社,2003:328,154.
[6] 佐藤学. 互动的课堂、共育的学校:学习共同体的改革[M]. 东京:小学馆,2015:312.
[7] 的场正美,柴田好章. 授业研究与授业的创造[M]. 广岛:溪水社,2013:290.

第 1 编

核心素养与课堂转型

"核心素养"的界定体现了信息化社会学校教育的本质与功能所发生的变化——学校教育不再满足于单纯的"知识传递",而需要从"知识传递"转向"知识建构"。这就意味着,一线教师需要展开新的课堂研究,聚焦新的"学习发展模式"的创造,借以实现课堂的转型。

第 **1** 章
课堂世界的构图

课堂的世界对于一线教师而言,可以说是既熟悉又陌生。翻开世界教育史的画卷,可以发现东西方各个教育学派的先辈们围绕课堂世界展开的经典阐述。这些阐述将帮助我们把握课堂世界的演进轨迹及其整体图像,从而深入理解作为教育活动的课堂教学的作用。

一、围绕课堂世界的经典描述

抽象地说,教学是提示某种文化内容必须被儿童掌握的一种活动。在这种界定中隐含着论述课堂教学之际某些不可或缺的考察视点。这里先来考察一下当今时代依然光彩照人的若干代表性观点。

(一) 教育性教学

教学必须借助某种文化内容的习得(学力的形成),同作为生存能力的人格的形成(教学的教育性)联系起来。赫尔巴特(J. F. Herbart)的"教学的教育性"概念强调的就是这一论点。在这里,教学是以儿童的集体为对象的,这就不能不考虑教学的个别化与合作化。

1."教育性教学"的含义。赫尔巴特说过,不存在没有教学的教育,也不存在没有教育的教学。所谓"教育性教学"(Erziehender Unterricht)[1]就是指,作为"思想圈"的形成的"教学"有助于作为"陶冶德性"的"教育",而"教育"受到"教学"的支撑,才成为各自本来意义上的"教学"与"教育"。翻译成更易理解的语言来说,"学力"是同作为生存能力的"人格"联系在一起的,这种"学力"被称为"能动的学力"。确实,"能动的学力"是借助解释、设想、验证等来展开自己的生存世界的一种活动,因而这种形成过程对于儿童而言,不是单纯的苦役的连续,而是受到基于生活需求的真正的学习积极性所支配的。

2. 教学的个别化。教学中的"个别化"存在着两种迥然不同的立场。一种立场是,把学力差异等同于能力差异,根据每一个儿童的基础与能力倾向,即便在成就目标层面也加以"个别化"。不过,这样一来,就会造成儿童之间的学力落差的固定化与扩大化,这是同义务教育旨在养成"国民教养之基础"的教育哲学格格不入的。另一种立场是,学力差异终究是可以借助教学方法的改进来克服的。基于这个前提,通过对学习困难儿童的"个别化"的教学实践,可以达到共同的目标。这样,同样是"个别化",究竟是秉持前者的"目标个别化"主张,抑或是秉持后者的"教学个别化"的主张,是有着根本性的差异的。

3. 基于学习集体的协同学习。现代的班级借助同一年龄集团的持续性组织化,基于学习集体的协同学习的实践就有了可能。不过,这种实践不是单纯的学习形态的选择问题,而是植根于人类学习创造出来的文化内容这种活动的本质性问题。就是说,学习的行为不是单纯地接受知识和概念的消极行为,而是知识与概念的再建构、再创造的过程。在这里,同化(内容的反映)与调节(内容的建构)是两个并行不悖的能动过程。在这个过程中,儿童通过与自身的对话、与他人的对话,加深对知识和概念的理解,因此,要求教师通过提问、提示资料等的教学活动,组织基于学习集体的集体思维。通过协商、讨论、论争的方法来展示儿童之间同他人见解的共同点与差异点。这同时是一个与自身对话的过程,是同矫正与重建以往学习与生活经验中形成起来的既有认识内容相关联的。教师正是在教学中整合个别化与合作化,来谋求儿童学力的形成的。

(二)生活与科学的统整

所谓"儿童必须掌握的文化",其实牵涉到应当如何组织文化内容的论点,在教学的理论中就是如何设定目标与学力的课题。这里存在着两种立场——依据儿童的生活经验来构想文化内容的经验主义立场与依据学术与文化来选择文化内容的系统主义立场。这两种立场经历着长期而广泛的论争。

经验主义教育的立场强调"教育与生活相结合"。经验主义教育的代表人物杜威(J. Dewey)在他的《学校与社会》(1899)中宣告了教育的哥白尼式的变革："儿童是太阳,教育的各种措施围绕着这个中心旋转。"[2]尔后出版的《民主主义与教育》(1916)则是杜威教育哲学的宣言。在杜威看来,"教育是生活的过程,而不是将来生活的准备"。"学习应当通过生活、联系生活来进行"——这就是他的"做中学"的主张。对于主张"实验性经验主义"的杜威而言,"做中学"并不是单纯的丰富体验而已,而是借助实验性的、科学的方法来展开问题解决的过程,旨在习得实验性智慧。

系统主义教育的立场强调"教育与科学相结合"。布鲁纳(J. S. Bruner)称得上是为系统主义提供思想根基的有影响力的人物。布鲁纳的《教育过程》(1960)被作为"学问课程"(discipline-centersd curriculum)福音书,流布世界。作为《教育过程》的续编,《直觉·创造·学习》(1962)与《教学理论的建设》(1966)相继出版,展开了对教学理论的探讨。当时布鲁纳抨击的是生活适应教育,通过逐条批判杜威的《我的教育信条》(1897),旗帜鲜明地宣扬系统主义的立场,强调了学校固有的作用:"学校不应当满足于仅仅同外部广泛世界的连续性或是同日常经验的连续性作好准备。学校是人类驱使知性发现新的世界或是向着不可想象的崭新的经验世界飞跃的特殊的社会。"[3]布鲁纳重视学术所具有的基本观念——"结构"(structure)。他主张"任何学科的基础都可以以某种形式教给任何年龄的任何人"的假设,提出了反复地教授"结构"的螺旋式课程。不过,有人从"学问中心课程是否适应美国社会或适应实际的课堂中学习的儿童,以及是否有效"的视点,对其展开了批判。所以,布鲁纳本人后来也开始关注课程的"适切性"(relevance)。

"教育与社会相结合"与"教育与科学相结合"其实并不是二元对立的。倘若考虑到轻视科学的生活的脆弱性与无视生活的科学的偏向性,那么,学校教育中的"生活"与"科学"并不是非此即彼的问题,而是两者应当如何统整的问题。

（三）教师的"教育技艺"

教师在教学情境中驱使种种"教育技艺"以实现某种意图。教育技艺存在两种类型：一是属于人人可能掌握的（技术化）类型，另一种是属于凭借教师判断力的（艺术化）类型。两者都是同如何形成教师的教学实践力息息相关的课题。

1. **教学技术化的要件。** 课堂研究从某种意义上说，是从名师的教学中析出人人能够掌握的广义的教育技术。为了实现这种"技术化"，必须满足三个要件："可传递性"、"可再现性"、"可验证性"。所谓"可传递性"，就是能够细致地明示"优秀的教学"，诸如，必须具体地描述提问、指示、说明等教师的教授行为，这样才能传递教师的教学事实。当然，即便是传递了教学的事实，也是难以在别的教师的课堂中原原本本地得到再现的。这里所谓"可再现性"，不仅要提供"怎么做"的具体的方法的知识，（方法论知识），而且要提示"为什么这么做"（命题知识）。通过阅读这种叙述，教师就能把握所传递的教学的事实，理解聚焦了什么，实践才会好。所谓"可验证性"是对教学展开评价的要求。课堂记录往往只是教师的教学记录，其中记载的儿童学习活动的过程与结果的事实极其薄弱。即便有所记载，也不过是停留于"那时儿童的表情变得开朗了"之类的主观式记述，或者以优等生的感想作为代表而已。在揭示教学形成的条件（诸如地域、学校的特色与教师、班级的特点）的同时，应当提示正确地评价儿童学习活动的记录（至少是班级全员的成绩记录）。这样，才能了解所运用的教育技术的适用范围与限度，可以避免"万能药膏"的弊端。

2. **教学艺术化的形态。** 艾斯纳（E. W. Eisner）指出："不能区分工作中的儿童的焦虑与单纯焦虑的教师，教育鉴赏力尚未发展到一定的水准。"[4]这种论述不同于"技术化"的教育技艺着眼于教学实践的共同性，而是着眼于教学实践得以形成的特有的质（诸如，弥漫整个班级的气氛），即意在教学的"艺术化"。一般说来，人类的认知活动是由两种作用——分析与直觉，科学认识与形象认识——构成的。因此，在认识师生作为拥有个性的存在相互碰撞的活动——教学实践——的场合时，不仅要求科学的方法（技术化），而且要求艺术的方法（艺术化）。诸如，所谓"教育机智"的行为，依据这种方法论是有可能得到阐明的。这种教育机智倘若能够作为"教育鉴赏力"与"教育评议"等艺术的方法的对象加以形象地描述，那么，它的具体状态就可能变得更加清晰。

（四）学校知识的意识形态性与课堂的政治力学

作为近现代的公共教育组织的学校，是民主主义与人道主义的产物，人们原本期待它能够发挥推进社会启蒙与平等化的牵引车的作用。然而，今日的学校教育却同"教育公平"的期待背道而驰。解密这种近现代学校问题的代表人物是鲍尔斯(S. Bowles)、金蒂斯(H. Gintis)和阿普尔(M. W. Apple)。通过他们的批判，"学校知识的意识形态性"获得了解码。

1. 对应理论。鲍尔斯和金蒂斯的《美国资本主义与学校教育》(1976 年)是第一本研究课程政治学的教科书。该书从怀疑"学校是社会民主化与平等化的装置"的主张出发，运用历史唯物论的社会结构论，提出了分析学校教育的框架：学校教育起着对应于并由社会经济基础决定的上层建筑的功能。[5]具体地说，着眼于态度与人格维度，学校与企业之间的"对应"，表现为企业要求于精英的领袖气质与动机管理（重视创造性）与要求于一般员工的服从性与行为管理（遵纪守法）是同教育的水准（精英大学与社区学院）相应的。高中阶段受到高度评价的态度是"忍耐"、"守纪"、"上进"等特质（反之，"创造性"、"独立性"评价低）是同企业监管者的评价标准对应的。企业所期待的学校的作用，与其说是认识能力的形成，不如说是有利于企业的态度与人格特征的养成。因此，学校所教授的知识，绝不是中立的，而是反映了社会经济的利害关系（意识形态）的。

2. 学校课程的政治学。阿普尔的问题意识是阐明"主导权"作为学校内在逻辑的媒介是如何起作用的，进而洞察抵抗"主导权"的教育实践的可能性。所谓"作为媒介项的学校内在逻辑"的课题，就是把学校作为文化知识的分配机构来考察，把学校视为受社会体制所制约进行"文化"再生产的场所。因此，阿普尔有关"学校知识的意识形态性"的分析聚焦于围绕文化知识的分配的学校课程的政治学。在阿普尔看来，学校在编制课程的过程之中会积极地介入"文化知识"的选择与组织，抽取所谓的"优先知识"或是"公共知识"。因此，这种过程及其结果绝不是中立的。所谓学校课程的政治学问题，是指围绕着考察谁的文化具有价值、谁的文化具有正当性、谁的文化得到保障的问题，亦即考察权力关系以及权力行使的种种过程。阿普尔通过阐明学校考察的政治学,提出了与之对抗的教育实践模式——"民主型学校"(democratic school)。在这里,所有学校教育工作者都是"学校共同体"的参与者,能够对学校的运作与方针的决定表明各自的见解;尊重参与者的多样性,避免陷入私利争斗,寻求民主主义的本质——"共同的善"。另外,所谓"民主型学校"的课程是指儿童能够广泛地汲取信息,尊重多种多样的见解与表达权利,保障批判性地探究现实生活问题的课程。

3. **课堂的政治力学。**课堂是一种揭发与抨击权力与权威,并在这种揭发与抨击过程之中持续地生成特有的权力与权威的、充满矛盾的场域。洞察课堂中生成的权力与权威而展开的论述与实践大体分裂为两种立场。一是既承认却又揭示并排除课堂的权力与权威的存在,执着于"中立教学论"的立场。二是暴露和抨击"中立教学论"所掩盖的权力与权威的立场。这两种立场乍看是针锋相对的,但就像钱币的两面,两者存在相辅相成的关系。一方拼命地掩盖暴露出来的权力与权威,另一方毫不留情地暴露被掩盖的权力与权威。任何一方都承认课堂的权力与权威的存在,并在潜在地梦想消除这种权力与权威这一点上是一致的。然而,"既然课堂是政治空间,是现代社会的缩影,那么,课堂往往是以一定密度编织并形成权力与权威之关系的场域"。倘若承认这个前提,那么,排除课堂中的权力与权威的尝试不过是妄想。因此,最为必要的"不是去排除和暴露栖身于课堂的权力与权威,而是根据教育过程探索重建这种权力与权威的关系"[6]。佐藤学主张借助构筑课堂的"原创性"和"真实性"来寻求权力关系的重建。

二、重新审视"学"与"教"及其关系

(一) 何谓儿童的"学"

学习有"学什么"的侧面和"如何学"的侧面。前者以"学习内容"为焦点;后者以"学习产生的方式"为焦点。这里首先梳理一下"学习"这一事件的心理学界定,然后对"学习"的意蕴作一解读。

1. 学习是行为的变化。

行为主义的解读　在心理学中,传统上把"学习"视为"行为的变化"。行为主

义是把生活体当作产生"S－R联接"(亦即对一定的刺激作出一定的反应)的机制来把握的。所谓"学习"是指通过经验使 S－R 联接发生变化。华生(J. B. Watson)倡导的行为主义是把心理学视为探究可观察的刺激与可观察的反应之间的法则性关系的行为科学来确立的。桑戴克(E. L. Thorndike)的联接主义把一定的刺激到一定的反应之间的过程作为一个行为单位来把握,"学习"就是刺激与反应的联接或形成或修正的过程。

认知论的解读　建构主义主张现实与意义乃是主体的意识建构,强调学习主体的知觉性、认知性因素是制约行为的要因,主张"学习"至少是知觉水准的重建或是认知结构的修正与重建。以柯勒(W. Kohler)为代表的"洞察说"认为,问题解决唯有借助所处情境的结构性洞察,亦即进行情境的知觉重建才有可能。而在托尔曼(E. C. Tolman)等人的"新行为主义"中,认为在刺激(S)与反应(R)之间会介入诸如期待与信念之类的生活体的要因。就是说,即便刺激(S)是同一的,一旦人的要因(O)发生变化,反应(R)也可能会不同,也就是所谓的 S－O－R。皮亚杰(J. Piaget)认为,在生物体(主体)与环境(客体)之间的相互作用下,拥有一定结构的生物体是通过作用于环境,借助同化与调节来学习和发展的。所谓"同化"是指拥有既定认知结构的人,把该结构作用于环境,使得环境发生变化的作用;所谓"调节"是指借助于来自环境的反作用,使得人的认知结构发生变化。在结构的变化中,比较短期的小的变化就是"学习",长期的大的变化就是"发展"。

信息论的解读　在基于信息理论的学习论中,所谓"学习"是指在人脑中形成新的信息处理的结构。学习不仅仅是单纯地接收和保持信息,学习的一个重大事件是形成有效的信息表达(知识结构)。形成怎样的知识结构取决于该知识结构有何等的作用,而学习过程可以理解为知识结构的发展过程。

情境论的解读　认知行为不是基于个人头脑中某种目标、计划、知识的活动,而是适应其所处的情境的行为的集合(情境认知)。乍看起来类似于行为主义,但不是凭借赏罚的反应形成,而是在涵盖了人际关系与种种工具的社会、文化的影响之中的一种认知。认知论重视人脑中的信息处理,特别是表象、概念、知识的侧面,认为学习是知识体系得以在头脑中建构的过程。情境学习论主张,学习者获得的并不是关于环境的认知结构,而是在环境之中的行为方式(情境学习)。

2. 学习是意义的建构。在重视学习主体经验的人文主义学习观中，学习的本质在于"意义"。"学习"是个人意义的发现或主体的意义形成。"意义"有两种，即社会意义与个人意义。社会意义是业已确立起来的，所以不是个人能够随意解释的。在传统的学校教育中，所谓学习就是"正确"地获得这种社会意义。但是，在新的教育中，个人意义受到重视。所谓"个人意义"是指学习者发现种种事件与观念同自身的关系。意义不是由于书籍或是教师之类的外部"权威"赋予的，而首先是经由学习者自身引申出来的。

在这种学习观中，个人的"现象场"受到重视。在"现象场"中，包括了此时此地个人所具体经验的包括自身在内的整个世界。从教师和别的人看来，儿童的"现象场"或许充满了"错误"、"错觉"和"事实的不完全解释"，但对于儿童来说，当时的"现象场"是他能够知道的唯一的"现实"。究竟发现了怎样的意义，是难以从外部观察的。这是因为，行为的变化是学习的结果，关于学习本身什么也无从谈起。但是，这并不是意味着儿童的意义形成是完全不能理解的。由于一切的行为都是这个儿童"自己"的独特表现，倘若能够了解到在儿童的现象场里他是怎样经验世界的，那么，儿童的行为几乎是可以理解的。"现象场"常常是同儿童自身相关的，因此，学习总是离不开自身的。儿童对于自身的认识（自我概念）制约着儿童经验的意义。这里所谓的"自我"不是"此自我"、"彼自我"那样的实体，"现象场"也不是"认识的仓库"那样的实体。就是说，所谓"自我"是指影响（与被影响）这个场的其他一切认识的一种认识体制。倘若"学习"称得上是名副其实的学习，那么，这种"学习"一定浸透着学习者的自我概念。

3. 学习是领悟的生成。学习是一种领悟。一般说来，心智有两种作用。其一是实质性思考，系指运用字词句、表象之类来理解世界；其二是外在性行为，系指借助运算、写信之类来把握世界。可以说，学校教育就是建筑在这种前提之上的。不过，在实质性思考与外在性行为之间还有另一个领域，那就是"领悟"[7]。领悟是借助微妙的注意力带来的，是一种同客观世界直接地接触的感觉，是指在概念化、解释、评价之类所谓的"思考"侵入之前，直接地经验客观世界的现实。"思考"原本是伴随觉醒的，但由于在思考中观念的操作占据巨大的地位，因而逐渐被边缘化了。领悟不是借助因果的线性关系能够说明的，它往往伴随着飞跃性的主体的事件。领悟一旦发生,以往的以"我"为核心展开的解释图式被打碎,"我"与世界的关系将会发生根本性的改变。我们习惯于这样的思考方式——"我"是同外在的客观世界与他人能够区别开来的独立的存在。然而,被称为"我"者,与其说是涵盖、调节这样的"我",不如说是更大的系统(宇宙、自然)的一部分而已。领悟,在以往无意识地潜藏的巨大系统之中构成"我"的,是被溶解了的经验。领悟中的"学习"并不是单纯的解释框架的修正与新的"观点"与"见解"的形成,这是因为,这种修正或变更无论有什么新的外在,从根本上说,仍然是在拥有社会意识的人所创造的"框架"中来解释世界的,这个事实并没有改变。教育的活动一方面是既有的信息的获得与变换,另一方面是相遇、创造之类的同活生生世界的连接。这是因为,领悟包含了人的生物学的自然侧面的、作为整体的人类在世界之内而且同世界一起的"觉知"。

4. 学习是一种经验的能动再建。儿童发现知识,而且把发现了的知识视为真实,就是经验的能动的再建或是统整。每当一个问题产生之际,儿童自己就得思考每一个问题的解决。除了儿童自身去思考之外,不可能有真正意义上的思考。这种经验的能动再建之能量(或曰"统整之力"),波兰尼(M. Polanyi)谓之"默会知识"。这是知识得以形成的不可或缺的能量。他说:"我们知道的东西比能够说的东西更多。"儿童或许能够用语言来说,但是儿童在其经验之中,学习的可能性远比能够说出的东西多。

(二) 何谓教师的"教"

在教学中儿童与教材怎样相遇?学习什么?在这些问题上,教师起着重要的引领作用。"学习"并不是指儿童知道教师想教的"结果"。收集信息原封不动地传递给儿童这样机械地进行的行为,对于教师而言并不困难。真正困难的,既不是呈示教材,也不是提供信息,而是如何帮助儿童发现、理解教材的意义,并且付诸行动。

为了有助于探究意义、发现意义,儿童与教师之间的人际关系是必要的。所谓"学习",唯有教师通过同儿童的知性合作,即同儿童协作,使之努力地把握教师所提示的种种观念、经验、技术或是民族文化遗产自身的意义,才有可能。能否引发这种知性合作,是教师"教"的核心课题。"教"的活动倘若聚焦于教师,那么,那就是以当下的判断去统一教材与儿童的认识,来展开每一个人的认知的技术过程。这种技术过程,被视为可观测的行为,也可以进行要素的分解与组合来作出描述。作为技术主体的教师可以聚焦同儿童的交互作用的经验来展开描述。

教师的课堂教学的技术被视为可观察、可描述的行为及其连锁。其一,作为技能的教育技术。教师要实现"教"的职务,就得有专业的实践能力。着眼于这种能力,而且作为行为来加以描述的就是"教学能力"(teaching competency)。揭示"教学能力"的具体内涵的尝试之一就是"教学技能"的研究。所谓"教学技能"是指教学中典型地表现出来的教学行为,和一般有效地析取出来的行为。例如,提问就是教师在课堂教学中的重要行为。教师在教学过程之中的提问,是基于教材、儿童、教学的种种知识的一种有意识的影响作用。"教学技能"就是同这种知识与行为结合在一道的。在着眼于教学技能的背后,有着对过去偏重于教育学理论与知识的反思,旨在培育教师能够实际地展开教学的能力。关于教学行为的研究和教学能力的训练,以信息科学、行为科学等为基础的教育技术学,发挥着巨大的作用。其二,作为决策过程的教育技术。教学也可以视为教学技能与教学情境的认知相结合的教师的决策过程。教育技术是立足于教学情境的感知与决策的连续,也是师生交互作用的过程。决策过程在广义上可以作为一种信息处理过程来描述。吉崎静夫用概念模型来表达计划与实施教学之际的教师行为,提出教学的流程取决于教师的种种要因:关于学生的知识,关于学生的反应与行为的状态的线索,关于教学计划、教学结构的知识,教学计划与教学实态之间的落差的认识,等等。[8]

教师经验的教育技术是一种"临床知识"。按照日本哲学家中村雄二郎的界定,所谓"临床知识",指的是"一边浸润在具体的现实之中,一边同对象展开对话性理解的'交互主体'的知性框架"[9]。在教育实践的现场,"看得见的力量"受到重视,但在诸多复杂要因纠结在一起的教学之中,每时每刻在该情境中发生的事象,必须在瞬间加以整体地把握,布局下一步。作为教师经验的现象来描述的教育技术,就是作为"临床知识"的教育技术。这种重视教学中的深层的现实,在交互作用的行为中阅读其所隐含的意义的教育技术,依存于教师切身体验的认知方式。不过,这并不是什么特别的认知方式,而是通常我们普遍进行的认知世界的方法。正如懂得象棋就去下象棋是最好的方法,懂得上课就去上课是最好的。教育是以每一个儿童的个性、经验与意义、相互解释性的沟通为基本性质的,具有不能强制或灌输的非操作性,是以儿童的整个人格的接纳为基础的。因此,教育技术是一种"临床知识"。

藤冈完治从人际关系的角度考察了整个学校的教育实践,归纳了"临床知识"的深化状态,大体可以分为三个层次——"技术基础"、"技术探究"、"技术创造",每个层次又可分为 2—3 个阶段。[10]

"技术基础"层次的基本性质是技术对象的存在被意识到。第一阶段的特征是熟悉的经验。这一阶段是临床技术得以产生的土壤。第二阶段是"动态把握"、"尝试错误"。教师开始观察,对象呈现出清晰的面貌。第三阶段是真实感觉来自对象的反应的阶段。例如,在同儿童的种种交往之中,尽管未能清晰地把握其个性,但教师因发现了"活生生的儿童"、"同儿童交往着的自己"而感到喜悦。这是一个从未分化的状态中,意识到作为教师的自己的"具身"的重要阶段。

"技术探究"层次的基本性质是,行为作为教师行为而被意识到,教师展开有目的、有意识的探究的阶段。在第四阶段,教师同对象交往、试探、观察,逐渐地形成行为与感觉得以整合的经验。就教学而言,真正意义上的教学技能作为一个段落的经验从教学情境中分化出来,这是教学的开始。第五阶段,教师经验到"行为—感知—对象"的交互性,在深刻的意义上开始"认知"。就教学而言,不再停留于提问之类教学行为的实施,而是感受到该行为、儿童的动向(表情变化、发言等)与教师自身的感知融为一体的变化。这是儿童不是作为一般存在,而是作为真正具有个性的存在而被把握的一个阶段。"何谓教育"、"何谓教学"的问题产生了。这也是更深刻的教育技术探究的阶段。

"技术创造"层次的基本性质是,自我与技术融为一体的阶段。在这一阶段,作为技术得以表现的是教师自身。他们自己在技术中发现这种技术的表现,教学愈益富于个性,在同儿童的交互性的深化之中经验着知识与技能的探究。这是一种作为"艺术"(art)的教育技术的创造。教师的感觉与精神愈益得到澄明,有时还会经验到同儿童人格的"相遇"而感到"欣慰"和"幸运",经验到作为教师的自我实现。

技术深化的状态不应当作为线性的技术发展阶段,凝固地看待。例如,即便是教育实习生和新任教师也会有作为"幸福经验"的教学经历,而经验丰富的教师也会有刻板地展开教学的案例。不过,教师的深化还是有序的。唯有在下位阶段充分经验、充分感知了,才能在上位阶段开始成熟起来。

(三)何谓"教学沟通"

所谓"学"是基于经验的能动形成的意义的发现,这只有借助儿童——旨在掌握教师提示的文化遗产的意义的儿童——的知性合作才有可能。所谓"教",是指教师帮助儿童发现、理解教材的意义,并且付诸行动的技术过程。就是说,学与教并不是彼此独立的,而是互为前提的。这就是教学情境沟通的动力学。这种"沟通"可以作为师生之间信息的传递过程从外部来加以观察。同时,着眼于技术与儿童的经验,也可以作为师生彼此之间进行解释而展开的沟通过程来加以描述,进而可以把它作为经验"交互作用"的对话过程来看待。

教学沟通模型大体分两种。[11]第一种,香农(C. E. Shannon)重视的是信息传递模型——以从 A 到 B 的信息传递作为基本模型。该模型以信息的外在符号的解析为中心。第二种,奥斯谷德(C. E. Osgood)的处理判断模型——着眼于 A 或 B 的任何一方,以"输入→内部处理(符号解读与符号化)→输出"作为基本的模型。该模型重视的是基于信息的内部符号的处理与判断的功能。不过,在现实中信息传递模型与处理判断模型是难解难分的。坂元昂着眼于用教学的信息流来描述教学沟通的模型,这种模型是把教学作为三阶段的流程来把握的。教师的经验目标与教学内容的探讨是教师的信息处理过程;其结果将借由某些媒体传递给儿童;儿童接受、思考这种信息,进行作业。这种学习活动是儿童的信息处理过程,学习活动的结果作为某种反应传递给教师,教师进行诊断、对照教育目标作出评价。坂元模型最重要的一点是尔后的反馈信息。所谓"反馈"(Knowledge of Results)是指教师发出儿童学习结果的信息,教师对儿童的单向沟通就可以发展为双向沟通。

然而这个模型并没有充分表达师生都是拥有社会意识的存在,教学并不是教师单向的知识、信息、技术的传递过程。儿童绝不是像在一张"白纸"上画图那样来学习的。在教学中,无论是在学习内容还是在教师面前,儿童都是以自己的见解、观点、经验为背景的拥有社会意识的存在,而教师同样也是作为拥有社会意识的主体参与教学的。这样,在教学中师生是在相互向对方作出解释的过程之中得以学习的。就是说,教师解释信息的框架(代码系统)同儿童的代码系统是不同的,而且每一个儿童也有各自不同的代码系统。教师是通过编织自己的经验、价值、情感与意图来对儿童的状态作出解释的;儿童是在对教师的信息处理、伙伴的信息处理进行解释的过程之中参与教学的。所谓"教学的沟通过程"就是拥有不同代码系统的人员之间,以学习素材为媒介进行的极其复杂的沟通过程。教学也是以教师的代码系统为媒介,获得积累了文化先人的代码过程。由此,教学沟通交织着双重过程——学习是在解释学习者是以怎样的代码系统来解释事象的过程之中展开的。

在今日的教学中,体验与经验受到重视。儿童借助行动进行实验,通过行动修正行为,谋求行为本身的改善。这样的学习是以认知信息的处理,亦即运用知识的推论、解释、判断之类的概念学习为中心来进行的,教学的面貌正在改变。通过体验与经验的学习是以教师与社会服务,由若干伙伴组成的人际环境、教具与媒体、校舍建筑和学习资源的物质环境,以及弹性课时表、校外设施与空间之类的时空环境等作为教学的重要因素的。构成种种环境的要素发出信息、交换信息的意义。就是说,在新的教学沟通中,不仅是语言,相互交换眼神与相互之间的肢体接触也被用来交换信息。在这一过程中每一位儿童赋予自己的行动以意义。教师的教育技术是使得儿童感知到身体、触发其身体动作的"临床知识"。任何知识的片断,或是任何技能不通过人际关系是学不到的。教学的活动是一种基于行为的对话活动。

学习是在相互的身体沟通之中形成的。在这种情况下,一旦自己的认知与行为得到了"正当"判断,就会认为存在着可以信赖的他人。人就是依靠他人语言性或非语言性的信息的支撑,来确认自己的印象与思考。不过,学习的内容不仅仅限于知识、概念与技能;社会关系并不只是知识、技能得以传递的媒体,其本身也是可以学习的。

三、保障每一个儿童的"学习"

我国长期以来应试教育的体制造成了大众心理层面根深蒂固的"知识点"情结,以为课堂教学即"知识的传递",但那不过是现成知识的"告知"而已。那种一味追求知识传递的"效率性"的所谓"有效教学"、"高效教学",其实也不是真正优质的教学。在应试教育的课堂中,无论教师抑或学生都因"学习的异化"而苦不堪言。这种"学习的异化"源于"三种丧失"——"学习对象的丧失"、"学习伙伴的丧失"、"学习意义的丧失"。[12]真正的优质教学应当是"知识的建构";是教师引导学生同教科书对话、同他者对话、同自己的内心对话的活动;是合乎学科本质、基于"相互倾听关系"而展开"挑战性学习"的活动。这里面存在着"量"与"质"的微妙关系:一味追求知识的"量"的教学,未必会有教学的"质"的提升,但是在寻求教学的质的改革中,随着"质"的提升,"量"的达成也会得以实现。学习共同体的"学习的实践"无非就是克服这种异化的实践。

保障每一个儿童的学习,使之成为学习主体的教学的创造,是同变革"班级"为"学习共同体"的指导同时开始的。[13]当代关于儿童"学习"的两种界定——情境说与对话说,对于培育儿童的"学习"、保障儿童的"学习",具有莫大的启示意义。

学习是一种"文化实践的参与"。莱夫(J. Lave)主张"情境学习",因为"学习"是一种"情境性活动",是对不断变化的文化实践的理解与参与。[14]这个论断可以作出如下三层意涵的解读。其一,所谓"文化参与"当然不是硬生生地让儿童介入成人世界现成的文化实践,而首先是参与文化价值的"品味"。文化价值的"品味"本身就是一种很好的文化实践。正是在社会中品味文化的活动,才使得文化作为文化得以传承。作为初学者能够参与的第一步,就是这种作为"品味"的实践。不过,这种文化价值的"品味"并不意味着停留于名画、名曲之类的鉴赏,还得有"生成性"的视点,有参与的意识与生发的共鸣。其二,文化实践的"对话性参与"。儿童的发展本质上是儿童能够认识自身的认识,亦即所谓"元认知"的动因在起作用。广义地说,是儿童能够把自己的认知活动加以符号式的表象化,把它作为客体加以琢磨。这种运用语言、符号的"认知的符号式的表象化",就是一种文化实践活动。就是说,"符号式的表象化"的学习就是一种文化的"对话性参与"学习。从文化价值的"品味"(生成性品味)到琢磨"元认知"的"对话性参与"(当然也是"品味"本身的发展),是学校教学发展的一种逻辑。其三,文化实践的"个性化参与"。正如加德纳(H. Gardner)的多元智能理论所启示的,人与生俱来具有种种不同的能力倾向,他们是借助周遭的环境而形成种种能力、塑造种种个性的。重视每一个儿童的个性特征,最大限度地发挥他们与生俱来的能力倾向,提供他们以文化实践的个性化参与的机会,就能产生各自的新的创造性价值。所谓"文化价值"就是借助这种多样个性的多样活动而产生出多元的价值的。

学习是一种"对话性实践"。在佐藤学看来,"学习"有两个传统:一是作为"修炼"的传统,二是作为"对话"的传统。[15]尽管近代的学习以"进步"与"发展"为目的,但近代以前的学习是以"醒悟"与"救赎"为宗旨的。修道院与寺庙的学习就是"修炼"的学习的一种典型表现。而作为"对话"的学习,拥有苏格拉底"产婆术"以来的传统,作为对话性沟通的学习实践得以传承下来。课堂里的学习活动是借助教材、教具的媒介而展开的活动,是师生与生生之间的沟通活动,在这种过程中浸润着对话性实践。

学习共同体的课堂教学从本质上说是一种"对话性实践"。"学习"可以界定为三个维度的对话性实践[16]:第一维度是同客观世界(题材、教材)的对话性实践。这种实践是认知性、文化性的实践。第二维度是同教师与伙伴的对话性实践。学习绝不是单枪匹马,而是通过师生之间的沟通来展开学习的。这种实践是人际性、社会性的实践。第三维度是同自身的对话性实践。学习者不仅同题材、教师以及课堂里的伙伴展开对话,而且也在同自身的对话中形成着自我的主体性来展开学习的。这种实践是自我内的存在性实践。这样,"学习"是囊括了三种对话——同客观世界的对话、同他者的对话、同自我的对话——的实践。亦即"学习"是一种以三位一体的方式来寻求"建构世界"、"建构伙伴"、"建构自我"的对话性实践。这种"对话学习的三位一体论",是克服教学的异化、形成"真正的学习"的理论。

参考文献

［1］赫尔巴特.教育学讲授纲要[M].李其龙,译.北京:人民教育出版社,1989:215.

［2］杜威.学校与社会·明日之学校[M].赵祥林,等,译.北京:人民教育出版社,1994:44.

［3］田中耕治.简明授业论[M].京都:智慧女神书房,2007:6—7.

［4］布鲁纳.教育过程[M].铃木祥藏,佐藤三郎,译.东京:岩波书店,1963:15—16.

［5］[6]佐藤学.课程与教师[M].钟启泉,译.北京:教育科学出版社,2003:193,106—107.

［7］[8][10]鹿毛雅治,奈须正裕.学与教[M].东京:金子书房,1997:9,13,14.

［9］日本教育方法学会.现代教育方法事典[M].东京:图书文化社,2004:63.

[11] 西之园晴夫.授业过程[M].东京:第一法规出版公司,1981:118.

[12] 佐藤学.互动的课堂、共育的学校:学习共同体的改革[M].东京:小学馆,2015:99.

[13] 佐藤正夫.教学原理[M].钟启泉,译.北京:教育科学出版社,2001:10.

[14] J·莱夫,等.情境学习:合法的边缘性参与[M].王文静,译.上海:华东师范大学出版社,
     2007:1.

[15] 佐藤学.学习的快乐——走向对话[M].钟启泉,译.北京:教育科学出版社,2004:5—16.

[16] 佐藤学.教育方法[M].东京:左右社,2010:98—99.

第 2 章

课堂转型：宁静的革命

　　如何使得"灌输中心"的课堂教学真正转型为"对话中心"的教学，这是新课程改革向每一位教师提出的严峻挑战。本章旨在通过考察课堂转型的世界图像，解读引领这种转型的教育哲学，为中小学教师的专业定位和专业成长提供必要的思想武器。

一、核心素养与课堂转型

　　近年来国际上兴起了"核心素养"研究的潮流，界定了新时代人才的形象与关键能力的基本框架。[1]我国教育部也在组织专家从事这方面的研究和界定。"核心素养"的意涵是什么，它有什么价值，它与以往所说的基础素养有什么区别，为什么现在要提核心素养？这是我们今天必须回答的问题。

　　"核心素养"赋予了传统的"基础素养"以新时代的内涵。根据当代学习科学的研究和梳理，基础素养的界定经历了三个发展阶段：第一阶段，素养就是技能。"三基"（读、写、算）就是典型的代表。第二阶段，基础素养被看成是学校所传递的知识。比如联合国教科文组织提出的"功能性扫盲"，就把懂电脑作为在信息时代生存的必要的知识和技能。再如一些发达国家在经济竞争的背景下推动了"教育竞争"，都在研究早期的核心素养，诸如法国的"共同文化"、德国的"关键能力"、美国的"核心知识"、日本的"基础学力"等。第三阶段，基础素养被看成是社会文化的创造。这就像今天基于 PISA 的三大素养(语文素养、科学素养、数学素养)发展而成的"关键能力"、"核心素养"、"21 世纪技能"等。说法不一,但实质相同,其基本的诉求只有一个,就是培养"真实性学力"。真实性学力不是虚假的应试的能力,因此需要有真实性的学习来支撑,这就需要课程的改革和课堂的转型。过去把学校的教育功能归于"知识的传递",已经远远不适合时代发展的需要,今天学校的功能应该是"知识的建构"。一个是传递,一个是建构,这就意味着学校教育的转型。

核心素养的提出和界定,有助于明确我国基础教育的功能定位,有助于矫正目前学校教育存在的种种乱象,可以为整治这些乱象提供有力的思想武器。例如在不少地方,在教育行政部门默认下,某些名校长们鼓吹要把一些"名牌"中小学办成所谓的"拔尖型创新人才基地"。要知道,在当今高等教育大众化的时代,哪怕是秉持精英教育传统的哈佛大学、牛津大学,也重视"通识教育",以"培养有社会责任感的公民"、"培养有教养的公民"为宗旨。曾经有个中学校长也提出了"为培养公民而存在"的口号,不过要"培养有思想力、领导力、创新力的杰出公民",他的解释我是不敢苟同的。更有些学校明明是"应试教育"的堡垒,偏偏打扮成素质教育的典型;国内一些媒体却还在不时宣扬,不以为耻,反以为荣。这种学校教育功能的错位,直接导致育人目标的缺失。基础教育不是成"家"的教育,而是成"人"的教育。要重新认识"学会做人"是学校教育第一位的目标这一事实。

核心素养是对当今时代的公民素养的高度概括。它凸显了学校教育的根本目的和课程教学的改革方向。作为一个教育工作者,一定要时刻认识到我们的教育教学,不能归结为知识的堆积、技能的训练,而首先是人格品质和关键能力的培养。所以当务之急就是克服急功近利、急于求成的狂躁心理,回归常识,回归常态,回归正轨。

"世界教学的历史,可以说就是使儿童成为学习主体的一部运动与斗争的历史。"[2]基于核心素养的课程发展与课堂教学的创造,构筑起每一位教师都能实践的、使儿童成为学习主体的教学体系——这是摆在一线教师面前的新时代的挑战。

二、转型中的课堂与课堂转型的焦虑

（一）课堂转型的世界图像

整齐排列的课桌椅，学生面对黑板和讲台静静地聆听教师的讲授，教师问、学生答的课堂教学情景，亦即所谓的"三中心"（教师中心、教科书中心、课堂中心）的教学情景，至今在我国大多数人看来是天经地义的，但在欧美各个国家却已进入历史博物馆。如今，黑板和讲台从教室中消失了，课桌椅被换成 4—5 个人围坐的小台桌子，教科书成为配角，取而代之的是丰富多彩的学习资料。教师的作用已经转变为儿童学习的设计者和服务者了。这种变化，从 20 世纪 70 年代开始，并以世界规模在缓缓地进展着。并没有谁在倡导，各国却在不约而同地展开着这场"宁静的革命"。可以说，面对 21 世纪的挑战，"课堂风景将为之一变，这是毫无疑义的"[3]。

从历史发展的角度看来，今日课堂的变化，显然隐含着产业社会的终结与知识社会的勃兴这样一个背景。从某种意义上可以说，课堂"灌输式教学"的时代终结了。事实上，笔者在 2007 年 5 月随同中国教育代表团考察欧洲教育时也充分感受到了这种从"灌输式教学"转向"对话式教学"的势头。据说，无论在欧洲各国中号称教学方式最为传统的法国，还是受国际教育界瞩目的欧洲教育改革的明星——芬兰，都在推进"项目中心"的课程和"协同学习"。近年来，即便在固执于"灌输式教学"的东亚国家和地区，这个势头也开始涌动。我国教育部发布的《基础教育课程改革纲要》（2001 年）强调新课程改革的具体目标是要实现从"灌输中心教学"向"对话中心教学"的转变。[4]归根结底，就是要改变残酷的应试竞争的现状，变"排斥性学习"为"协同学习"，使每一位学生都能获得主动的生动活泼的发展。

（二）课堂转型的焦虑剖析

在新课程的实施中，尽管"对话式教学"的意义得到越来越多的中小学教师的认同，但是，真正实现了"对话式教学"的课堂却并不多见。不少教师仍然热衷于设计"教师上课"的框框，并没有直面每一位学生的学习需求。虽说"上课"的目标被标榜为引导学生的"学习",骨子里却根本没有学生。教师的关心仅仅停留于所谓的"教师上好课"本身,并没有聚焦学生的实际需求。这是本末倒置。

日本东京大学佐藤学教授分析了教师不敢借助"小组学习"展开"对话式教学"(协同学习)的原因:其一是生怕控制不了学生的讨论,会耽误教学的进度。其二是生怕学生的讨论"开无轨电车",徒然浪费了时间。所以,一些教师宁愿站在讲台前操控整个课堂,施行"灌输式教学",讲求上课的"效率"。然而,佐藤学说,这种焦虑情绪是站不住脚的。因为那些采用了"对话式教学"而又产生闲扯的课堂,原本就几乎没有真正的学习可言。因此,问题不在于"对话式教学"的方式和学生的学习态度,而在于从事没有学习可言的课堂教学的教师。确实,只要学生自己未能形成倾听关系和合作关系,就不可能期望"对话式教学"的成果。反之,不采用"对话式教学",就难以培育学生之间的倾听关系和合作关系。

教师们对采用"对话式教学"的最大焦虑是怕耽误教学进度。确实,采用"对话式教学"比之以教师为中心操控课堂的教学方式效率要低得多。但是,"对话式教学"的采用或许有损于教师上课的效率,却无损于学生学习的效率。"灌输式教学"的效率是牺牲了学习困难学生、失落了学生学习兴趣的效率。在这里需要转变教师的观念。在习惯于"灌输式教学"的教师看来,"对话式教学"或许是没有效率、浪费时间的,但在推进"对话式教学"的教师看来,"灌输式教学"才是浪费时间、没有效率的。倘若我们不去追求处理教科书内容的进度,而是寻求每一位学生学习经验的累积,那么,"对话式教学"远比"灌输式教学"更有效率。教师的责任不是教科书的处理,作为专家的教师的责任乃在于实现课堂中每一位学生的学习。这样,问题的关键便不是追求教科书进度的效率,而是追求每一位学生学习经验的效率。况且,事实上,真正成功地采用了"对话式教学"的教师是决不可能拖延教科书内容授受的进度的。

课堂转型要求教师教学观念的根本转型:第一,在课堂教学中不是让学生懂得与记住什么,而是让学生去理解、思考与判断。第二,学习的课题,不是单独一个人个别地达成,而是借助团队达成的。第三,作为学习活动的成果,不仅在于让学生习得知识与技能,而且能够觉悟到自身的变化(成长)。[5]

三、引领课堂转型的概念框架

（一）学习共同体：学校改革的哲学

"学习共同体"的理论与实践是从 20 世纪 90 年代开始在世界各地兴盛起来的。"学习共同体"的构想是针对近代以来学校教育脱离社会生活,逐渐成为被动划一的个人主义式学习的弊端,旨在恢复学习的社会意义和合作性而展开的教育理论。在"学习共同体"中,借助彼此之间的交流是每一个人学习必不可少的条件。"学习共同体"不仅是儿童学习成长的场所,也是教师专业发展的场所,亦是家长和社区的居民参与学习的场所。这就是说,在以学校为中心并同所在社区相互合作的"整个公共空间"里一切的教育创造,均属"学习共同体"的范畴。"学习共同体"也是学校改革的哲学。根据佐藤学教授的解释,这个哲学是由"公共性"、"民主主义"、"卓越性"三个基本原理所构成的。[6]"公共性"原理意味着,学校是各式各样的人相互学习的公共空间,是为实现每一个儿童学习权利、建设民主主义社会的公共使命而组织起来的。"公共性"原理要求倾听他人的声音,向他人敞开心胸,宽容他人的精神和尊重多样性的精神。"公共性"原理得到了"民主性"原理的支撑。这里的"民主主义"意味着"各式各样的人合作生活的方式"。学生、教师、校长、监护人都必须是"主人公",每一个人的学习权利和尊严都必须受到尊重,多样化的思考方式和生活方式都必须受到尊重,从而使学校成为不同个性得以交响的场所。学校同时是教师和学生追求其活动的"卓越性"的场所。这里所谓的"卓越性"不是指比他人如何优秀的"卓越性",而是指诸如在任何困难条件下尽其所能、达于最高境界这一意义上的"卓越性"。这三个原理形成了建构"学习共同体"的哲学基础。

（二）教师专业化的定位："反思性实践者"

"反思性实践者"是近年来支撑教学研究的最重要的概念。[7]舍恩(D. Schon)根据建筑师、精神分析专家等的研究,关注了这样一个事实:现代的专家需要在复杂的社会情境中直面混沌的、不确定的复杂情境中难题的解决。他们的实践与认识的特征包括：同问题情境的对话,靠经验培育起来的非概念化的"默会知识",以及以此为基础展开的"活动过程的反思"。于是,舍恩针对基于"工具理性"的"技术熟练者"而提出了"反思性实践者"的概念。教师的工作是一种自律性的专业。教师是借助依存于情境的不安定的实践中与情境的对话来行使职务的。从反思性实践的立场看,教学的实践并不是靠一般的技术原理的运用能够奏效的,教学的研究也不是靠抽取教学经验上升为一般化的技术原理能够实现的。作为反思性实践者的教师比之作为"技术熟练者"的教师,能够投身于更复杂的情境,与儿童在平等的关系之中,寻求文化含义的建构和拥有高度价值之经验的创造;能够与儿童、同事和家长合作,倾注全力去发现并反思这种情境中学习的意义和价值,展开实践反思,分享实践经验,增长实践智慧。教师借助反思性教学的实践,将发现自身角色的自律性和专业性的职能,恢复自己的尊严和希望。这正是教师的专业化成长与教学改造的基本途径。

（三）教师"同僚性"：作为"反思性实践者"成长的指标

"学习者共同体"和"反思性实践者"是相辅相成地发挥作用的。"学习者共同体"的构建要求把学校重建为自律的专家组织。在"学习者共同体"中成长的教师,不仅从自身的反思性实践中得到学习,而且教师彼此之间在尊重各自的自律性和专业性的同时展开协同学习。所谓"同僚性"（collegiality）更是支撑教学研究的强固概念。"同僚性"的构建是以教师们一道创造课程、相互观摩教学的校本研修为中心推进的。为了有助于"同僚性"的构建,学校教学现场的"教学评议"也必须得到改造。佐藤学指出,在教学评议中最重要的一点,是不应当形成类似于"审视"和"被审视"的单向权力关系。只要存在这种权力关系,教学研究中彼此之间的相互学习也是不可能实现的。而这,正是以往教学评议的错误所在。佐藤学根据日本的经验归纳了如下教学评议的原则,值得我们倾听：（1）教学评议的对象不应放在"应当怎样教"上,而应放在"学生学到了什么,有哪些薄弱环节"上。教学研究的目的不在于"教师上好课",而在于"相互学习关系的创造"和"高水准学习的实现"。探讨的中心不是教材的解释和教师的技能,而必须着眼于课堂中每一位学生学习的具体事实。可以说,正是这种省察的细腻性、确凿性和丰富性,为创造性的教学准备了基础。（2）在教学评议中,观摩者的任务不是"向主讲者提供建议",而是叙述通过课堂观摩"学到了什么",在多样性的叙述中相互学习。校本研修中要求的,不是观摩者对主讲者的"建议",而是观摩者自身的学习交流。只有这样,校本研修才能成为每一位教师有魅力的相互学习的场所。（3）在教学评议中应当求得每一个参与者的发言,以实现不为个别人主宰的真正民主的讨论。

四、课堂研究与教师文化的创造

（一）课堂教学的整体性认识

半个多世纪以来,我国中小学的课堂受到苏联凯洛夫教育学的影响,死气沉沉。尽管凯洛夫教学理论早在 20 世纪 50 年代末就遭到苏联教育界的质疑和批判,并被逐渐抛弃。不幸的是,它的持久蔓延却使我国的课堂教学带上了强烈的灌输色彩。"灌输式教学"使得"课堂"被简化为教师以教材（特定学科内容的具体化）为媒介,引导学生掌握一定知识、技能的活动。这实在是抹杀了教学活动的复杂性。课堂教学虽然是以认知活动（学生形成对于某种内容的认识或形成某项技能）为中心而展开的,但与此同时,也在构筑着教师与学生以及学生与学生之间的关系;乃至重建着教师和学生自身的生存状态和生活方式。因此,课堂教学这种活动是如下三个侧面复合交错而成的活动：认知性、技术性实践,人际性、社会性实践,道德性、伦理性实践。[8]显然,传统教学理论仅限于教学的认知过程,而失落了教学的社会过程和内省过程。

（二）反思性实践的价值

从上述对教学的整体性认识出发,教师对认知性、技术性教学实践的超越依存于教师对教学中的复杂人际关系和具体教学处境的觉知与反省。换句话说,只有当教师的教学从"技术性实践"转型为"反思性实践",教师才称得上迈入了专业发展与教学革新之路。"反思性实践"是教师直面"教学"这一复杂的问题情境,运用来自经验的知识来反思教学,从而创造教学的实践。这同所谓的"技术性实践"——仅仅在教学过程中熟练运用教育学、心理学业已阐明的原理与技术而从事的教学——形成了极大的反差。"反思性实践"有助于增长教师教学的临床知识与实践智慧,而它们恰恰是创造精彩教学的源泉。

(三) 教师文化的创造

课堂改革的成败系于教师。单纯的经验积累并不意味着教师的顺利成长和成熟,课堂教学研究才是教师专业成长的基本功。我国的课堂研究重心需要从"技术性实践"研究转型为"反思性实践"研究。瞄准"技术性实践"的教学研究试图寻找一切教学都存在的有效的科学原理与普遍技术,事实证明这样的研究思路对改进教学而言常常徒劳无功;而瞄准"反思性实践"的教学研究,则是以观察、记录、评议特定教学的"教学案例研究"的方式展开的。"教学案例研究"是依据教学这一个别的、具体的实践事实,以教师为主体,基于省察与反思的、旨在促进教师专业成长的教学研究方法。它通过提供教师考察教学的丰富视点促进了教师对教学的多元理解和教师实践智慧的生成。毋庸置疑,一旦教师意识到教学尚有其他的可能性可供选择,他们就一定能够走上教学创新的道路。

课堂转型是一种文化变革,一场宁静的革命。通过上面的讨论,我们可以归纳出实现这种转型的如下几点基本认识:

1. "三中心"(教师中心、教科书中心、课堂中心)的教学情景,至今在我国大多数人看来是天经地义的,但在欧美各个国家却已进入历史博物馆。课堂"灌输式教学"的时代终结了。

2. "对话式教学"远比"灌输式教学"更有效率。教师的责任不是教科书的处理,而在于实现课堂中每一位学生的学习,亦即追求每一位学生学习经验的效率。

3. 教师的工作是一种自律性的专业。教学的实践不是靠一般的技术原理的运用能够奏效的,教学的研究也不是靠抽取教学经验上升为一般化的技术原理能够实现的。

4. 单纯的经验积累并不意味着教师的顺利成长和成熟,课堂教学研究才是教师专业成长的基本功。我国的课堂研究重心需要从"技术性实践"研究转型为"反思性实践"研究。学校只能从内部发生变革,而从内部变革学校的最大推进力则是教师作为"反思性实践者"的成长和学校作为"学习共同体"的形成。——这就是我们的结论，也是我国新课程背景下每一位教师应当秉持的共同诉求。

参考文献

［1］田中义隆. 21 世纪型能力与各国的教育实践［M］. 东京：明石书店，2015：17—28.

［2］佐藤正夫. 教学原理［M］. 钟启泉，译. 北京：教育科学出版社，2001：1.

［3］［6］佐藤学. 学校的挑战［M］. 钟启泉，译. 上海：华东师范大学出版社，2010：9—10，3.

［4］教育部. 基础教育课程改革纲要（试行）［C］//钟启泉，等，主编. 为了中华民族的复兴，为了每位学生的发展——基础教育课程改革纲要（试行）解读. 上海：华东师范大学出版社，2001：4—5.

［5］藤井千春. 能动教学实践的原理［M］. 东京：明治图书，2016：31.

［7］D. Schon. 专家的智慧：反思性实践家在行为中思考［M］. 佐藤学，秋田喜代美，译. 东京：ゆみる出版公司，2001：145—147.

［8］佐藤学. 课程与教师［M］. 钟启泉，译. 北京：教育科学出版社，2003：154.

第 2 编

课堂研究的视点

课堂教学的目的在于儿童的学习。认知科学为
我们揭示了儿童学习的情境性：知识与现实的
建构并不是单纯的个体行为，而是在社会的、历
史的、文化的情境之中借助人际互动的行为而得
以展开的。活动系统模型则进一步表明，课堂研
究不能仅仅解决满足于学习情境的描述与分析，
还在于设计、革新学习的情境，亦即揭示从"情境
依存"到"情境再造"的教学创造的逻辑。

第 3 章

问题学习：新世纪的学习方式

　　传统的课堂教学是"教师中心"而不是"学习者中心"的，这种教学满足于知识的习得与再现，但这种学力观已经落后于时代。新的学力概念——"核心素养"的提出，意味着课堂的根本转型——从"知识传递"到"知识建构"的转型。事实上，晚近旨在实现儿童的"学习主体"地位的新型学习方式的创造，层出不穷。作为新世纪的学习方式的"问题学习"（Problem-Based Learning，简称 PBL）就是一个代表。

一、核心素养与学力目标的刷新

（一）学力概念的转换：从"双基论"到"核心素养"

　　当今时代的一切信息都可以在网络上随时随地检索、分享与发布。随着网络社会的出现，个人记忆信息、拥有知识的意义崩溃了；作为信息的主要功能，"传承知识"的意义也大大动摇了。另一方面，随着全球化的进展，多元文化的共存与国际协调的必要性日益增加。对在未来社会这种无标准答案社会里生存的年轻人而言，丰富的沟通能力、多视点地考察事物的能力以及自律性的行动力成为必然要求。

　　进入新世纪以来，表征"PISA 素养"、"生存能力"等多种新的能力观的术语，超越了学校教育的范畴，越来越频繁地得到使用。新的能力概念的兴盛意味着现代社会所需的能力超越了传统的学力概念框架拥有其中并未涵盖的内涵。这些新的能力概念拥有共同的特质,它们不是单纯的认知能力,而是涵盖了涉及人格深层的人际关系与心态之类的"人的整体的能力"。就是说,它们作为教育目标涵盖了这些难以看见的能力。全球化的知识社会的实现,要求人的能力概念的转换,以及伴随而来的教育体制的刷新。无标准答案时代所要求的能力,完全不同于学科中心的、偏于知识多寡的学力概念,这就是当今发达国家的"教育愿景"——"核心素养"。

"核心素养"体现了两个方面的人类素质与能力——不只是单纯的产业界和企业所要求的有能力的劳动者应有的素质,还是社会生活与个人人生的丰富性表征。具体地说,就是"以工具为媒介同客观世界对话"、"同异质的他者交际"、"能在广袤世界中自律地生存"的能力,即"同世界的丰富的交际力"[1]。正因为是同世界的交际力,所以核心素养不仅有认知侧面,而且浸润了人格特性的定义。所谓"核心素养",换言之,亦即"构筑同世界的更好的交际力"。可以说,"核心素养"揭示了人类同世界相连接的丰富性,是人在全球化社会里、在同世界的丰富的连接之中,过幸福生活所必需的素质。我国基础教育界不能再沾沾自喜于应试教育的"双基论"了,这种只见分数不见人格的"双基论",同"核心素养"的教育格局是有天壤之别的。

(二)从"21 世纪型能力"的框架看学力目标的刷新

OECD(2005)倡导的"关键能力"主张,不是单纯的知识、技能,而是能够运用囊括了知识、技能在内的心理的、社会的资源,能够在特定的语脉中应对复杂课题的种种能力。这就是:1. 能互动地使用社会的、文化的、技术的工具的能力;2. 能在异质社群中互动的人际关系能力;3. 能自律自主地行动的能力。以美国为中心的"21 世纪型能力"(21st Century Skills),分为 4 个范畴与 10 种技能,系指一个健全的个体为因应未来社会需求所不可或缺的知识、能力与态度:一是思维方式,包括创造性与革新、批判性思维及问题解决与决策、学习方式学习与元认知。二是活动方式,包括沟通与协作两种技能。三是活动工具,包括思辨素养(包括考证、举证、偏见的辨析)和信息素养。四是生存方式,包括社区与世界的好公民、人生与终身发展、个人责任与社会责任(包括多元文化理解与多元文化适应力)三种技能。[2]这些关键能力与生存能力尽管有所重叠,不过更重视在合作地解决问题之际,运用技术创造知识这一革新的侧面。

在我国的基础教育在应试教育的背景下,有关儿童"学力"(关键能力)内涵的讨论,几乎是看不到的。正因为如此,我国的学校中几乎都是划一教学的"接受型学习",学习者的自律性课题探究学习——诸如"问题学习"、"自主学习"、"协同学习",并未得到认识与重视。"核心素养"的提出要求我国学校教育的目标——学力(能力)——概念的刷新。具体地说,要求从被授予的知识量的堆积,转到有效地运用种种资源、同异质的他者合作,求得解决问题的能力,亦即学力目标从"知识量"到"实践力"的刷新与转型。

二、问题学习：从教走向学

(一) 问题学习的理论基础：建构主义知识观

近年来,在培育全球化时代所要求的基于核心素养的协同学习方式中,"问题学习"或"项目学习"(Project-Based Learning)迅速发展起来。就是说,一般称之为 PBL 的学习方式,大体包括了"问题解决型"与"项目型"两种。这是以课题为本位,通过直接同伙伴一起指向现实的问题解决,借以发展学习者的种种素质的一种学习方式。

问题学习的理论基础是建构主义。建构主义具有三个特征：其一,学习者自身建构知识。试看杜威(J. Dewey)的"问题解决思维",杜威并不认为学习者基于刺激做出的机械性、发射性的反应就是学习,真正的学习是学习者对课题持有疑问、展开主体性思考,探索解决方法、进行考察与反思。杜威的"做中学"就是一种通过主体的问题解决探究来建构知识的建构主义教学理论。其二,在共同体中学习。维果茨基(L. S. Vygotsky)揭示了从教师的自身灌输转型为学习者伙伴之间的协同学习的重要性。就是说,借助学习者伙伴之间不同思考方式的交互作用,得以理解教学内容,才称得上"学习"。这种认识构成了建构主义教学的基础。其三,知识依存于情境。在行为主义教学中,教师是把教学内容分割成学习者容易理解的分量、从易到难地教授的,但在直面现实问题的解决之之际,却会出现不能引发必要的知识、不能同问题解决联系起来的困境。皮亚杰(J. Piaget)主张,儿童是主体,周遭环境是客体,借助主客体交互作用的连续的结构过程才能建构知识。如同社会系由种种关系构成的一样,问题解决也必须有种种的知识与技能,他强调了知识整合在学习中的重要性。

这样,在建构主义的观点看来,教学内容的意涵并不是在教科书和教师的头脑之中,而是师生与生生之间借助相互主体的沟通而生成与建构的。因此,所谓"知识"不是个人独有的,而是在沟通这一社会过程(关系性)中建构的。"问题学习"的概念并不复杂,作为一种新的教学方式,主要是指学生围绕一个没有唯一正确答案的复杂问题展开的学习活动。其主要活动包括:1. 问题与目标的设定,最终由学习参与者自身决定;2. 以小组的形式,直面没有正解的现实问题;3. 学习活动本身是自律的;4. 通过问题解决所需要的资料收集与问卷调查扩大学习共同体;5.学习参与者指向问题解决与共识的形成,提出对未来负有责任的提案;6. 把自己的学习成果披露给他者,进行反思与批判性思考;7. 共同点在于自律性学习——基于各自的经验促进全员的学习——经验的重建,旨在问题解决与价值创造。[3]就是说,所谓"问题学习"是一种协同性的课题解决学习。学习者把无标准答案的问题作为自己的问题来对待,在教师的指导下,基本上凭借自身的力量专心致志地解决某种课题或者规划制作,负责任地寻求没有答案的问题的探究活动。要使学生把问题学习当作"我的学习",产生有意义的学习经验,就得使学生的学习观从"知识由教师传递"的认知主义的接受式学习观,转型为"知识由每一个人自身同伙伴协作建构"的建构主义的能动的学习观。

"问题学习"起源于20世纪60年代北美实施的医学、工学等学科的高等教育。在医学、工学等学科的高等教育中引进的这一学习方式主要理由是,面对科学的迅猛发展与革新,即便基于传统型的讲解与演习的积累式的系统教育增加了教授的数量,处在排山倒海般的科学信息之中,众多学生反而迷失了学习的目的,削弱了学习的积极性,其专业知识与技能并不巩固。这就是专业高等教育的现实危机。在PBL中,学生必须直面问题解决,展开小组活动、自我学习、信息收集等活动,学习就是吸纳所有这些活动的结果。换言之,倘若这些活动不充分,或者不聚焦,PBL 本身就会成为无聊的活动。根据 OECD 教育研究革新中心的研究,问题学习同项目学习、设计学习一样,在问题解决、知识运用和假设生成方面,具有传统的知识教学无法匹敌的优势。[4]

(二) 问题学习的优势与特色

问题学习的价值在于把教学的中心从学科转向学科群所要解决的问题,由教师主体转向学生主体,从而有序地激发学生的学习动机与兴趣。同传统的教学相比,它的优势与特色在于:

第一,真实问题与自生学习。首先是问题的自我决定。真实课题的提出是问题学习过程的开端,要尽可能选择既有社会意义又有自身意义的真实性的课题,由学习者自身来决定。学习者把身边的可为的问题当作"我的课题"来接纳,活动本身是解决"我的问题"的"我的学习",所谓"我思故我在",从而获得有强烈的当事性和责任性。支撑问题学习的共同、旺盛而持久的学习积极性之基础,是"我要学习"的学习课题的自我决定——"我探究我的问题"的自由并不是受他者强制的他律性的学习,而是挑战问题学习的主体能动的"自生学习"。

在这里教师不再是教授者,而必须作为促进者从旁协作,支援学习、引领学习。为了诱发适于学习者成长阶段的有意义学习,教师最重要的目标并不是直接提供知识,而是在学习活动的规划阶段提出这样的问题——诸如"这种活动同你们有什么关系?","对社区和整个世界具有怎样的意义?",引领学生对学习活动的意义达致更高层次的认识。在这种能动的学习中,教师必须以协调人的身份出现,使得从事课题探究的校外专家与专业机构同学生的学习联系起来。[5]期待教师发挥新的角色作用,以种种方式支援学生的学习,诸如激发学习积极性的学习环境(包括 ICT 的学习环境)的设计者,调动学习活动氛围的动画片绘制者,以及作为学习活动的合作者。

第二,协同学习与信息网络。协同学习中的学习是双向的,不限于单纯的知性活动,而是采取重视学习者彼此之间所拥有的整体性(心智、身体、情感)的整体主义教育方式。不仅"我思故我在",而且"我们思故我们在"。通过参与者产生学习的事件,及其形成的协同的"意义生成的自由学习",学习才能从应试教育的束缚下解放出来。在拥有丰富的同他者的协同经验机会的项目性学习中，不停留于抽象性思维，还可能激发起拥有汗水和泪水、昂扬感与成就感的体悟与情感。参与型、协同型的学习不仅会使学习者行为发生变化，而且其对客观世界的认知与同他者的交际方式等理解自我的见解也将得以更新（自我变革）。"参与、对话、协同、表达"这些意义上的经验（交互作用）本身，震撼感悟、深化思考，带来人的心智的成熟，催生人格的成长。

利用"信息素养"（ICT）的学习形态一般谓之"e 教育"。学习者必须认识到，学习的活动与课题必须是现实问题的探究，才称得上真正的学习。这也是新的学力观——核心素养的解读与国际教育"从教走向学"的革新趋势所隐含的意义。要使每一个学习者在意识变革的同时，将他们的交互作用从时间与空间的制约下解放出来，就得有效地运用信息网络。另外，真正的学习评价仅仅局限于知识理解是不够的，还得重视通过学习活动中持续的学习产品与学习经历的数据之类的记录，构成学习的证据，这就是所谓的"档案袋"评价。晚近在教育领域 e 档案袋的研究与运用越来越受关注。所谓"e 档案袋"并不是指传统的纸笔测验的电子记录档案，而是指凭借电脑有效地管理大量的档案并支撑学习与评价的框架。

第三，自我变革与支援模式。教师在支持问题学习这一新的学习方式之际，应当把学习者的种种矛盾作为旨在知识的解体与重建的自我变革所必然产生的艰苦历程来抓。学习者直面外在的世界，反反复复地经历着困惑、犹豫、苦恼，尝试错误，正是问题学习所隐含的重要的学习精髓。学习者直面种种现象所构成的问题的"社会背景"，以这个社会背景为问题的"利害关系"等现实课题，意味着对于超越了预想的问题的多元性与多层性的一种发现、困惑或犹豫。这是直面巨大问题的知识的诚实性表征。在这里既有知识动摇、解体的时刻产生的矛盾，又有新的知识重建、生成的真正的学习的明证。因此，在问题学习中儿童不是知识的接受者，而是自律地从事自身的学习课题与学习活动的探究者。人正是借助自律性经验，经历失败与苦痛，经历成功与拥有成就感，而不断地发生自我变革与自我更新，达到自律与自立的境界。

在"支援模式"的教学形态中，是以学习者的调查活动与观察、实验、实习或是基于直接体验的探究活动作为中心来展开的。在这里关键的课题在于教师从授业者变为支援者。轻轻松松的知识灌输只能摧垮学生自身的学习。倘若教师一味寻求效率地引导学生去寻求正答，思考课题的多元侧面的学生活动就会戛然而止，就会产生功能性的固化：把问题现象矮小化，操作性地"如此这般解答问题"。在应试教育的"正答主义教育"——借助教师的权威解释既有知识，使其回答既定的答案——中，教师的答案往往掩盖了学生的疑问与兴趣，阻碍了学生"自我发问，自己诚实地回答问题"这一学习的核心活动。一味追求有效地谙记标准答案的学习，是发展不了学习者的主体思维的。

三、问题学习的革新意义

教学理论可以大体分为两类。一是教师主导的学习者习得知识、技能的行为主义，二是学习者自身自主地解决问题、获得知识的建构主义。倡导问题学习意味着教师的"教"是"支援儿童学习的关系"，而非单纯的知识教学。从这个意义上说，PBL 是一种全新的学习方式，是对行为主义的应试教育课堂的一种颠覆。

（一）意义生成的自由学习

问题学习是学习者自身参与、体验，以合作的方式建构知识的活动。这是意识到同社会的关联，直面共同求解的课题，探究自身的应对（应答）的一种挑战。每一个学习的参与者在拥有习得与创造的两个侧面的问题学习中所建构的知识（应答），不是个人的所有物，而是协同的创造物。知识不是某种现成的东西，而是参与者借助交互作用，即兴地创造出来的。在这种对话性的学习过程中，种种学习路径得以交织、凝练，得以分享一个学生无法想象的视点与想法。在 PBL 这样的协同学习中，参与者相互建构、彼此互惠、富于变化的沟通，正是学习与创造的源泉。问题学习往往超越教师的预设计划，不可能事前预设好固化的过程，而是唯有在活动终结亦即课后才能建构反思得以概念化。从这个意义上说，它是一种"意义生成的自由学习"。

（二）自律性的探究学习

问题学习的共同特色在于自律性课题探究活动。以往学习者学习的学科知识与技能不过是为了考试,实现知识的交换价值,而且大多会被忘却。而今人们发现了这种知识与技能有助于现实课题解决的运用价值,因而重新认识了其必要性与有用性。就是说,"问题学习"这一项目型学习,提供了习得型学科教学真正的学习动机。倘若从信息与知识素养的角度来考察问题学习,其最大特征在于信息的知识化与知识的运用。这是因为,问题学习乃是在直面问题情境的问题解决中来展开学习的一种方式,从学习伊始就得收集有助于问题解决的信息(即信息的知识化),并且运用所获得的知识来解决问题(知识的运用),这是问题学习的大前提。另外,问题学习的重要作业基本上是小组学习与个人学习的循环往复,所以个人学习的结果得以在小组内分享或社会化。这就是说,"问题学习并不是预先有一个总论性的知识去求得问题解决的学习方式,而是直面问题解决的一种建构式学习方式"[6]。在这里,主角是学习者。所谓教育就是如何把儿童的学习,引导到充满求知兴奋的活动。

在实现自我变革的学习中存在两种类型的学习——"习得式学习"与"探究式学习",两者并不是二元对立的。学习者通过"课题发现",历经"从未知到既知的习得(模仿)"的步骤,"从既知到意义生成的运用(探究、创造)"的步骤,再到"新的未知的课题发现"的步骤,可以说形成了螺旋形上升的学习模式。

(三) 焕发生机的学习

在问题学习中借助自律性学习活动,学习者得以围绕身边的课题,同活生生的现实接触,同多声交响的复杂的现实接触,得以展开能动的探究的思维过程。这样,就能够从多样的视点出发,重新把握曾经被片面看待的现象,发现多样而复杂的问题性。这种课题的困难性,可以焕发自我变革的喜悦与兴奋,这正是学习的原动力。一般而言,在课堂教学中学习者的认知内容是以语言发表的方式来表现的,而"具身性"则是指借助伴随着身体动作的活动来表达学习者认知内容的一种"动作化"的,甚至"戏剧化"的展现——在特定场景下基于角色分工的更有组织的扮角色活动,就如语文教学中儿童围绕阅读课文的理解而发表自己的见解时,往往会从故事人物的立场出发,做出各种手势、语调、表情之类。这样,学习者体验到了不是作为应试教育的知识与技能,而是作为生存工具的知识的有用性,而赋予了他们原本萎缩的学习意愿以无限的生机。

（四）自我变革的学习

在问题学习中，从课题发现到解决方案的提出，成为学习共同体自律性学习活动的中心。自身发现有意义的课题，习得课题解决所必需的知识，面对课题解决的对话性意义建构——这三个学习步骤在个人头脑中产生螺旋型上升。通过基础教养的获得、同他者共同解决课题的能力，以及新的气概的调整——自尊感与自豪感的激发，可以期待学习者在知性层面和人格层面的自我变革与人际关系变革。学习者不是背诵外在于自身的"答案"，而是以自身的意志来决定并承担起自己的思考与讨论；不是满足于接纳标准答案，而是通过"意义生成的自由学习"，在自身内部生成对于课题的"应答"。这是一种不同于单纯的知识接纳的、可能带来深刻的自身变革的真正的学习。

问题学习的研究任重而道远。问题学习的探究活动本身是同他者一起共同探讨拥有社会价值的课题、实现自我变革的一种"有意意的学习"。每一个参与者认识到课题探究的意义，浸润在活动本身之中，在自身有目的的行为之中，获得核心素养——"在行动中改变自身技能的能力"与"创造更丰富的同世界对话的能力"。OECD 教育研究革新中心的结论是，PBL 是促进学习者把课堂教学中获得的知识运用于现实世界的深度学习，这种学习也是孕育学习者高阶思维、沟通、协同和创造的重要方法。[7]

参考文献

[1][2] 田中义隆. 21 世纪型能力与各国的教育实践[M]. 东京：明石书店，2015：20，22—24.

[3] P. Griffin，B. McGaw，& E. Care. 21 世纪型能力：学习评价的新模式[M]. 三宅なほみ，主译. 京都：北大路书房，2014：12.

[4][7] OECD 教育研究革新中心. 学习的本质：从研究的运用到实践[M]. 立田庆裕，平泽安政，主译. 东京：明石书店，2013：241，253.

[5] 广石英记. 教育方法论[M]. 东京：一艺社，2014：193—194.

[6] 沟上慎一. 能动学习：教学方式的转换[M]. 东京：东信堂，2014：88.

第 4 章

自主学习的考察

　　"自主学习"(Self-Regulated Learning，SRL，或译为"自我调控学习")是学习者个人指向学习目标的一种系统的引领过程，是认知、情感、行为得以活跃的持续过程。本章旨在考察"自主学习"研究的形成、发展过程，该研究领域的概念框架及其在课堂教学中的尝试，并从中梳理其研究方法论的若干特征。

一、自主学习：发展线索与概念界定

（一）草创期的"自主学习"研究

　　"自主学习"是"学习者旨在达成自己的目标，由自身发动的持续的有一定导向性的认知、情感、行动的过程"[1]。这是一种重要的学习现象，是能动的创造性的过程——学习者设定并调控学习目标，瞄准目标监控、调适认知性和元认知的过程。研究"自主学习"的理由有二：1."自主过程"是学生之间学力差异的重要缘由。2."自主学习"是缩小学力落差的有效方法。自主学习的研究是从 20 世纪 90 年代中叶开始的。早在 1960—1970 年代，学界就已经对人的发展过程中"自主（自我调控）过程"的作用有了高度的关注。这些研究大体可以分为四类：

　　第一类研究，聚焦认知与元认知问题。研究者发现认知方略经过指导会迁移到同类的问题上去，但在自己学习之际往往会懈怠了方略效果的自我监控与自我控制。由此表明需要探讨自我调控的另外的侧面，仅仅发现方略的有效性是不够

的。当学习者不快乐或者努力的成本大于成果的时候,就不会去运用方略。因此,让学习者在自我调控的解释中检讨别的原由——诸如自己的自我效能感之类的动机作用十分重要。这样,重视动机作用的研究是天经地义的。

第二类研究,聚焦原本是社会性、动机性的自我调控过程。学习者对学习方略的掌握与运用在很大程度上受伙伴、家长、教师榜样的影响。从学习方略效果的自我效能信念,到课题兴趣、课题选择、持续性等种种的动机作用,都可以检测到这一点。班杜拉(A. Bandura)认为"自我调控"包含了三个过程:自我观察、自我判断、自我反应。"自我观察"是探寻诸如数学学习方略的运用之类的一定领域的脉络;"自我判断"是指诸如每天的学习至少有一节数学课的场合,以自己的行为做标准进行比较;"自我反应"是指有关"自我效能"的信念之类从学习者动作的结果引出的动机与行为的推论。这种自我反应能够在学习的下一个周期中做出自我观察或自我判断的调整。学习不成功是由于方略没有得到适当的修正,或是达成目标应当修正。自我调控的这些修正是一个反馈周期的结束,也是又一个反馈周期的开始,如此循环往复。

第三类研究,聚焦旨在处理多动症、焦虑之类的临床问题的行为过程或认知行为过程。例如,自主调控的问题往往会拓展到诸如作文难产之类的问题解决中。根据研究,介入自我教示、自我激励、自我惩罚,会有助于学习的提高。从认知行为的理论视点看,行为调控被视为影响到先行性、结果性、内在性的反应的一种外显反应。例如,在学习中所谓"先行性反应",就是"振作精神"之类的行为调控;所谓"结果性反应",就是学习之后伴随的或奖或惩的行为调控;所谓"内在性反应",就是借助语言化来对内心的自我确信进行行为调控,诸如应对讲话时候的焦虑感。这样,究竟是自我调控行为还是认知行为,可以借助其控制的是外显的个人结果还是内在的个人结果而得以区别开来。

第四类研究,涉及发展的问题。这是因为,自我调控的作用在幼儿期并不明显,随着年龄上升,其作用会越发明显。维果茨基(L. Vygotsky)认为,自我调控是随着年龄的上升而形成多阶段的发展的,语言则是旨在调控儿童的语言与行为的基本工具。根据他的社会文化观,儿童是把家长和教师这些社会性养育者的人际沟通的语言加以内化,而内化了的语言逐渐又成为具有自我导向作用的内部语言。儿童在"最近发展区"里接受指导,进行自我脚手架的自我语言化训练,以促进儿童的自我调控。自我语言化是一种能够接受来自他者的调控支援的最高水准的作用。学习者一旦过渡到高级的发展阶段,脚手架的作用就逐渐被抑制了。根据这种观点,儿童自我调控的发展是以控制学习机能的语言的内化作为基础的。另一个发展问题是,满足的延缓。根据研究,随着发展,儿童往往会克制当下目标的追求,宁可等待迟来的更大的目标。满足的延缓的增长,同儿童对成就的要求与社会责任的觉悟有关。有例证表明,儿童在目睹了延缓满足的成人榜样之后,增加了自己尔后的延缓满足。

上述认知与元认知、内在动机、行为调控、发展过程四大研究潮流,为20世纪80年代中叶的"自主学习"的综合研究,提供了准备。尔后,1986年美国教育研究学会的研讨会和1990年美国心理学会的研讨会所作出的"自主学习"的囊括性定义,促进了"自主学习"综合研究的飞跃性发展。行为操作、现象学、信息处理、社会认知、决策、维果茨基学派、认知建构等心理学理论也都参与了建构"自主学习"的理论研究。到了20世纪90年代,教育、组织、临床、健康心理学杂志开始发表论文,在健康行为、职业形成、学习与教育的众多不同的心理学领域,展现了自主学习研究的重要性。

(二)自主学习的界定及其理论背景

所谓"自主学习"是"学习者在元认知、内在动机、行为方面,自主地、能动地参与自身学习的过程"[2]。这可以理解为,学习者在自己的学习过程中伴随元认知的、内在动机的、行为的积极参与的程度,而进行自我调控的学习。这里的"自主性"大体包含了如下内涵:把人们自身的素质,亦即思维(诸如"有能"的概念)、情感(诸如"兴趣")、行为(诸如采取"学习行为")、社会境脉的环境(诸如,为学习而选择安静舒适的场所)调整到理想的状态之中,系统地加以控制的过程,泛指"学习者旨在实现学习目标而自创的思维、情感、行为"。这个定义涵盖了几个侧面:1."元认知",系指"关于认知的认知",亦即能够自觉地调控自己的认知,以及拥有相关的知识;也指学习者在学习过程的各个阶段能够进行自我计划、自我调控、自我评价。2."内在动机",系指"自主学习者能否以高度的自我效能感来展开学习"。班杜拉提出的"自我效能感"概念表示这样一种个人的信念——"为了产生某种结果,能够在多大程度上付出必要的行为"。3."行为",系指自己能够自主选择、自主建构、自主创造最适于学习的物理的、社会的环境。所谓"最适切的物理环境",诸如准备学习参考书、课桌椅周边容易学习的环境;所谓"社会环境",是指有来自伙伴的支援、能够互帮互学的学习氛围。

"自主学习"研究拥有众多各具特色的理论[3],诸如,齐默尔曼(B. J. Zimmerman)的社会认知模型、平特里(P. R. Pintrich)的自我调控学习模型、博尔科夫斯基(N. A. Borkowski)的元认知过程志向模型、温(P. H. Winne)的自我调控学习四阶段模型、布卡尔(M. Boekaerts)的适应性学习模型、科尔诺(L. Corno)的决策理论、梅瑟(F. C. Mace)的操作理论、麦库姆斯(B. L. McCombs)的现象学视点、麦卡斯林(M. McCaslin)的维果茨基学派见解、帕里斯(S. G. Paris)的建构主义,等等。梅切(J. L. Meece)归纳了如下四种理论:1. 基于行为控制论与交流应激反应理论的布卡尔的适应性学习模型理论;2. 基于信息处理与认知研究的博尔科夫斯基的元认知过程志向模型理论;3. 以社会认知论为基础的平特里的自我调控学习模型与齐默尔曼的社会认知模型理论;4. 融合了班杜拉、库勒(Kuhl)、帕里斯(S. G. Paris)等的若干理论及其应用而形成的温的自我调控学习四阶段模型理论。里夫(J. Reeve)则根据研究焦点,把"自主学习"研究分为"为什么进行自我调控"、"进行怎样的自我调控"、"怎样进行自我调控"三类。第一类是探讨必须进行自我调控的理由,可以区分为内在动机与调控的类型。诸如在行为调控中,有基于自身的兴趣与价值的自律性调控和基于外在压力的控制性调控。第二类是以实现怎样的目标为对象的。诸如选择旨在提升学力的习得目标还是选择行为目标;选择内发性目标还是选择外发性目标。目标内容不同,行为的质与学习的深度、强度都会有所不同。其核心概念是"自律性自我调控"。第三类是怎样促进有效的自我调控。这种理论是针对目标与标准,以旨在自我调控而使用特有的技能与机制的理论与实践作为研究对象的。

二、自主学习:社会认知理论的解读

从社会认知理论的观点来看,"指向学习目标的达成,组织、运用自身的行为与思维的学习"谓之"自主学习"[4]。这里的"自主性",不是指普适的特性,也不是指特定的发展水准,它是依存于情境的,在一切的领域里进行自我调控的学习者是不存在的。

(一)社会认知模型:自我调控的变量

1. 交互作用。"社会认知模型"主张,人类的机能是被称为"三种交互性"的个人(诸如思维、信念)、行为、社会/环境三个变量之间的动态的交互作用关系。[5]关于个人与行为之间的关联,就是自我效能感会影响课题选择、持续、努力与技能的获得等的达成行为。学生在解题之际会发现自己迈向学习目标的进步,这种进步的指标向学生传递的信息是,自己能够很好地完成课题的解决,从而促进持续学习的自我效能感。关于个人与社会/环境的关联,研究者发现,接触有学习障碍的学生进行工作的人是基于错误的认识——学生没有实际的能力,来接近他们的。同样,反馈有可能对自我效能感产生影响,例如,教师说"你一定会成功",可以提高学生的自我效力感。关于行为与环境的关联,可以从诸多教学流程中看到。比如,教师提示教学内容、想引发学生注意之际,就会有意识地不加思考地转向注意(社会/环境→行为)。但是,学习者的行为也会对教师指导的环境产生影响(行为→社会/环境)。倘若教师提问、学习者答错,教师就会停下来,重新教授要点。三者的交互作用表明,改进人的机能的战略是,处理个人的因素(诸如认知、情绪、内在动机)、行为的导向、社会环境条件。教师担负着促进学习者的学习与激发内在动机的作用,他们要创造一个成功的理想的课堂与学校环境——改进学习者的情感状态,修正错误的信念与思维方式,提升学习者的学业技能与自我调控。

2. 自我效能。"自我效能"有助于活动的选择、努力、持续与达成。拥有高自我效能的学生比之怀疑自己学习能力的学生更容易参与学习活动,更能够持之以恒地用功,更能高水准地实现学习任务。学习者能够从实际的操作、榜样的经验、说服的形式、生理反应之中得到衡量自我效能的信息;也能够从自己的操作中得到评价自我效能的可信指标。简言之,成功提升自我效能,失败降低自我效能。学习者大多是通过观察榜样,间接地获得自我效能的信息的。成人的示范有助于儿童学到技能;儿童从与自己相仿的榜样身上更能引出自我效能的信息。目睹与自己类似的他者获得成功,也会提升观察者的自我效能。学习者容易相信,伙伴能够出色地完成课题,自己也同样能够。反之,伙伴难以完成的课题,自己也会碰到困难,困难使得他们的自我效能低落。自我效能的结果取决于学生对能力的理解。德韦克(C. S. Dweck)认为,学习者对于能力拥有两种认识——固定理论与增大理论。拥有固定理论的学生相信能力是比较固定的,是经久不变的。他们相信学习不会提升能力,相信操作时会受能力的局限,所以自我效能低下。而拥有增大理论的学生,相信在学习中通过努力是可以提升能力的。这就是提升自我效能、自我调整学习的内在动机。这样,自我效能对于支持增大理论的学生的学习及其自我调整,会有巨大的效果。

3. 榜样作用。“榜样作用”(modeling)是观察者从一个或者一个以上的榜样身上,在其示范思考、信念、行为之后,观察者自身形成各自的思考、信念、行为的过程。榜样作用是获得素质/技能、信念、态度、行为的重要方法,成人与伙伴作为基本的榜样发挥作用。基于榜样作用的观察学习,是观察者在看见榜样之前不能做的行为,通过模仿榜样会做了。观察者倘若不注意有关系的环境现象,就不会产生学习。保持就是观察者把记忆储存的榜样的信息加以内化、编码,还需要进行认知性的组织与排练。产出就是观察者把榜样从事的现象的心理的概念迁移到实际的行为之中。内在动机就是观察者经过观察学习,相信榜样倘若能够做到,自己也同样能够做到,于是产生学习。榜样也影响观察者的自我效能。学生在观察成功的榜样、实施行为之际,记录自己学习的进展,会增强自我效能,有助于维持学习的动机。

4. 自我调控。所谓“自我调控”(Self-regulation)是指,旨在学习目标的达成而自我调整思维、情感、行为,也可以译为“自主调控”。这里的“调控”不仅是主体对客体的适应性调整,而且包含指向目标的达成,影响、变革周遭环境的一种积极作用。齐默尔曼认为,“自我调控”由“预见”、“执行”、“自我反思”三个阶段组成。顺克(D. H. Schunk)和齐默尔曼界定了“自我调控”发展的社会认知模型。这个模型设定了四种水准的发展阶段:“观察”、“模仿”、“自我监控”、“自我调整”。这是源于人际而后又内化为自我的一种过渡。这里对“内化”的强调,同维果茨基的社会文化理论有某种程度的共同之处。根据维果茨基的理论,社会性地调整的活动会极大地影响思维,加上个人因素,社会环境会产生基于其"工具"——文化、语言、社会制度——的学习。认知的变化会由于文化工具的使用以及这些文化工具的交互作用的内化和心理变化而产生。维果茨基的特色是强调内部语言。在他看来,内化是基于内部语言进行的。相反,按照社会认知的观点,内化是借助基于视觉表象、语言意义、非语言规则与方略——所有这些的榜样作用来传递的。根据这种观点,基于视觉表象、语言意义、非语言规则与方略而产生的内化,在推进着学习。

5. 自我调控学习方略。以个人内部的认知过程、学习行为、学习环境作为有效地推进学习的方略,谓之"自我调控学习方略"。这种方略不是万能的,而是受到种种个人的因素和环境脉络等诸多因素的影响。即便懂得学习方略的学习者,其知识一旦不能产生高度的自我效能——不能设定适当的目标、正确的方略与结果的自我监控,也不会继续运用学习方略。再者,为了掌握学习方略,就得努力揭示方略的成分是否有效。开始只能使用 2—3 个方略,某种方略的实施一旦得到自我监控并且其结果得到积极评价,方略的效果就会显现出来。借助方略的运用,可以获得自我效能等知识。这种知识决定了尔后的方略选择与实施。学习方略是指向学习目标的一种努力方法,承担着勾连目标与结果的基本作用。

"自主学习"作为一种综合的、多要素的理论,为我们解析"自主学习"的众多成分及其相互联系、交互作用,提供了必要的概念框架。

(二)自主反馈的循环性阶段模型:自我调控的过程

"自主学习"理论的一大特征是"个人反馈的回路"——传递实施与结果的信息并把这种信息用于新的适应之中。[6]齐默尔曼和莫伊伦(A. R. Moyian)的"循环性阶段模型"运用了这种回路。这里的反馈是社会性的,诸如来自教师、伙伴、家长的指导与赞赏;也是情境性的,诸如课题、直接的境脉;也是个人性的,诸如内隐性的心理结果、生理性结果、行为性结果。学习者的反馈性循环回路有三个循环性阶段:"预见阶段"是先行于学习的,是自主准备学习、展开学习过程与内在动机的源泉;"实施阶段"是学习中产生并付诸实施的作用过程;"自我内省阶段"是对学习结果的作用过程。这些内省起到预见尔后学习的作用,借以完成自我调控周期。学习者的自我调控周期的长度，会随着反馈的幅度与时间而发生变化。

　　第一，预见阶段。这个阶段由"课题分析"与"内在动机"两个主要的范畴构成。所谓"预见"就是预期，即把学习课题及其内容分解成构成要素，再从构成要素的既有知识出发，形成个人方略。1."课题分析"由"目标设定"与"方略计划"两个构成要素组成。"目标设定"就像在一节课的时间里解答一张页面的小数题那样，规定达成的结果。"方略计划"是选择和组织有效的学习方法，这种方法是适合于课题与环境设定而被选择出来的。学习者把连续地或分阶段地构成"方略计划"的短期目标与长期目标结合起来，就能自主地、长期地、有效地实施。2."内在动机"取决于自我效力、结果预期、课题兴趣与价值、目标取向的基本源泉。这些基本源泉都同目标设定与方略计划有关。"自我效力"影响学习者目标与方略的选择，直接作用于活动、努力、持续的实施阶段。"结果预期"是关于自身的未来目的——获得社会承认和理想的职业岗位——的信念。"课题兴趣与价值"也影响到学习方略的选择与目标达成。课题分析过程是同内在动机的课题兴趣与价值结合在一起的。3."目标取向"是关于学习目的的信念与感情。拥有习得目标取向的学习者追求的是通过学习提高能力，拥有实施取向的学习者通过同他者的实施的比较，坚守能力的认知。习得目标取向性是从心理能力逐渐增大的信念中产生的，实施目标取向性是从心理能力固定不变的信念中产生的。目标取向是预见阶段方略计划的重要预测因子。拥有强烈习得目标取向的学生往往能够比拥有弱小习得目标取向的学生更加有效地选择"深刻"的习得方略。而且，拥有强烈习得目标取向的学生比拥有强烈实施取向的学生显示出更加优越的自我反思过程。

　　第二，实施阶段。这个阶段由"自我控制"与"自我观察"两个主要范畴构成。1. 自我控制。自我控制有种种课题方略与一般方略。所谓"课题方略"就像形成数学课题"分数中的加法运算"的步骤那样，是开发课题固有的构成因素的系统过程。"一般方略"是指，自我指导、表象化、时间管理、环境构成、援助需求、兴趣激发、结果的自我调控。2. 自我观察，即元认知控制与自我记录。

　　第三，自我反思阶段。这个阶段由"自我判断"与"自我反应"两个范畴构成。1."自我判断"之一是自我评价，这是把自己的实施用标准进行衡量。即把自己的实施同标准进行比较，学习者的一定标准选择会影响到自己的认知结果与尔后的内在动机。"自我判断"之二是原因归属,被视为学习者对结果的原因推测(诸如能力、方略的运用)的一种信念。2."自我反应"的范畴由"自我满足或者满足感"与"适应性决定或者防卫性决定"进一步构成。"自我满足或者满足感"是对自我判断的认知性、情绪性反应。学习者总有追求满足的学习活动、回避产生焦虑的不满足或者负面情感的学习活动的倾向。"适应性决定"是学习者继续使用方略,或者通过修正,推进学习的周期。相反,"防卫性决定"是旨在摆脱尔后的不满足和厌恶情绪的一种学习的努力。两种自我反应取决于自我判断。这些自我反应也影响预见过程。例如,积极的自我满足反应——诸如自我效力的更积极的认知、更强的习得目标取向、更高的内在动机,能够提升学习的动机。

"自主学习"是一种能动的、循环性的活动,借助上述这些循环的相互依存性,自我调控过程就能自我维持各自的过程,各自阶段的信念就能够在尔后的阶段里促进学习,或者形成修补的路径。"自主学习"是个人对变化的环境要求的一种反应,是基于个人的能力与"理论"的一种适应方法。这种理论会随着年龄的递增而"作为对象的自我"得以分化和意识化,行为的调控变得洗练和系统。行为调控在年幼儿童中是潜在的,不过,到了初中、高中时则是显性的。自我调控是在自我认同的形成、对所在集体的皈依、社会文化历史条件的种种影响之下展开的。

(三) 三种概念装置: 从个人建构主义走向社会建构主义

现代的学习理论强调知识与理解的能动的建构。以往学界把"自主学习"视为个人的认知建构活动,所以聚焦自我效能感、元认知、目标设定、学习结果等同自主学习相关的个别差异。新的学习理论强调"分享的知识建构",这样,"自主学习"模型便从个人建构主义走向社会建构主义。这就引出了"自我调控"(self-regulation)、"共同调控"(co-regulation)、"社会共享调控"(socially shared regulation)等一系列概念的研究。[7]

"自我调控学习"(SRL)是指指向学习课题与目标的达成学习者的计划、监控和进行认知、行为、内在动机、情绪层面的过程的调整。根据社会认知理论,无论凝练方略、进行监控、确立目标、制定计划、秉持信念的过程,自我调控都受个人周遭的境脉、条件所左右。自我调控是在个人的、协同的或者协作的课题中,个人指向新的课题的知识；信念、方略的变化；引发周遭的结构与条件的变化；最终的目标是调控活动的自立或者个人的适应。

"共同调控学习"(CoRL)是指自己与他者即时性的协调的自我调控。一般是以调控作业（目标设定、方略、监控、内在动机、评价）为媒介，形成并且分享交互作用，这种创生的交流引发自我调控过程的内化。共同调控一并得以处理，通过参与者——拥有不同种类自我调控的课题与创生的熟练的参与者——的交互作用，产生自主学习的熟练。教师与伙伴通过调控过程、方略、信念的促进，彼此得以共同调控。共同调控的特征是：1. 交互作用的发生；2. 自我调控中即时性的得以修正的援助；3. 通过社会压力或线索，引导或影响自主学习；4. 共享自我调控的技能与过程。共同调控是在以获得单独的、共同的或协作的成果为基础而设计的课题中引发的。共同调控学习的研究着眼于调控学习的过程中个人与他者之间的交互作用或者动力过程。这里所谓的"他者"指的是个人或者个体的集合，甚至指广泛的文化或社会影响。

共同调控学习的研究有三个倾向——着眼于自主学习中个人之间调控学习的一时性媒介的研究；着眼于协同作业的境脉中伙伴调控他者的研究；着眼于通过社会境脉与文化的交互作用过程促进或者制约自主学习的研究。"社会共享调控学习"(SSRL)是指相互依存或集体共同分享的调控过程、信念、知识，这些取决于共同建构或共享的结果/成果的综合。共享调控是在共同的课题与协作的课题中引发的。社会共享的调控学习的最终目标是，进行复数的个别调控的个人，指向共享的结果，以协同的方式，建构并综合学习的方略、计划、目标设定、信念、监控、评价的一种过程。社会共享调控学习的研究有：1. 着眼于自主学习的知识、信念、过程的研究；2. 着眼于共享的方略、监控、评价、计划的调控过程的研究。

三、课堂教学中的自主学习研究

（一）适切性学习：自主学习研究的一个案例

"自主学习"是由多层构成要素构成的动态的统整过程。这里聚焦课堂教学中个人、社会、环境脉络的交互作用,考察一下"自主学习"是怎样形成的。

　　课堂教学中的学习课题往往不是每一位学生能够自我选择的,这就给每一位学生造成了难以适应的压力。勒肯帕(M. Rohrkenper)和科尔诺倡导用"适切性学习"(adaptive learning)的概念来说明,面对课堂教学中由于学习课题而产生的压力,应对或缓解的技能与态度。[8]课堂中有各种类型的学习者,所学的课题未必是最适于各自的学习者的,课后也未必能够给每一个学习者提供最好的机会。因此,为了有效地展开课后的学习,如何使学习者自身能够掌握适应的能力、提供怎样的课题、创造怎样学习的环境,成为重要的课题。适切性学习的核心思想就是,课堂教学的课题与学生如何适应这些课题,应当是动态的、适应性的。从认知方面来看,这意味着不仅要调整课题及其条件,而且要尝试有效地解决课题的种种方略;从内在动机来看,它强调从挫折体验中恢复过来,锲而不舍地致力于课题的解决。这种思考方式是同"自主学习"的概念如出一辙的,可以说,就是一种自主学习。

　　麦卡斯林(M. McCaslin)和古德(T. L. Good)进一步论述,寻求他者支援的能力、利用资源借以确凿地实现目标的能力、整合他者的视点借以深化理解的能力——这些能力都是适切性学习的重要侧面。这些侧面也是自主学习的主要侧面。可以说,掌握了适切性学习的技能,同时也就成了出色的自主学习者。不过,适切性学习是在有支撑的课堂的境脉中形成的,是在有掌握特定适应性方略和认知技能的线索的活动之中形成的,在教师的指导之下、学生自身的努力之中形成的。这种学习是同社会建构主义的视点相一致的。儿童被视为沉浸在课堂活生生的境脉之中的存在,通过扎根于情境的同教师与伙伴的交往与关系,互为主体地凝练学习的能力。这种适切性学习是在教师与伙伴展示适当的技能,同时构成目标与标准的社会环境之中产生的。这种目标与标准逐渐地被个人内化,既是特殊的,又是一般的,是同每一个人拥有的概念、有关自我与学习的概念一以贯之的。

　　根据研究,两种不同的社会过程——"共同调控"与"社会共享调控",可以促进课堂中适切性学习的形成。教师与伙伴能够为学习者创造有意义的机会或创设应答性的脚手架、实施并获得适切的方略的过程,谓之"共同调控"。共同调控是过渡性阶段,学习者在分享问题解决的活动中,诸如通过外在的监控与工具性的反馈,逐步地把自我调整学习变化到最适当的状态。在共同调控中学习者的焦点或许在于课题完成本身(诸如修正笔记本的记录),但另一方面,更有能力的学习者通过一连串的方略性步骤,促进元认知与内在动机,支撑调整性监控。有别于共同调控,多样的伙伴作为一个集体来展开调整活动的过程,谓之"社会共享调控"。在社会共享调控中,通过集体中发生的交往,学习者相互形成即时性与提醒性的调整性行为,指向相互形成的共享的目标展开活动。

尽管有这种差异,共同调控与社会共享调控都重视师生关系与生生关系。在课堂这种境脉的现实中,常常是以突出儿童的地位作为前提的。借助这种境脉,有可能实现多面向的、时而竞争时而合作的社会目标追求与学业上的目标追求。另一方面,这种境脉又是受到制约的。这样,在课堂的每一个瞬间,在社会环境/教育环境与个人的认知性、情绪性过程之间存在着基本的相互关系。在学习调整的社会的、境脉的理论中,"机会"是非常重要的。比如,课堂中的课题,基于学生的既有知识与兴趣,特别容易激发内在动机、成为促进自我调控的机会。越是充分地刺激每一个儿童的努力与好奇心,就越是具有挑战性。同样,在要求自律性的场合,亦即在课题中倘若能够提供有意义选择的机会,那么,就可以成为自我归因、主体性、负有责任感的决策与目标设定的更好的实践练习场。倘若能够提供自我评价的机会,学生自身就能够对照目标检点自己的进步。

课堂研究的一个重要课题是,自主学习是如何在教师创设脚手架、创设共同调控与共享调控的合作机会的条件下得以发展的。自主学习不是独立地推进学习,而是在同伙伴与教师的交互作用之中自律地调控学习的过程。在课堂教学的情境中存在着学习者的友人与伙伴,通过这种友人与伙伴的榜样,或者把同伙伴的交互作用的机会作为学习资源来利用,就可以提高自己的内在动机,获得自我调控学习的方略。在学习情境中会碰到诸多困难,学习者未必能够自律地展开学习。在这种情形下就可以通过教师支援学习者自律性的方式,逐步地发展学习者的调控能力与学习的内在动机。学习者是在同他者的适当的交互作用之中发展自我调控能力的。

（二）课堂教学中自主学习研究的方法论特征

自主学习研究的方法与调度一般以体现"自主学习理论模型"的居多。"自我报告"是测量自主学习的主要方法，可以揭示其同相关构成概念（比如学业成绩）的关系、相关构成概念间的关系等自主学习的多样侧面。不过，仅仅凭借"自我报告"对于探讨实际的环境脉络与时间在这些流程之中的本来面貌，是有局限性的。作为情境化的、主体性的、社会性的自主学习，特别是在探讨课堂教学中自主学习的场合，需要从多个侧面展开周密的案例研究，对课堂事件展开精致分析。这种精致分析体现了如下若干特征。[9]

其一，情境分析——在环境脉络中考察学习者的必要性。社会环境脉络的要因是影响个人的认知、内在动机、行为调整的关键性资源，但在研究中却往往切断了个人与环境脉络的关系。这通常是基于如下三个错误的假设：超越了时间与空间的相对性，绝对化地看待自主学习；环境脉络（比如，课题）的特征是比较稳定的，参与者都是起同等作用的；环境脉络与学习者之间的影响方向是单一的，亦即，环境脉络的特征会影响到学习者的思考与行为，带来潜在的变化。实际上，对于学习者特别是年少的学习者而言，自主学习是难以泛化的。由于情境不同，回答不可能一以贯之。在课堂中，课题是随着学习条件而发生变化的。同样，教师的教学方略与评价实践也会有变化的可能。一旦假定了学习者在课堂中经验的内容是不变的，就会无视课堂的特征是变化的这一事实。实际上这种特征的变化会给教学带来多样的环境脉络，可能引发学习者的多样的反应。课堂教学中的学习的调控绝不是单独产生的事件。它是牢牢地潜藏在社会性的脉络之中的，牢牢地潜藏在即时性的相互支援和交往之中的。

其二，视点分析——考察学习者视点的必要性。有的研究并不着眼于学习者的信念与行为，专门聚焦于课堂的环境脉络与自主学习的机会。过分强调环境脉络而无视学习者的认知也是有问题的。这些研究不去把握学习者的认知，只是假定所有学生都是同样地经验并且解释环境脉络的。对于课题，它们将是否新颖、是否有意义、是否有头绪这些本质特征视为不变的实体，无视了动态的交互作用，无视教学与学习者的参与方式变化或者课堂环境脉络变化的侧面。

其三，整体分析——课堂研究为我们聚焦交互作用，亦即个人与人际/环境之间产生的并不单纯的交互作用,提供了机会。"共同调控"的研究就是一个适例,它着眼于个人的认知、元认知、内在动机、行为之间的"交互作用"这样一种分析单位。交互作用的分析表明,把一种现象作为一个不可分割的整体,既是认知的,也是社会的。但是,交互作用是不容易切割的,要揭示交互作用就得着眼于活动与参与。活动理论不同于近代的认知论观点。在认知论看来,人的活动是作为在目标的环境脉络中有意图的认知与行为的主体来把握的;而依据活动理论,人的活动被置于人际领域之中,被视为一种相互调控的关系。与其说"机会"是直接制约活动的,不如说,所谓人的活动就是"个人与集体参与或介入机会的环境脉络"。所以,我们不能把个人与环境、认知侧面与社会侧面当作各自的要素加以分析,而是应当对现象本身进行整体分析。就是说,把活动与事件作为分析单位,并从个人、人际、共同体三个水准上,展开探索。在个人水准上,研究者要揭示个人是如何参与活动的,有怎样的贡献,做出了怎样的反应。在人际水准上,能够观察到参与者之间的活动是怎样调控和共享的,参与者参与活动受到怎样的支持或妨碍。在共同体水准上,可以探讨当下的参与者是怎样开拓视野,展开制度性的实践与文化价值的,是否反映在当下的活动/事件上的。

将学生培育成为"自主学习者"是一个复杂的、长期的发展过程。课堂教学中的自主学习研究有助于一线教师认识学生自主学习取向,建构有说服力的有效教学模型。

参考文献

[1][5][7][8][9] B. J. Zimmerman,等. 自主学习指南[M]. 塚野州一,等,主译. 京都:北大路书房,2014:79,220,55—63,94—98,98—101.

[2][6] 自主学习研究会. 自主学习:理论与实践的新发展[M]. 京都:北大路书房,2012:31,14.

[3][4] B. J. Zimmerman,等. 自主学习的理论[M]. 塚野州一,编译. 京都:北大路书房,2006:9,119.

第5章

协同学习的创造

经过"新课程改革"的洗礼,我国中小学的课堂教学正处于转型之中,越来越多一线的教师寻求基于对话性沟通的"协同学习"(collaborative learning)的创造。然而,转型中的课堂面临诸多"转型的烦恼",其中一个突出的烦恼就是怎样才称得上"协同学习",如何有效地实现"协同学习"的创造。本章旨在揭示"协同学习"的本质,探讨"协同学习"设计及其实施的课题。

一、协同学习的本质

(一)"协同"的含义

"三人行必有我师。"倘用数学式来描述,即 $1+1+1=\infty$。但另一方面,有所谓"$1+1>1$"的说法。实际上,根据心理学的研究,即便由几名儿童组成学习小组解决问题的时候,充其量不过是"$1+1>1$"罢了。有人从心理学的角度探讨了产生"协同难度"的原因。例如,作为集体献策攻关的方法,"头脑风暴"是众所周知的。这是一种在自由的氛围之下大家一起献计献策的方法。但结果是,在头脑风暴的条件下提出的方略数,比之每个人单独思考而获得的方略数要少。这种否定性的结果,在其他诸多课题上也得到了确认。这样看来,即便集合了三人,也难有出色的智慧。这里面有种种的理由。诸如,放任自流,不追究个人责任;或是缺乏自信、不敢发表自己的见解;或是同他人抱有同样的见解。另外,受他人发言的干扰,不能集中自己的思考;或是讨论集中于多数人了解的信息,而少数人了解的信息在讨论的场合提不出来,等等,也会发生。

借助数人的交互作用而相互学习,谓之"协同学习"。[1]这里的"协同"有"合作"、"协作"之意。"合作"被视为在集体内成员之间同时达成目标的交互作用。"协同"并不是作业的平均分担或是以成员的均质性为前提,而是以成员之间的异质性、活动的多样性为前提的,指的是通过同异质的他者交互作用而形成的活动状态。就课堂教学而言,指的是每一个拥有独特的学习经验与生活经验的儿童集合起来,以多样的学习参与为前提,共同分享认识的一种活动状态。"协同学习"并不是特殊的教学组织方式,而是旨在有效地使儿童掌握新型学力的一种基本原理。这些"新型学力"包括:主体性自律性的学习定势,丰富的知识习得,同伙伴共同解决课题的人际技能,尊重他者的民主态度。寻求班级全员的沟通成长,以及全员从心底里寻思学习,就是"协同学习","相互合作、共同提高、彼此激励"的学习活动,也可以说是"协同学习"。

佐藤学指出,学习者通过"协同"、基于"探究",有可能使得学习达到"个人学习"、"同步学习"不能达到的高度。重要的并不是采取有别于"个人学习"、"同步学习"的小组学习形态,关键在于是否在小组活动中唤醒了"探究"的活动。唯有在这个时候,才能发挥小组的协同学习效果。众多研究者认为,"小组学习≠协同学习"。小组学习需要满足若干条件,才能被界定为"协同学习"。

(二)作为"社会参与"的学习

晚近出现的新学习观主张"学习"是一种社会的、文化的活动,这有别于过去把"学习"视为个人头脑之中的活动的学习观。20 世纪 70 年代兴盛的人工智能研究到了 80 年代却处于停滞状态,人们认识到电脑之所以不能再现人类的智能,一个要因是,一切的智慧行为既不是在个人头脑之中,也不是在充斥着工具与机械的环境之中,而是在有着具体关系的合作者与对话者存在的复杂社会环境之中实现的。

维果茨基的著名理论就是"最近发展区"(zone of proximal development)。所谓"最近发展区"是指儿童能够自力解决问题的发展水准,与借助他者的帮助可能解决问题这一个更高的潜在发展水准之间的范围。教育的作用就在于,通过影响这个领域,把现时点的发展水准提升、拓展到潜在的发展水准。近年来,在重温维果茨基理论的过程中,借助"支架"(scaffolding)同年长者的交互作用、借助协同作业同伙伴的交互作用的过程,受到重视。儿童不是接受单向的灌输,而是通过交互作用来形成并扩张自己的"最近发展区"的。

根据"分布认知论"的观点,知识不是在个人的头脑之中而是社会地分散的观点,所谓"学习"是"参与实践共同体的过程"。所以,莱芙(J. Lave)等人提出"学习是实践共同体中合法的边缘性参与"[2]的论断,主张"学习"是社会实践的一部分。亦即"学习"是学习主体在实践共同体中承担某种角色、参与共同行为的生成与维持的过程。学习主体在从边缘化的参与形态到更加充分深入的参与过程之中,掌握并熟练该共同体的活动所必要的知识和技能,深化对实践的理解,同时加深作为该集团成员的认同感,并获得成员资格。作为借助社会交互作用的学习和发展的具体化尝试之一,柯林斯(A. Collins)倡导把"认知学徒制"的视点引入"学习"。[3]在这里,构成学习的语脉的是"实践共同体"。新来的徒弟是从学习钉纽扣开始的,从承担真正生产工程的一部分这一意义上说,是"合法"的,但却是"边缘"(即便失败了,还可以改正)的参与方式。其后徒弟逐步地转向全面的参与(需要技能,责任也重)。在这个过程中,他不仅学习裁缝的工作,而且也形成着作为一个裁缝师傅的悟性。这样,所谓"学徒制"是一种如下意义的隐喻:"学习"依存于实践的语脉,浸润于情境之中,带有对专家集团的文化适应的性质。从认知学徒制的视点看来,所谓"学习"是通过社会交互作用与知识的社会建构而展开的,在这个过程中学习者走向真正的文化适应。所以,"协同学习"论提出了让学生参与数学的探究,帮助他发现数学家的观点;或是以科学家共同体的探究模式来展开理科教学的可能性。知识的建构需要社会性情境的支持。

(三)"协同学习"是一种"互惠学习"

布劳翁(A. L. Brown)主张,学校应当是"学会学习"的共同体,即"学员共同体"。学生是"见习的学习者",通过学员共同体的活动而成为"知识的初学者"。所谓"知识的初学者"是即便在未知领域没有必要的背景知识,也知道如何获取知识的学习者。在学员共同体中,"分布式专业知识"与"有意图的学习"受到重视。[4]由于学生追求自己擅长的领域与感兴趣的领域,所以,专业知识是分散地存在的。这样,分享知识的有意图的学习环境就变得重要了。在有意图的学习环境中,学生自身发挥着能动的研究者、指导者和监控者的作用,同时教师发挥着模范与向导的作用。受到青睐的学习内容,与其说是识记驳杂的片断知识,毋宁说是一种一以贯之的深度理解。

"协同学习"本质上是一种"互惠学习"。[5]根据秋田喜代美的研究,例如学生们学习动物的生态与环境,从"生物个体数的变化"、"食物链"、"动物的防御机制"中选择一个课题,这些课题再分割成五个子课题,例如"生物个体数的变化"被进一步分为"灭绝"、"灭绝的危机"、"人工授精"、"生态保护"、"城市化"。在教师做出教学铺垫之后,形成五个研究组分别承担子课题研究。研究组借助"互惠教学法",阅读资料,成为各个子课题的熟练者。然后,从各研究组中根据交叉学习法抽取 1 人组成学习组。在学习组中成员都是各个子课题的熟练者。这样,基于互惠教学法,理解整个课题的内容,或是挖掘需要进一步探讨的问题。研究组的研究一旦有进展,学生们就自发地组织学习小组,引进互惠教学法的对话时间。通过互惠教学法来检查自己所在研究组的研究在哪些方面不够充分。

人是在伴随经验、重复经验的过程中,形成任何状况下都能运用的抽象、概括的知识——图式——的。在以同多样的他者交互作用为前提的协同学习中,通过接触众人的图式,个人的图式不仅实现了量的增加,而且可以期待基于经验的多样性而在质上实现图式的多样性。再者,在数名伙伴共同解决一个问题的场合,个人可以观察他者的问题解决过程。由于视点与思考方式的不同,能够在某种程度上对问题加以客观地把握。就个人而言,也可以产生细致地检查自己的思维过程的契机。这样,"协同学习"中的知识建构由于成员之间的多样性,会发现不同于个人内在的知识建构的模式,产生更高的效率。

二、协同学习的构成要素与设计原则

(一) 协同学习的构成要素

约翰逊(D. W. Johnson)和约翰逊(R. T. Johnson)开发的"共同学习"

(Learning Together)是采用小组的一种教育方法,即学生们通过一起探讨,最大限度地提升自己的学习与相互学习的一种学习方法。由2—5个学生编成一组,拥有共同的目标,相互协作展开学习,小组成员一起完成给出的课题。通过这种学习过程,学生了解到彼此之间拥有共同的命运,认识到个人与伙伴双方对于成功做出的贡献。在这里,学生确认相互讨论的必要性与相互帮助的重要性,因而掌握社会技能。在约翰逊看来,让学生团团坐,强制他们学习,并不能形成真正的学习。"协同学习"必须涵盖五个基本要素。[6]

1. 互惠的协作关系。这是牵涉到后面解释的四个基本要素的最重要的概念。其一,只有形成了相互协作的关系,才能提升全员的学习效果。相互学习关系是指在学习场中,学生们面对共同的目标彼此尊重,在共同拥有各自角色的使命感的状态中,实现共同的目标。为了实现目标,个人的努力和小组伙伴的努力都是必要的、不可或缺的。可以说,唯有当小组的伙伴感受到彼此相连的时候,相互协作关系才能产生。小组成员相互帮助、相互学习一道解决问题,就可以形成伙伴全员提升学习效果的状态。其二,相互协作关系一旦形成,学生就会理解到,为了小组的成功,小组里的每一个人的努力都是必不可少的,不应当"搭便车"。明确小组的伙伴有着不同的角色与责任,各自要对小组的学习作出自己的贡献。也就是说,必须认识到彼此是"共沉浮的伙伴"。

2. 面对面的积极的相互交流。在协同学习中,伙伴之间面对面地展开交往活动,这种交往活动的品质是重要的。其一,协同学习中学习者之间的相互作用和对话之类的语言与交往借助第一个构成要素——相互协作关系,而得以促进,发挥效果。为此,小组伙伴之间相互鞭策、相互支持、相互激励、相互褒扬,共同推进相互的成功的相互作用的计划是必要的。其二,使他们认识到彼此的思考是相互影响的。"进行讨论和解释的面对面的积极的相互作用"是指,在小组中表明自己的见解、听取他人的意见,彼此琢磨和补充对方的见解,在伙伴之间面对课题解决的种种解释活动中发挥作用。"相互促进彼此成功的面对面的积极的相互作用"是指,在共同作业的过程中,也促进了面对面的伙伴的帮助、咨询、激励和褒扬。这些面对面的积极的相互作用一旦得以充分地展开,伙伴之间的语言的、非语言的活动就能够作为学习成果的反馈来运用的。同时他们能够理解,彼此的思考是相互影响的,对问题的解决是有效地发挥了作用的。而且,这些思考同意识到获得成功的喜悦和深化关系相关,同对于伙伴负有责任的重要性相关,也同第三个构成要素相关。其三,它是直接影响教育效果的要素。所谓面对面的积极的相互作用,就是同其他要素密切关联而得以促进的作用,这是直接影响教育效果的要素。可以说,协同学习的架构是否形成,就在于学习者是否形成了这种面对面的积极的相互作用。

3. 双重责任:小组责任与个人责任。第三个构成要素是要求小组责任,同时也要求个人责任。其一,尽心尽责履行自己分担的作用。每一个人在小组的最终成果里面有自己的责任。就是说,每一个学习者必须拥有尽心尽责履行自己分担的作用的责任感。其二,在协同学习中每一个人要拥有这种责任感,就得让他们意识到自己的作用不同于他者,是独特的,认识到自己倘若不履行自己的作用,课题就不能解决。这种责任感,也有助于学习者形成为小组作贡献的使命感——把自己承担的部分和只有自己知道的部分,向小组的伙伴传递和解释。另外,在评价自己和他者的努力对小组的学习做出了哪些贡献,并且做出反馈的过程中展开学习,也是重要的。

4. 小组中的社交技能。第四个构成要素是作为小组一员的社交技能。其一,同他者协作的社交技能不是与生俱来的。诸如,有的学生滔滔不绝地叙述自己的见解,却不能汲取他人见解;有的学生一旦自己的见解被否定,便恼羞成怒或恶言相向,等等。因此,社交技能不成熟的学习者即便分到了小组里学习,也不可能展开有效的协同学习。这种社交技能是不可能神话般地自然而然地掌握的。为了提高同他者的高质量的协作,就得在协同学习中教会这种必要的技能。利用这种技能的动机也是必要的,协同学习的实践也成为儿童们掌握这种社交技能的绝好机会。其二,培育沟通能力。一旦在集体中培育了社交技能,儿童就能够展开有效的协同学习,产生优质的协作——相互了解相互信赖、正确而明确的沟通、相互接纳相互支持、向前看地解决分歧。为此,他们就得锻炼表达的方式与讲话的方式——以响亮的声音传达的方式,听取他人意见的时候边听边点头的反应,形成洗耳恭听的态度等等,这是同儿童沟通能力的培育分不开的。

5. 改进小组活动的步骤。第五个构成要素是改进小组活动的步骤。其一,在小组内部反思协作关系是一项重要的作业,亦即在小组内部反思在怎样的程度上很好地实现了目标,是否形成了能够有效地解决问题的协作关系等等。要检查协同学习的各个要点哪里做好了,哪里没有做好,要如何来改进行为借以实现目标。其二,引发同学之间的积极行为。反思小组的行为,能够使同学们认识到彼此间出色地共同解决课题的关系,同时也能够确认每个人各自的贡献是否理想。这种相互评价、求得更好的协同学习的活动,是与同学们引发积极的行为分不开的。

(二) 协同学习的设计原则

倘若从教师的角度来思考,开展"小组学习"的儿童积极性高涨、思维活动活跃,"小组学习"的形态就会产生有效的协同么?不仅"协同学习"的研究,认知科学、认知心理学和社会心理学都在展开左右集体思维的条件的探讨。基于这些领域的见解,这里着重探讨促进"有效协同"的条件,提示教师应当注意的若干原则。

1. 协同的价值。所有成员必须认识到同他者一起探讨课题的价值与有用性。例如,"协同学习"的五要素中最受重视的是第一个要素——互惠的合作关系的形成。西川流也强调在小组协同学习的最初阶段里,教师要让儿童具有这样的信念——"重要的不仅是求得自己的提高,还要求得全员的提高"。在这里重要的是,教师不仅要教会学生学科的知识内容,而且要教会他们小组学习的方式。在"小组学习"的指导中应当有"关于讨论的指导"与"关于参与、合作的指导"。前者是对讨论技术的指导——把自己的疑问传递给他人、申述见解的话语方式;后者是对协同的重要性与协同方式的指导——认知协同学习的重要性、倾听他人思考的重要性。即便是对讨论的指导,倘若不教授协同的意义与方法,效果也难以充分发挥。[7]

2. 对话的氛围。确立与维持成员之间安心地展开对话的氛围是重要的:(1)分享研究组的个人责任与共同责任的氛围;(2)共同体内外成员之间的相互尊重;(3)有可能进行建设性讨论的对话机制的确立;(4)便于学生研究组与学习小组之间过渡的活动方式的定型化。另外,利用计算机多媒体技术和网络技术来支持和优化的协同学习,可以促成一种崭新的学习形态。

3. 异质的成员。理想的小组是由能够囊括包罗万象的提案,并能围绕这些提案充分交换见解的成员构成的,因此组合异质的成员是有效的。尽是同样的见解不可能展开活跃的讨论,只能以浅层次的水准告终。有研究表明,思考缝纫机的装置之类的种种课题可以显示出异质成员构成的协同的效果。要集纳多样的见解,人数多当然是好的,不过,太多的话,众说纷纭、莫衷一是,成员之间难于归纳意见。适当的规模是 4—6 人为妥,根据儿童的实际,起初以 2—3 人为宜,重点学会讨论的方法——清晰地表述自己的见解、倾听对方的发言、小组做出某种结论,等等。

4. 适切的课题。课题分工,成员各自承担自己的责任。可以考虑种种"协同学习"的技法,诸如把学习的内容分为若干部分,小组的各个成员学习自己承担的部分,然后再教给其他成员。课题的难易度也是重要的。倘若过易,小组讨论没有必要;倘若过难,多数成员就会丧失积极性,探究活动只能局限于一部分成员和教师。理想的课题应难易度适中,并且能够出现多样的见解。教师在提示课题之际,表述必须是简洁明确的。这样,对于学生而言,课题、目标、责任都明确,能够调动每一位学生的学习积极性;对于教师而言,则是明确了评价标准。

5. 各自的角色。每一个人必须各自承担责任,把自己学到的内容传递给他者。不是突然提出课题,指令"大家来讨论",而是在此之前各自准备好了自己的意见与想法。另外,由于独自承担各自的责任,所以在小组学习中没有必要强调全员发挥同样的作用,重要的是各自独特的作用。令两名儿童挑战一个难题的研究表明,两人不是同时处理一个课题,而是作为分解课题者(执行者)与观察课题解决的伙伴(监督者)交换更替,课题解决变得容易。观察他者的执行,可以发现自身难以发现的方法。这种角色分担,不仅在难题的解决中,而且对于顺利地展开讨论也是有效的。归纳自己的见解、倾听他者的意见,比较探讨众多的方案,原本是最好的课题解决的活动。但是,儿童一个人要从事这么高难度的活动,是极其艰困的作业。在这种场合,设定两种不发言的角色——记录主意的角色和监督讨论进行的角色反而更加有效。

6. 对话的规则。英国的默塞尔(N. Mercer)等人组成的研究小组大体区分了儿童讨论的几种类型——"竞争性讨论"(彼此发表自己的见解)、"累积性讨论"

（分享各自了解的知识）、"探究性的讨论"（批判性而又建设性地听取他者的见解），而"探究性讨论"是罕见的。[8]他们展开了借以培育"探究性讨论"的尝试。作为"探讨性对话"所必须的规则，期待如下的内容：（1）分享相关的一切信息。（2）小组以达成共识为目标。（3）小组对决议负有责任。（4）发言的时候要陈述理由。（5）容许不同的见解与反驳。（6）在决定之前检讨其他的可能性。（7）促进彼此的发言。这样，在各门学科的教学中便可以根据儿童自身决定的规则来展开对话。这个设计实施的结果表明，探究性对话得以形成，每一个儿童个人的认知功能也得到了改善。

7. 讨论的可视化。儿童的对话一旦停滞，议论就会僵持不下，来回兜圈子，得不出结论。在这种场合，可以运用工作单和便签，使全员看得见提出的主意和讨论的过程，那么，就有可能顺利地推进讨论，发现新的视点。

8. 反思小组学习，并且把"小组学习"置于整个教学的全局中来思考。在活动结束之后，个人或小组反思一下是否已经展开了适当的活动，是理想的。作为个人，可以从"自己是否负起了责任"、"对方是否明白了自己说明的见解"等视点来进行反思。作为小组，可以从"是否以好的协同方式求得课题的解决"、"角色分工是否公平"等视点来进行反思。

"协同"不仅是学习的一种形态，而且是包括学习情境在内的集体形成的一种理想状态。上述的前两个原则——"协同的价值"与"对话的氛围"，是形成"协同学习"的必要条件，后四个原则则是"协同学习"的充足条件。

三、协同学习环境的营造

"协同学习"有种种不同的表述，诸如"合作学习"、"协作学习"、"相互学习"、"讨论学习"、"小组项目"等等。这是由于研究者各自的研究与实践背景多少有些差异，因此，各自的研究所强调的要点与实践的方法有所差异。在设计"协同教学"的"学习场"之际，我们可以从四个视点——学习的形态、适用的氛围、教师的作用、支撑的理论，来加以探讨。

（一）学习的形态

约翰逊等人详细地界定了实现有效协同的小组构成、课题与评价方法，同时提示了"指导目标具体化"、"决定小组的大小"、"学生的分组"、"促进相互依存关系的教材编制"、"学习课题的解释"、"学生行为的观察与检点"、"学生学习的质性评价与量化评价"、"组织学术论争"等 19 个教师的作用。[9]雅各布（G. M. Jacobs）发展了约翰逊的研究，介绍了具体的活动案例与技法。[10]于是，出现了一批限定于小组的学习，旨在发挥其有效功能的研究者与实践者。另一方面，也有一批不限于小组学习的研究者与实践者。例如，日本学者杉江在"协同学习"中大多运用小组的形式，即便在全班"同步学习"的形态中，倘若每一个儿童都明确地拥有高度的伙伴意识来展开教学的话，就是一种"协同学习"。他强调，"协同学习"不是教育的手法，而是教育的原理。在西川倡导的"相互学习"中，来自教师的指示被控制在最低限度，教学的时间几乎都是同学之间的交互作用。

（二）适用的范围

有的学者强调，所有的学习情境都能够（应当）适用于协同学习，有的学者主张要考虑到学习内容的适应性。沙朗（Y. Sharan）把课堂的探究活动中嵌入的交互作用与沟通的方法，谓之"小组项目"。关于其范围，在幅度大的单元中具有多种构成要素，小组项目就是其中的一个组成部分。所以，在难以展开合作性探究的单元中，可以将同步学习、个别指导以及其他协同学习的方法加以组合。原田调查了德国的协同学习，指出指望教学过程千篇一律地以协同的方式构成，是错误的。协同活动不过是优秀教学的一个变种而已。

（三）教师的作用

"教学"是一种复杂的文化实践，这种实践可以借助教师、学习者、学习内容的三角形关系来说明。[11]三者的关系唯有在教学的实践之中才可能结合。有了学习者与学习内容，"学习"就可以形成，但是在教学中，教师是身处三角关系之中的。考虑学习环境之际，教师被赋予了以下课题：第一，教师同学习者之间构筑怎样的关系。第二,教师应当怎样理解教学内容。**进而**,第三,教师应当考察旨在连接学习者与教学内容的互动方式,凝练自身的实践。第四,同学习者的对话不仅是建构关系,而且是旨在正确地把握学习者理解的有效手段。**教师通过询问学习者不懂的部分来把握其思维**,判断学习者同教学内容的关系如何。这四个双向箭头,是教师的重要作用。

如何出色地协调,对于学习环境的设计而言是重要的。"协同学习"设计中教师的角色作用是:1. 教学目标的具体化(学业目标、协同技能的目标)。2. 决定小组的大小(教材、课题、时间)。3. 学生的小组调配(同质、异质、是否自由选择、固定时间)。4. 教室的配置。5. 促进学生相互关系的教材编制(教材、信息交换、小组竞赛)。6. 角色分工、促进相互依存关系。7. 说明学习课题。8. 在目标层面形成相互协作关系(小组里实施、对小组的评价)。9. 形成寻求个人责任的体制。10. 促进小组之间的协作。11. 说明达成的标准。12. 具体呈示所期待的行为。13. 观察、检点学生的行为。14. 提供有关课题的帮助。15. 夹杂协同技能的指导。16. 结束课业。17. 对学生的学习进行质性评价与量化评价。18. 检查小组发挥了怎样的功能。19. 组织学术论争。[12]

教师还必须考虑:其一,如何保障每一个儿童能够表现的场所。**成员的规模越小,参与发言的机会和讨论的场出现的可能性越高**。人数越少,对话越容易产生,因而小组的人数以 4 人左右为宜。6 人就过多了,容易产生实质上不能参与小组活动的儿童。

其二,如何保障儿童能够安心的场所。如果小组人数少,比之大集体,同一步调的压力下降,儿童容易产生安心感。正因为身处能够安心的氛围,儿童才能原原本本地将自己表现出来。

其三,如何激活儿童的个性与多样性。**这就要求开发克服第一个物理的问题和第二个精神的问题**。儿童的表现是否充实,取决于相互倾听的关系是否确立,是否有深入对话的机会。个性与多样性唯有在这样的人际关系之中才容易发挥出来。

(四) 支撑的理论

协同与竞争。学习活动中"协同"的价值未必受到了尊重。因为,在诸多场合,是竞争而不是合作被视为学习的主要动机。确实,"出人头地"、"拔得头筹"的心态往往是学习的动机。不过,这里的问题是,在竞争关系的场合容易表现出相互排斥的态度。一旦成为败者,动机会急速丧失,再者,往往胜者会抱有"何时跌落"的焦虑,而败者深陷"不如他人"的无能感。科恩(A. Kohn)在《超越竞争社会》[13]中引用了大量实验结果,说明合作比竞争更有利于提高生产性的事实,把学习活动置于竞争之上的认识是错误的。

协同与异质。所谓"协同",并不是以作业的均一分配或是成员的均质性为前提的,而是以成员间的异质性为前提,通过同异质的他者的交互作用而形成的活动。就课堂而言,协同指的是每一个拥有其独特的学习经验与生活经验的儿童集结起来,以多样的学习参与为前提,分享认识的活动。在"协同学习"中,既然是构成一个小组,要实施完全的个人学习是困难的,而发现儿童同其他儿童一起学习的事实,具有积极的价值。儿童通过依靠他人、期待他人,可以发挥远胜孤军奋战挑战课题的能力。而且,同异质的他人对话,可以深化思考。所以,重要的是,要为儿童营造保障学习的多样性与协同性的场所。"协同学习"要有效地发挥作用,就得明确小组活动的目的,保障成员之间的民主关系,激活每一个儿童的特征与优点,根据需要发挥骨干的作用,小组活动绝对不能放任自流。此外,还要防止儿童之间产生歧视感与异化感,防止能力落差的扩大与固化。

参考文献

[1][5][9][12] 秋田喜代美,藤江康彦. 授业研究与学习过程[M]. 东京:日本大学教育振兴会,2010:143,147,128.

[2] J. 莱夫,等. 情境学习:合法的边缘性参与[M]. 王文静,译. 上海:华东师范大学出版社,2007:3.

[3] 田中耕治. 简明授业论[M]. 京都:智慧女神书房,2007:40—41.

[4] 高垣マユミ. 授业设计的前沿:融通理论与实践智慧的协同研究[M]. 京都:北大路书房,2005:2—3.

[6] 神户大学附属中学,等. 同学生一同创造协同学习[M]. 东京:明治图书,2009:35—39.

[7][8][10] 佐藤浩一. 学习的支援与教育评价[M]. 京都:北大路书房,2013:61—65,63,66.

[11] 秋田喜代美. 教师的言说与沟通[M]. 东京:教育开发研究所,2010:102—103.

[13] A. Kohn. 超越竞争社会[M]. 山本启,真水康树,译. 东京:法政大学出版局,1994.

第6章
三维目标：对"双基论"的一种超越

　　我国义务教育课程标准倡导的"三维目标"体现了教育思想的进步。新课程改革以来，围绕三维目标的界定引发了持续的忽隐忽现的论争。这场论争恰恰表明，我国教育界倘若仍然迷醉于凯洛夫教育学，排斥教育科学的新启蒙运动，那么，我国中小学的学科教育研究和学科教学实践是不可能有任何进展的。

一、三维目标研究的挑战

　　"三维目标"（知识与技能；过程与方法；情感、态度、价值观）是对传统"双基论"的一种超越。传统的"双基论"单纯强调"基本知识、基本技能"，恰恰忽略了学习者自身的主观能动性因素。三维目标作为基础学力的一种具体表述，体现了崭新的学力观，体现了现代学科的内在价值以及学科教学的对话与修炼的本质。然而，我国中小学的课堂教学实践至今仍然更多地着力于"灌输中心的教学"——强调训练、教学控制、教学定型化（划一化），而非"对话中心教学"的创造——强调儿童、主体、对话、参与、合作。

　　我的一位博士生进行了为期一年的中日课堂教学国际比较。她从东京和上海各选取了两所初中的各7名语文教师，对他们同样以鲁迅的《故乡》为课文展开的语文教学进行了比较研究。结果发现，两国教师都充满了对学生的"教育爱"。不过，教育价值的取向不同，教学计划也是迥异的。日本的教师着力于"学案"的设计与实施,把学生置于中心地位,"独立思考"、"小组思考"、"全班思考"贯穿全程。通过反复阅读、思考、讨论,引导学生达到教师所期望的思想境界。中国教师着力于"教案"的设计与实施,这是以教师为中心的"教学思路图",旨在按照教师预设的逻辑顺序为学生铺就学习之路。最终的结论,前者的课堂是由学生讨论的观点来结束的,后者则是由教师预设的。日本教师看了上海教师的教学录像后说:"课堂进度似乎太快了。这对于 10%—20% 的学生是有利的,但很可能伤害其他的学生。""中国的课堂似乎仍然受控于一种控制力,日本 30 年前的课堂也是这样的。"但如今日本的课堂不再由教师的力量来推动课的进程,而是借助学生的力量来创造教学的。

毫无疑问,各国的课堂文化各有其优势和劣势,我国的中小学课堂同样如此。我并不认为日本教师的整体素质比中国教师高出一筹,但不能不承认的一点是,日本教师的教学观念中突出了作为教育对象的"儿童"。这位博士生发现,日本教师的角色定位是:为学生营造自由的学习氛围,揣测学生的需求,引导学生的思考,辅助学生的活动。他们把学生看作自主的,有足够认知能力和思维能力的人,有着与老师不同的情感体验、道德标准和人生准则。因此,在这些教师看来,学生应该得到最大限度的尊重。即便他们现在并不完美、并不成熟,但是,那是以他们自己的经验为基础的,是真正属于他们自己的学习和成长。

三维目标是当今世界各国课程标准或教学大纲的共同元素。如果说,"双基论"是应试教育的理论温床,那么,"三基论"(三维目标)就是素质教育的根本诉求。三维目标的教学设计是新课程改革不可回避的核心课题,离开了三维目标的所谓"有效教学"的研究简直是南辕北辙。

我国的课堂教学长期来受凯洛夫教育学思想的影响。凯洛夫教育学存在三个致命弱点。其一,没有"儿童"的概念。凯洛夫自己也不得不承认,他的教育学是"没有儿童的教育学"。但是,没有专家的儿童学研究,没有教师的儿童研究,是不可能有优质的教学的。其二,没有"课程"的概念。没有课程的概念也就没有课程的目标、内容、策略与评价的概念,只有静态知识的传授与技能的训练而已。其三,没有"学力"的概念。所谓"双基"是从苏联搬运过来的。苏联《教师报》曾经自我批判"双基"是违背马克思主义的,因为它抽去了人的主观能动性的要素,是"唯技术主义"的标本。凯洛夫教育学作为斯大林文化专制主义的产物在苏联只活了短短的八年乃是理所当然的。我们应当从凯洛夫教育学的束缚中解放出来,三维目标是落实素质教育所必需的。

二、三维目标的含义与意义

三维目标(知识与技能;过程与方法;情感、态度与价值观)是基础学力的一种具体表述。第一维目标(知识与技能)意指人类生存所不可或缺的核心知识和基本技能;第二维目标(过程与方法)的"过程"意指对话环境与交往体验,"方法"指基本学习方式和生活方式;第三维目标(情感态度与价值观)意指学习兴趣、学习态度、生活态度、人生态度以及个人价值与社会价值的统一。在学校教学中,既不能离开了过程与方法、情感态度与价值观去求得知识与技能,也不能离开知识与技能去空讲过程与方法、情感态度与价值观的发展。三维目标是一个整体,不可分割。三者是融为一体的。有人反对三维目标,说"三维目标是'虚化知识',因此是'轻视知识'的表现"。这是形而上的、颠倒黑白的典型表述,是凯洛夫教育学情结的一种发作而已。三维目标恰恰是基于现代的"学科"概念的界定,因此恰恰是"重视知识"的表现。借用日本学者梶田叡一的"四层冰山模型"来说明这个问题。假定有一座冰山,浮在水面上的不过是冰山的一角。倘若露出水面的一层是显性学力——"知识与技能"、"理解与记忆",那么,藏在水面下的三层则是支撑冰山上方显性学力的隐性学力——"思考力和问题解决力"、"兴趣与意欲"以及"体验与实感"。所谓"基础学力"就是由上述的显性学力和隐性学力组成的,它们是相辅相成、不可分割的一个整体。

三维目标是对传统"双基论"的一种超越,体现了崭新的学力观。教育是一种有目的、有计划的活动,它是指向教育目标、制订教育计划并据以展开实践的,而作为教育实践的基本形态的教学当然也是瞄准教育目标的。教育的宗旨终究在于人格的陶冶。教学目标当然必须贯穿这种育人的目标——人格的陶冶。"育人"还是"育分"? 人的学习不同于机器人的学习(情感、态度),也不同于动物的训练(社会性、价值观)。传统的"双基论"的流毒就在于把训练等同于教育。日本新的《学习指导要领》针对应试教育的弊端,重新界定"基础学力"的概念,突出了"扎实学力"的具体内涵:(1)一切学习之基础的"语言能力"的涵养;(2)称誉国际水准的"数理学力"的培育;(3)日本先辈积累起来的"传统文化"的传承;(4)引进当代儿童缺失的自然体验、福利体验和劳动体验之类的"多元体验";(5)伴随国际化进展的从小学开始的英语学习的实施。当然,这种"扎实学力"必然是由内省能力、规范意识之类的道德品性和艺术感之类的"丰富心灵"支撑的。[1]人的学习当然不能没有记忆与训练,但不能随意放大"训练",甚至混同"训练"与"教育"的区别。"孟母堂"那样的现代"私塾"片面强调"读书百遍,其义自见",却有意无意地抹杀了"学而不思则罔,思而不学则殆"的辩证法,不能不说是一种极端片面和无知的偏见。

三维目标也是对传统"学科观"的一种超越,体现了现代学科的内在价值。"学科"的设定是以教育目标为依归,以扩大和深化学习者的知识积累与变化为前提的。构成"学科"的元素,绝不是片段的内容和细分化的知识的堆积,学科结构必须具有逻辑。"学科"必须根据学生的身心发展阶段及其能力发展实际来组织体现知识体系和价值体系的教学内容。因此,任何学科的构成总是包含了知识、方法、价值这样三个层面的要素:其一,构成该学科的基础知识和基本概念的体系;其二,该学科的基础知识和基本概念体系背后的思考方式与行为方式;其三,该思考方式与行为方式背后的情感、态度和价值观。换言之,它囊括了理论概念的建构,牵涉知、情、意的操作方式,真善美之类的价值,以及探索未来和未知世界的方略。这种以逻辑的知识形态来表现知识体系和价值体系的,就是"学科"。因此,三维目标不是在学科之外强加于学科教学的价值追求,而是学科自身内在隐含的价值:认知价值、社会价值、伦理价值。以日本的新课程改革为例,新《学习指导要领》重视"语言能力"的培养,把它视为培养"扎实学力"的最基础性课题。这不仅表现为增加国语科的课时,而且在教学方法上,特别提出如下改革要点:"进一步重视语言教育的立场;提高对国语的兴趣,培育尊重国语的态度;掌握实际生活中须臾不可离的学习各科之基本的国语能力;培育享受、传承和发展日本的语言文化的态度。"[2]

三维目标体现了人类科学的诉求。教育研究不能没有人类科学的视野。何谓人类科学？人类科学的对象是人。作为人类科学的对象——人类现象，不仅有"确凿侧面"，也包含"混沌侧面"。因为，人类现象有其生物学的构造的"确凿侧面"，也包括了人类的心理的、意义侧面的"混沌侧面"。研究人类的"混沌侧面"的领域统称"软科学"，例如，解释学的案例、研究文化人类学的野外研究等。这样，所谓"人类科学"是涵盖了人类现象的"确凿侧面"的"硬科学"和"混沌侧面"的"软科学"的一种集合领域。通常所谓"科学"被视为"客观性"的活动。因此，软科学根据其"主观性"的方法获得的见解，往往被视为同客观世界存在"不一致"的所谓差距问题。因为，主观解释介入的程度越大，越是会远离客观世界的描述。这样，基于解释学方法的案例研究往往会受到来自硬科学的"缺乏客观性"的批判。人类科学是不能无条件地认可这种"客观性"批判的。正如不能"见树不见林"一样，我们也不能"见科学不见人类"。[3]同样，教育问题的研究不能满足于硬科学的线性研究，还需要软科学的非线性研究。事实上，三维目标是当今世界各国课程标准或教学大纲的共同要素。从泰勒、布卢姆（B. S. Bloom）倡导的"行为目标论"到艾斯纳（E. W. Eisner）主张的"行为目标、问题解决目标、表现性目标并列论"[4]，清晰地体现了国际教育界统整地把握"软目标"与"硬目标"的诉求[5]。

任何学科或是学习领域都存在两个要素——知识与体验。没有体验的知识是虚假的知识，同样，没有知识的体验也是没有价值的。因此，我们需要谨防两个极端。其一，谨防片面的知识灌输。学习者是借助同外界的交往来积累知识的。倘若不是自主地同知识发生关系（联系）、重组先行知识，用来解决问题，那么，这种知识是不会有用的。无视学习者的既有知识体系和经验，片面地灌输知识的"灌输式教学"，是不可能达于"理解"的。其二，谨防轻视概念性知识的"体验式教学"、"活动主义教学"，因为它不能实现知识的结构化。在学校教育活动中，关键的课题在于，如何调动学习者的实践经验，去习得从经验中不能自然掌握的科学概念。

三、"三维目标链"研究：教学思想的革命

教学目标是教师基于对教学实践过程的预设所做出的假设。教师的教学指

导过程无非就是指，能够抽取实践过程内蕴的发展方向，并且沿着该发展方向推进实践的过程。不过，实践过程能够预设却不能预知。因此，教学目标无非是一种假设而已。教学目标要在实践过程中发挥其引领作用，唯有在实践过程中加以探讨与修正。教学目标的具体化就是借助这种探讨与修正得以实现的。离开动态的实践过程之中的教学目标的具体化，儿童潜能的实现只能停留于空洞的口号。就教师自身而言，倘若满足于静止不动的教学目标，教师的专业成长也就不可能实现了。这是因为，盲目的执行并不是实践。教学目标的具体化是在具体的实践过程（流程）中展开的。这样，所谓目标的具体化不能离开过程（流程），无非就是指目标一旦具体化了，内容与方法也就同时具体化了。目标的具体化是没有终点的，目标的实现是无止境的。

三维目标的落实取决于教师的洞察能力。教学目标不是单一的。当我们实现教学目标 A 之际，就得设定其若干下位目标以及相应的若干下下位目标。它们相互关联，形成一个复杂的体系，这就是"教学目标链"。当然，"教学目标链"的探讨离不开教材特质的研究和儿童身心发展的研究。我国新课程改革提出的三维目标类似于国际教育界"认知目标、行为目标、体验目标"的表述，体现了我国教学研究与教学实践的进步。不过，把三维目标作为一个整体来把握，就得在"课程标准目标—学科教学目标—单元教学目标—课时教学目标"的链索中加以落实。

事实上，日本早在 20 世纪 70 年代末就提出"教学目标链"的教学设计思路。[6]他们区分了"目标层级"与"目标领域"两个维度，来建构教学目标分析的框架，即在"学科—单元—课时"这样渐次细化的"层级"中，配以"认知目标"（概念结构）、"行为目标"（问题解决过程中的能力）、"体验目标"（情感、意志与态度）这些"领域"。即便是同样的"认知目标"在不同层级中也是完全不同的。一个单元的目标，不仅要把握其概念和法则的掌握之类的认知性目标，也要把握其探究意欲、探究能力等诸多领域。这样，在教师的教学目标分析中必须同时兼顾三个层级、三个领域之间的内在关联。其实，即便在课时层级也存在三个维度。在"三维目标链"教学设计的框架中，一个关键的问题是，不要把目标视为一个凝固的静态的东西，需要认识目标与流程之间的复杂关系。既然具体的实践过程是一个有机的动态运动着的流程,那么,三维目标只能根据流程的态势加以相应地落实,绝不可能机械地以课时为单位进行平均分摊式的——对应。

"三维目标链"教学设计的框架有助于打破单纯知识点的教学设计的束缚,因而有助于我国中小学的学科教学真正从"动物训练"的层次提升到"人的学习"的高度。这正是推进素质教育的本意所在。变革课堂教学必须从变革教学设计做起,从推进"三维目标链"的教学设计做起。这种变革的核心课题是,从"教师中心"向"学生中心"的重心转移。

第一,从教案设计到学案设计的重心转移,求得教师的教与学生的学的统一。教案设计往往容易陷入告知式、训练式、权威控制的教学,而不是对话式、修炼式、平等协商的教学。

第二,从显性学力到隐性学力的重心转移,求得显性目标与隐性目标的统一。从学力理论的角度分析,应试教育与素质教育的根本区别就在于,前者由于仅仅关注于显性学力而抹杀了隐性学力,这种没有根基的学力终究是没有活力的,不是真正的学力。

第三,从个体认知到集体思维的重心转移,求得个性发展与群性发展的统一。个体的认知能力的发展当然重要,但是,离开了集体思维,就不可能有个体认知的健全发展。

我们需要从"三维目标链"切入,把"三维目标"作为一个系统来研究,才能使得我们的课堂真正有所进步。我欣赏建构主义的主张——"我思故我在"。我更欣赏社会建构主义的主张——"我们思故我们在"。真正的学生的学习是如此,真正的教师的研修也是如此。我们需要在"我的思考"和"我们的共同思考"之中,不断锤炼心智,不断重建概念,不断改造我们的知识观、学生观、教学观。打造教师的一双慧眼——这就是作为革新的教育工作者应有的姿态。

参考文献

[1][2] 人类教育研究协议会.新的学习指导要领——课程改革的理念与课题[M].东京:金子书房,2008:10,11.

［3］ 西条刚央.何谓建构主义——新生代人类科学的原理［M］.京都：北大路书房,2005：7.

［4］ 艾斯纳.教育想象——学校课程设计与评价［M］.李雁冰,译.北京：教育科学出版社,
2008：113—130.

［5］ 佐藤三郎,稻叶宏雄.学校与课程［M］.东京：第一法规出版股份公司,1984：154—164.

［6］ 水越敏行.授业改造的视点与方法［M］.东京：明治图书,1979：35.

第7章
课堂互动研究

"课堂互动"是课堂研究回避不了的论题。从"课堂控制论"走向"课堂互动论"、从"技术性实践"研究走向"反思性实践"研究，是当代课堂研究的一个重要表征。本章基于上述这个视点，联系我国课堂研究的现状，阐述"课堂互动"的意蕴及其研究课题。

一、课堂互动研究的意蕴

什么是"课堂"？为什么要重视"课堂互动"？课堂互动研究的价值何在？这些问题是每一位教师实践"有效教学"的认识论前提。

课堂教学是一种以教材为媒介，教师的教授活动与学生的学习活动这三者之间的互动过程。就是说，它是以教材为媒介，教师和学生一道理解教学的内容，发现其意义，同时也一道理解并发现隐藏在教材背后的社会现象的意义及其社会文化背景的过程。[1]不过，一般说来，参与课堂教学的学生无论对于教材的知识、经验，还是兴趣和目标，都是大相径庭的。教师不能不以拥有这些差异的学生为对象，尽管采用同样的教材却要按照一定的教学目标展开有效的教学活动，而这一过程是不可能刻板划一地按照教师预设好的计划展开的。它是混沌的、流动的过程。按照日本教育家佐藤学的解读，所谓"课堂教学"从根本上说是一种对话实践的过程，即"建构教育内容之意义的、同客体对话的实践，是析出自己和反思自身的自我内的对话性实践。同时是社会地建构这两种实践的、同他人对话的实践。这三种实践体现了互为媒介的关系"[2]。这里面,包括积极展开三个领域的"自我内对话"、"他者间对话"的有意无意的互动过程,即同新的世界对话、同新的他人对话、同新的自我对话,从而形成认知性实践、社会性实践、伦理性实践的过程。

可以说,"课堂教学"作为学校教育活动的基本组织形式,原本就是旨在有效展开上述三种对话活动而组织的。"课堂"具有多重涵义。它不仅是学生学知识的场域,也是学生交往的场所和社会化的重要天地。"课堂"、"课堂教学"对每个学生具有重要功能。学生通过认识他人得到学习,同时通过反思自己得到学习,从而促进每个学生人格的成长和学力的成长。"课堂"原本就不是一个寂静的世界,而是每一位学生拥有的"目标、价值、兴趣、爱好"生生不息的生命的世界。理想的"课堂"原本应是互动的、知性灵动的天地。

那么,何谓"课堂互动"? 课堂互动是调动参与课堂教学过程的各个主要要素,围绕教育教学目标的实现,形成彼此间良性的交互作用。这是一个整体性的动态生成的过程。在课堂的时空背景下,借助构成教学的各个要素之间积极的交互作用而形成"学习集体",并在"学习集体"的人际关系之中产生认知活动的竞技状态,这就是"互动"。如果把班级组织比作教育的生产方式,那么,基于这种生产方式的互动力就相当于生产力。当一个班级几十个学生围绕某课题展开学习活动之际,学生的集合就不是简单的1+1=2的集合,而是1+1>2的集合。但在我国,班级规模过大的问题严重,上海除外(上海是小班级授课),据说四川有些学校的班级规模多达160人,根本无法互动。在这种场合,恐怕是1+1<2的集合了。"课堂互动"的职能之一就是学会交往,而基于教育的原理来调动教师、学生以及其他一切应当考虑的因素,经过这诸多因素的交织、冲突,形成师生一道意气风发、真刀实枪地决战胜负的情境[3],这才是富有活力的、激情燃烧的课堂教学。

课堂互动研究意味着从"课堂控制论"走向"课堂互动论"。我国大多数的课堂教学是以知识灌输为其特征的。教师几乎不考虑学生方面的条件,只考虑系统传授现成的书本知识,带有形式化、划一性和强制性。正如弗莱雷(P. Freire)所说的,学生往往是"被压迫者",丧失了话语权。教学只能处于语词主义注入和死记硬背的状态。从社会学角度看,构成充满活力的教学情境需要三个条件[4]: 其一是学习主体，指具有不同需求、不同能力水平的各具个性特征的学生；其二是教学媒体（包括学科教学内容或教材教具、现代媒体），学科教学的内容一定牵涉提供什么教材、怎么开展活动的方法；其三是人际关系（包括师生之间和生生之间的关系及其交互作用）。当我们把课堂作为一种社会现象、把教育作为一种社会交往作用之际，人际关系的视点就凸显出来了。但在传统上却往往忽略了课堂的这种社会性格。

课堂互动研究意味着从"技术性实践"研究走向"反思性实践"研究。传统的课堂研究是一种"技术性实践"的研究，大体以"目标—达成—评价"为模式，信奉"工具理性"。这种研究不能说毫无价值。这是因为，现代学校教育制度是作为技术性系统组织起来的。倘若是追求有效教学系统的开发和有效教材程序的开发，那么，"技术性实践"的课堂研究是有其一定的效度的。不过，倘若是探讨每一个课堂的学生学习，探讨每一个技术的实践意义，解读每一个课时的教学特征，揭示每一个课堂事件的意义，形成每一位教师应有的实践性智慧，那么，"技术性实践"的课堂研究是难以企及的。探讨每一个课堂事件和教学方法的意义，探讨每一个师生的活动和经验的意义的，不能靠"技术性实践"取向的课堂研究，只能靠"反思性实践"取向的课堂研究。这种"反思性实践"取向的课堂研究旨在揭示特定课堂之中产生的具体经验和事件的意义，寻求课堂经验的意义与关系的重建。这种课堂事件和经验的意义是，在"叙事性认识"中表现出来，并且借助这种探究与表现，形成每一位教师的实践性智慧。因此，这种课堂研究是观察、记录和评议特定课堂教学的一种"案例研究"，是发现其作为"叙事"的魅力及其现实意义、探索"混沌"的世界并追寻这种探索经验的一种研究。

课堂互动研究隐含一种新的教学观，即"儿童本位"。课堂互动研究是"儿童本位"教学观的具体体现。唯有当儿童自主地、能动地、创造性地展开思考和活动时，才谈得上建构知识。所以，我们要充分考虑儿童的身心发展程度。但是，儿童的身心发展程度并不是以年龄阶段（或年级）一义地决定的，它极大地受到儿童以往经验的左右。即便同一年龄的儿童，由于社区不同、学校不同、家庭背景不同，彼此是千差万别的。所以，作为教师首先应当是"儿童专家"，要研究儿童、发现儿童、尊重儿童。以往凯洛夫式教学研究中突出的是所谓的"教材研究"，儿童研究往往是被忽视的。"尊重儿童、尊重差异"——这是课堂互动研究的思想基础。总之，课堂互动研究的价值就在于，调动一切积极因素，改变教师一言堂的状态，打造崭新的以"自主、合作、探究"为其文化特色的课堂。

二、课堂互动研究的关键概念

国外课堂研究的分析表明，课堂教学可以从"主体过程"与"集体过程"两个侧面来加以把握。[5]就是说，课堂教学既是每一个学习主体的心理过程，同时也是基于人际关系的交互作用过程。这样，课堂互动研究意味着课堂教学中确立"自主活动"与"集体思维"的概念以及"教师学习共同体"概念的必要性与可能性。可以说，这是"课堂互动"研究的三个关键概念。

（一）自主活动

课堂教学是以学生的自主活动为中心展开的。这就是说，教学目标的设定、教材教法的选择、班级的集体交互作用等，所有的构成要素都应当为形成学生的自主活动而加以统整，所有的构成要素都必须服从于学生自主活动的组织。学生的自主学习活动当然不可能在放任自流的状态中产生，必须有教师的指导。但在这种场合，不能容许教师发号施令。教师一旦采用强制性的方法，自主学习活动就不可能产生。学生的自主学习活动唯有在设定好目标、选择好教材、讲究学习方式、组织班级的集体性交互作用的轨道之中，才能产生。因此，教师如何有效地整合课堂互动，一步一步地瞄准教学目标，求得学生的自主的、创造性的学习活动，是"课堂互动"研究的一个关键概念。

（二）集体思维

课堂教学并不是特殊的教学形态和指导过程，可以说是教学创造的原点：每一位学生在教学之中作为主体而自立，并且培育每一位学生拥有团队意识、能够互动的学习活动。每一位学生的学习活动不是孤立进行的，因为学习活动原本就是社会建构的过程。教师以这种班级集体为对象展开的教学活动就是"学习集体"的教学。课堂教学的根本课题，就结论而言，是学生把生活中把握的东西变革为科学的、本质的东西的严格的认知发展过程。而学生逼近科学的、艺术的、本质的认知发展本身,唯有亲历实际的探究过程——真真切切的集体沟通的认知发展过程——的时候,才能最有效地达成。"倘若忘却了'认知发展的高度唯有同时在认知的广度(集体思维)之中才能达成'这一教学过程的原则,那就不可能把握真正意义上的集体学习"。[6]

课堂教学是认知活动的竞技场。这是因为,班级中的学生各自具有个性。课堂教学之中学生的学习态度和理解程度是分化的、多种多样的、变动不居的。根据日本学者的研究,课堂教学过程中的学生一般分化为:1.认真参与学习的学生和不参与学习的学生;2. 理解的学生和不理解的学生;3. 认知方式不同的学生。[7]面对这些分化(落差),专业能力低下的教师,可能会加剧第一种分化(落差)而对第二种分化听之任之;资深教师则会促使第一种分化走向全员参与,第二种分化走向统一,而凸现第三种分化,并最终统一于更高的认知状态。从第三种分化走向统一的更高认知状态的教学就是"学习集体"的教学,而片面灌输教材内容的教学难以产生第三种分化,因此不能说是"学习集体"的教学。

关于第三种分化,可举美国小学四年级数学课为例来说明。他们在计算"90−65＝?"时的解题方式,反映了不同的认知方式。当教师指名学生在黑板上演算时,不同学生展现了不同的解题方式:第一个学生列出竖式后,感到茫茫然而不知所措;第二个学生边扳指头边思考,支支吾吾回答不出;第三个学生在黑板上画了 9 根长线并划去 6 根,剩下的 3 根分别均分为两段,再得出答案 25;第四个学生先算出 90−60＝30,然后再算出 30−5＝25。如此等等。这表明一些学生可能是在头脑里呈现具体的事物和行为时的一种直观性水准理解;另一些学生可能是在实际地操作某种行为和作用于客体的对象性行为水准的理解;还有一些学生可能是一种语言性概念水准的理解。而且,或许他们只能停留于各自水准的理解。在这种场合,任何水准都不能说是充分的。但在这里,布鲁纳所归纳的人类的三种认知方式——动作式、图像式、符号式,都一一展现出来了。这样,班级里的每一位学生都分享了种种解题方式,这就为"集体思维"的展开提供了一个平台。

学生的认知方式不是"刺激—反应"式的渐次复杂的量的连续过程,而是由结构上迥异的三个阶段组成的阶段性的质的过程。按照布鲁纳的说法,人类的认知图式不外乎三种:"动作式—图像式—符号式"。[8]从幼儿成长为成人的长期宏观的角度看，它们构成一个大循环。"图像式"比"动作式"理解得好，"符号式"则比"图像式"理解得好。不过，要使儿童认识事物，不仅需要将行为水准的理解、直观水准的理解提升到概念水准的理解，而且需要将概念水准的理解再具体化为行为水准、直观水准的理解。保障"动作式—图像式—符号式"的上升与下降的思维活动实际上就是一种集体思维。"动作式—图像式—符号式"的上升与下降的思维活动对所有学生都是需要的，并不是唯有处于概念性水准的学生才有认知活动的互动。这样看来，所谓"集体思维"乃是"学习集体"中认知活动的竞技。因此，教师如何千方百计地组织学习集体，求得生动活泼的集体思维，是"课堂互动"研究的又一个关键概念。

（三）教师学习共同体

教师通过课堂互动研究寻求多样的认识与多样的方法，共同分享教学经验和教学资源。多年来，日本教育学者佐藤学在他的 3 000 所实验学校里，倡导"学习共同体"的改革哲学；强调"教师学习共同体"——旨在借助教师"校本研修"合作研究体制的形成，使得每一位教师能够分享他人的教学经验，反思自身的教学行为，共同创造理想的教学模式——的价值。在这里，每一位教师作为"反思性实践者"所追求的，既不是压倒对方的论战，也不是学术理论的建构，而是提升教师自身的专业素养和职业能力，并且获得一种话语权：表达个性化实践的创造和对于实践的多视角见解与多样化实践的话语；推进不同教育风格的教师的经验交流与分享，构筑合作探讨教学实践的共同体。

基于上述三个关键概念的课堂互动研究，将有助于变革"定型化教学"的旧习，促进课堂教学中基本关系的转换：首先，有助于颠覆师生之间的支配从属关系，使每一位学生成为学习的主体。美国四年级数学课的例子表明，即便是四则运算的教学也是可以采用"探究学习"的方式展开的，且远比教师的单向灌输有效得多。其次，有助于克服学生之间的敌对性关系，建立合作性关系。应试教育背景下的学科教育往往扭曲了同学之间的关系。一位记者去某重点高中观摩二年级的数学课，发现某同学背着同班同学询问老师一个难题。记者问他为什么当堂不提出来？他坦然地回答说："假如同班同学也会解这个难题，高考时不就增加了一批敌人了么！"这就是无视学科教育道德价值的应试教育造成的"反教育"、"反发展"的恶果。再次,有助于课堂教学超越管理控制乃至启蒙的性格,而成为每一位学生展开"探究学习"的天地。可以说,课堂教学基本关系的变革激发互动力的提升,反过来,又进一步推动课堂教学基本关系的优化。因此,是否转换了课堂教学的基本关系,可以成为衡量"课堂互动"研究成功与否的标尺。

三、课堂互动研究的课题

课堂互动研究为我国中小学教师提出了变革教学设计的严峻课题。

第一个课题,从单纯知识点的目标设定走向"三维目标链"的设定。人的学习既不同于动物的训练,也不同于机器人的学习,而是浸透着一定的动机、情感、态度和价值观的。多年来,单纯知识点的教学目标是违背人类教育的本性的。新课程的"三维目标"类似于国际教育界"认知目标、行为目标、体验目标"的表述,体现了我国教学研究的进步。不过,尚需教师把"三维目标"作为一个整体来把握,并在"课程标准目标—学科教学目标—单元教学目标—课时教学目标"的链索中,加以落实。日本的中小学早在20世纪70年代末就实施了"教学目标链"[9]的教学设计思路,可供借鉴。他们区分了"目标层级"与"目标领域"两个维度来建构教学目标分析的框架。一个单元和题材的目标,不仅要把握其概念和法则掌握之类的认知性目标范畴,也要把握其探究态度、探究能力之类的诸多范畴。这样,在教师的教学目标分析中必须同时兼顾三个层级与三个领域之间、显性目标与隐性目标之间的内在关联。

第二个课题,从单纯预设式的教学设计走向动态生成式的教学设计。"课堂互动"的最大特征是动态生成,它往往是无止境的、无边际的、不可测的。因此,教师的教学设计必须从单纯预设式的教学设计走向动态生成式的教学设计。那么,如何才能跨出改革的第一步呢? 解决如下问题,恐怕是起码的底线了。

(一) 教案的自由度

从历史的发展看,19世纪中叶以来支配世界教育学的是赫尔巴特(J. F. Herbart)学派提出的基于形式阶段说的"系统学习"(接受学习),和杜威(J. Dewey)倡导的基于探究学习的"问题解决学习",后者强调通过自发性、创造性的活动形成扎实的学力。我们需要的是寻求两者的扬弃与统一。这样，教学过程离不开问题的提出与目标的把握，问题解决过程的计划，问题解决过程的总结（同已有知识的统整）和运用。晚近发展起来的社会建构理论进一步强调了"课堂互动"的重要性："学习不应该被看作由教师向学生输送知识，再由学生模仿或记忆。相反地，它主要是透过长期探讨获得对社会构成新的理解。"[10]课堂教学不可能全部预设，需要动态生成。生成并不排斥预设，预设是为了更好的生成。以教师的单向知识传授为中心的凯洛夫式的教案设计必须予以摒弃。

（二）学生的参与度

我国中小学教师往往没有课程的概念，把课程等同于学科，把学科等同于教材，把教材等同于知识点。学生的学习意欲、学习方式、学习能力、个性与独创性、实验观察技能、资料解读能力等等，往往被置于脑后。这样，整个课堂教学停留于知识点的传输，并且以机械训练和死记硬背为其特色。这跟新课程改革的诉求——确立"自主、合作、探究"的课堂文化——是背道而驰的。为了创造新的课堂文化，我们需要采取针锋相对的举措，观察课堂教学的视点必须根据课题与目标具体地加以设定。例如，倘若课堂教学是以"学生主体的学习活动"为目标，那么，对学生观察的视点是：1. 是否主动地参与学习活动；2. 是否每一位学生都能积极地展开学习活动；3. 是否展开了逼近学科本质的探究活动或是声情并茂的表达活动；4. 是否作为学习集体的一员深化了合作性的学习活动；5. 是否形成以骨干为核心的密不可分的组织。对教师观察的视点则是：1. 教师的施教是否发挥了引领作用；2. 教师的指示、建议、演示、示范等是否同以提问为中心的探究过程（表达过程）融为一体而得以系列化；3. 教师的讲述是否适度（冗长性），语言性与非语言性（尤其肢体语言）的影响是否有力度；4. 评价活动是否深化并提升了学习集体的高度。[11]

（三）教师的敏感度

学生的差异意味着不同的认知方式，它不是教学的障碍而恰恰是一种教学资源，"尊重学生的差异"应当成为教学设计的基本准则。这意味着教师需要做一系列的差异诊断的作业，包括学生需求（诸如，满足马斯洛的需求层级——生理、安全、爱、尊重、自我实现）诊断、学习背景（文化差异）诊断、学习困惑诊断等。诸如，教师如何以学生既有知识为媒介引领学习的动机、诱发不同解读方式的提问；教师如何以欣赏"旁生枝节"的姿态，做出巧用学生的"错误"资源的努力；教师如何包容"走调"、"越轨"的思路等等，都是提升教师敏感度所不可或缺的作业。

（四）课题的难易度

学习课题的提出（设定）必须恰到好处，难易适中。这种课题必须具备两个条件。第一，有助于引领学生掌握知识技能、形成基础学力的问题或课题。第二，学生自身能够积极地面对真正的问题或课题。倘若不具备这两个条件，学生就难以形成真正的学习和学力。研究表明，为了满足第一个条件，学习课题必须具备如下品格：1. 给出一定的明确了具体活动目标的问题；2. 能够有序地展开一定的系列活动的问题；3. 能够求得一定活动结果的问题。为了满足第二个条件，就得：1. 意义关联——同学生的先前经验、既有知识与能力存在某种意义关联的问题；2. 有所超越——具备单纯凭借学生的先前经验、既有知识与能力、既有思考方式与行为方式不能充分解决的难点或难以克服的障碍（矛盾）的问题。因此，教学设计的一个着力点就是如何把种种类型的学科内容（教材）具体地转化为适当的学习课题。

第三个课题，从单向传输走向集体思维学习——集体思维的组织与学习集体的形成。谁都体会得到，集体是拥有教育力的。不过，所谓"集体的教育力"并不是作为集体形态本身自发产生的，它需要在集体的所有成员面向共同的目标而形成的互动过程之中才能产生。在班级课堂教学的体制下，为使每一位学生能够积极主动地参与学习，就得讲究自主、和谐、合作，使班级组织成为自律性学习的集体。这种集体一旦形成起来，班级集体中的所有学生都能通过集体拥有的内部影响力（教育力），引出每一位学生的潜能，展开创造性的学习活动。

教师在形成"学习集体"之中承担两种角色作用。其一，以形成自主性、合作性的学习纪律为中心，使班级全员成为学习主体的过程。在这里，寻求的是让每一位学生不掉队，这是形成集体的法则性要求。其二，通过"集体思维"提升学生既有经验，能动地习得学科内容。在这里，寻求的是如何把学生的既有经验以什么为媒介提高到更高的水准，如何变革学生的思维。这是设计教学程序的教育科学的要求。这里所谓"集体思维"就是指学生各自表明自己的见解，相互评说、修正和补充各自的认识,来掌握教学内容的过程。组织"集体思维"的用意在于将其作为学生能动地习得人类社会积累起来的集体成果——科学、技术、艺术、语言等的过程,同时把这种过程作为师生共同活动的过程来构成和组织教学,把这两种过程有机地整合起来。反思自身认知活动的"元认知"和"沟通技能"乃是支撑"集体思维"的要素,可以借助训练得到发展。[12] 所以,"集体思维"并不是个人思维的单纯的算术总和,也不是单调的问答式答案的累加,更不是"自由讨论"美名之下的无轨电车式的胡扯。随着"集体思维"的展开,可以期待每一位学生的智慧和人格的进步,同时可以期待"学习集体"的形成。

实现上述两个侧面的要求是课堂互动研究的根本课题。然而,我国中小学课堂里的学生往往被客体化了,大量的课堂教学是缺失了学习主体的教学,或是向学生单纯地灌输知识,或是追随学生的发展、把学生的自发性绝对化,从而丧失了教师的指导作用。这两种学生客体化倾向是我们需要极力摆脱的。

四、课堂互动研究的挑战

课堂互动研究是以课堂教学本身作为研究对象的反思性实践研究,其研究主体是教师。课堂互动研究的最大特征就是从教学的事实出发,其研究的目的在于改进教学,其内容在于实践性问题的解决。而教育研究者进行的理论研究,可以说是通过将教师以"实践话语"提出的问题翻译成适合自己领域之课题的"理论话语"来解决的,是形成"理论话语"与"实践话语"之网络的研究。[13] 从研究领域的角度说,课堂互动研究大体包括三个领域:1. 以教材(教学资源)为中心的研究;2. 以认知过程为中心的研究;3. 以集体过程为中心的研究。这些研究需要教师的实证性研究与各学科领域研究者的理论研究的交流,展开学科内的或跨学科的合作研究。当然,由于课堂教学本身是一种复杂的社会现象,可以从种种不同的侧面展开研究。同时,它不同于自然现象,并不具备划一的"规律性"。

这种研究的难度是可想而知的,我们面临诸多认识问题和技术瓶颈的挑战。诸如,第一点,如何看待"先进教育经验"的问题。按照俄罗斯教育学者的见解,"先进经验可以成为许多教育实践者工作的示范,但是这种示范的意义是有限的。

照搬经验是无益的,而是需要思考经验"。所谓"先进教育经验"是不可照搬、不可复制的。[14]关键在于挖掘经验背后的东西,引导教师从"先进教育经验"中抽出基本的道理、基本的逻辑,这才是重要的。

第二点,如何看待"实践研究"的问题。国内大量的"实践研究"报告基本上属于"工作总结"或是"工作计划"之类的东西,称得上真正的"实践研究"的,极其罕见。根据国际经验,名副其实的"实践研究"必须具备两个基本要素。其一,一定是从教师自身的教育实践中引出来,而又服务于自身的教育实践的问题,即从实践中来又回到实践中去;其二,一定有理论的介入。理论可以为解读实践问题提供一种认知框架。这里面隐含另一个重要的挑战,那就是:确立理论与实践、理论工作者与实践工作者之间的新型关系。

第三点,如何发展课堂分析的概念及其技术的问题。国际教育界积累起来的课堂分析的经验,即便是"教学的观察与记录"、"教学的描述与分析"、"教学的反思与评议"等概念及其技术,无不涉及教育学、心理学、社会学、语言学,以及以脑科学为核心的学习科学,这种趋势值得我们关注。

在传统的单向式传输教学中,只消教师单边掌控,按照预设的教案,按部就班地实施就行了。在开放的互动式课堂环境中,每一堂课对教师而言都是新的挑战。唯有基于"课堂互动"研究的教师,才有功力去解读学生的心理,捕捉瞬间的灵感,点燃对话的激情。课堂互动研究将引领我们走向多声交响的世界,归根结底是一场静悄悄的课堂文化变革。西尔伯曼(E. Silberman)在他的名著《课堂的危机》(1970)中引述了杜威的一句意味深长的话,值得我们倾听。他说:"真正的危机在于,表面上呼唤改革,骨子里却在一味地包庇旧的一套,走回头路。"[15]

参考文献

[1] 高垣マユミ.授业设计的前沿:融通理论与实践智慧的协同研究[M].京都:北大路书房,2005:124.

[2] 佐藤学.学习的快乐——走向对话[M].钟启泉,译.北京:教育科学出版社,2004:39—40.

[3] 筑波大学教育学研究会.现代教育学基础(中文修订版)[M].钟启泉,译.上海:上海教育

出版社,2003:273.

[4][7][11] 吉本均. 现代授业研究大事典[M]. 东京:明治图书,1987:596,340,596.

[5] 东洋,等. 授业改革事典(教学设计卷)[M]. 东京:第一法规出版股份公司,1983:104.

[6] 全国授业研究协会. 授业组织化入门[M]. 东京:明治图书,1970:114.

[8] 布鲁纳. 教育过程[M]. 华东师范大学比较教育研究所,译. 上海:上海人民出版社,1973:23—37.

[9] 水越敏行. 授业改造的视点与方法[M]. 东京:明治图书,1979:35.

[10] Thomas L. Good & Jere E. Brophy. 课堂研究[M]. 吴文忠,译. 台北:五南图书出版公司,1997:306.

[12] 青年认知心理学者之会. 认知心理学家谈教育[M]. 京都:北大路书房,1993:75—76.

[13] 佐藤学. 课程与教师[M]. 钟启泉,译. 北京:教育科学出版社,2003:231.

[14] 弗·弗·克拉耶夫斯基. 教育学原理[M]. 张男星,等,译. 北京:教育科学出版社,2007:86.

[15] C. E. Silberman. 课堂的危机[M]. 山本正,译. 东京:サイマル出版会,1973:520.

第 **8** 章
课堂话语分析

课堂中存在着"多种"声音，需要等待与静听。课堂话语是一种充满矛盾而又不断得到调整并得以多元并存的过程。本章探讨作为一种跨学科研究的课堂话语分析的意蕴，梳理基于"沟通理性"的课堂话语分析的视点。课堂话语的分析有助于保障课堂作为"多声的空间"，保障每一位儿童的学习。这是优质教学所需要的。

一、课堂话语分析：一种跨学科研究

（一）课堂与话语

"课堂"（classroom）是学校教育的主阵地。就其字面意义说，它是一种物理空间。不过，"课堂"被赋予了更丰富的"意义与关系的生成"的含义：其一，课堂是学习课程内容的知性场域。在这里，具有强烈的作为学习现场的象征意义。其二，课堂是形成并维系多重社会关系的场域。在这种场合，具有强烈的由师生这一固定化的成员组成的相对封闭的社会环境——"班级"的意义。其三，课堂是制度化的场域。近现代的学校教育基本上是以班级为单位展开的。这样看来，课堂作为"话语空间"、"对话空间"，对于作为成员的教师和学生说来，是占据时间最多的学问的、社会的、制度的空间。[1]一言以蔽之，"课堂"是借助"话语"来设计和建构特定意义的规范和形式的空间的。

这里所谓的"话语"(discourse),系指从某种视点描述事件的特定图像或是表现事件的特定方式。在语言学中指"在某种情境中实际运用的言语表达",或是"传递某种完整意义的言语行为的片段"。[2] 按照帕克(I. Parker)的定义,"话语"指的是"建构对象的陈述体系"。就是说,系指"以某种方式做出归纳,产生事件的特定图像的一组意义、隐喻、表象、印象、情节、陈述等"。然而,"话语"不是"单纯抽象的观念或是远离现实社会的、犹如气球那样漂浮不定的陈述(表达)事件的方式",而是"现实交往中一段完整的语言"[3],是"同社会组织化的运作方式密切相关的"[4]。在人类社会中,存在法律、教育、婚姻和家庭、宗教之类的制度,这些制度构成了我们每一个人的日常生活的形态和实体;同时,也给我们带来了社会立场和身份地位,诸如,教育的制度给人们带来了"有教养"、"无学识"的区分,等等。

如果说,语言学中的"话语"不仅指口头语言也包含书面语言,那么,在课堂研究中使用"话语"的场合,大多是指以发话的声音言语为前提,此时此刻生成的相互作用;或是指相互作用中运用的情境化的语言。在学校的课堂教学中基于口头语言的沟通尤其受到重视。实际上,即便在一节课的时间里,师生之间也会发生数以百计的话语。师生在课堂教学中运用口头语言进行的对话,可以统称为"课堂话语"(classroom discourse)。这样,所谓"课堂话语"便可以定义为:"基于课堂这一教育实践的场域里实际运用的情境化语言所发生的相互作用。"[5] 显然,"课堂话语"是同作为教育制度的课堂教学密切相关的。梅汉(H. Mehan)从社会建构主义的角度,揭示了课堂话语的基本结构及其本质特征。他把课堂话语的对话单位划分为"教师主导"(teacher initiative)、"学生应答"(student response)、"教师评价"(teacher evaluation)这一"IRE"的话语结构来表现。这种结构同一般话语形成了鲜明的对照:在一般话语中对提问的应答添加了感谢的词汇,但在课堂对话中对提问的应答则添加了评价的词汇。借助这种评价的词汇显示出对话单位完结的结构。另外,在课堂教学中存在着沟通的独特的范式——IRE 这一话语连锁的范式、严整的相互作用就是经历这种"话语的顺序配置"而达成的。这里的 E,亦即教师的评价发挥着决定性的作用。换言之,在课堂话语中借助最后的 E 的介入,剥夺了平等的人际关系对话的性质。教师正是以"老师"这一社会代言者的身份而不是以个人身份同学生"说话",行使着"老师"这一社会地位所拥有的权力,并使自己的话语权威化、评价合法化。这正是课堂话语的本质特征。不过，课堂话语的 IRE 并不是不可避免的。在教育情境以接近社会一般话语的结构进行对话的场合，IRE 结构的频率可以大大减少。在实施以学生为中心的探究学习的教学中，表现 IRE 结构的情形是罕见的。"课堂话语之所以以 IRE 的结构构成，是由于教育关系是基于权力与权威人为地加以组织的。"[6]

（二）话语分析与课堂话语分析

话语不仅是一种客观的表意性符号，而且是一种象征性权力。"话语分析"（discourse analysis）是涉及话语的社会脉络、权力性、政治性之分析的一种跨学科研究，这是 20 世纪 60 年代末开始以语言学为中心发展起来的概念。20 世纪 70 年代以来，福柯（M. Foucault）的话语分析揭示了话语的历史性、偶有性、权力性，对人文社会科学研究产生了巨大影响。进入 80 年代，话语分析成为跨越学科边界的广域研究领域[7]：（1）语言学研究，包括话语行为研究，发话功能研究，会话的分析研究。（2）社会学研究，包括行动研究、自传研究、目击证言与虚伪自白的回忆研究。（3）心理·认知研究，包括课堂沟通类型研究、认知方式研究、情境论对话研究。（4）界面（interface）研究，包括以电脑为媒介的通信网络等媒体普及条件下的话语与对话的研究。话语分析超越了语言和沟通研究的框架，揭示着话语同社会文化的认同、社会权力的分配以及阶层结构的深层关系。这样，20 世纪 80 年代以来，伴随行动研究、质性研究、参与观察研究法、认知科学、叙事研究的进展，课堂研究的范式发生了转型。即超越了片面传递知识的"信息处理过程"的范式，聚焦课堂话语参与者的"意义生成"、"相互沟通"和"共识"，从质性研究的角度分析课堂话语的教学研究。

按照日本学者的归纳，从课堂话语切入展开课堂研究，可以达到两个目的。其一是，以师生的实际的发言为对象，把握作为学习集体的班级文化及其关系，揭示出基于此时此刻生成的语言性相互作用而形成的教学状态。课堂教学是以致辞、提问、回答、指名、讲授、讨论、发表见解、质疑、朗读等生成种种功能的对话而展开的。如何参与课堂话语，无论对于教师还是学生，都是重大的课题。其二是，揭示超越了具体的班级与课堂教学的学校教育中的话语结构，揭示"师生"之间的社会关系、基于秩序的制度状态、学校特有的文化。这里主要是从社会语言学与社会学的话语分析的立场，来强调"课堂"所特有的制度状态。"课堂"跟法庭和医院一样，是有别于日常生活的一种社会、制度、文化上的特殊的场域。[8]

"课堂话语分析"（classroom discourse analysis）的难度极高。这是因为，"课堂是一种复杂的环境"[9]。在课堂这种学习环境中，往往要求教师必须因应形形色色的对话情境，迅速地做出抉择。课堂环境的复杂性表现为：其一，多层性。面对诸多不同的任务与事件的出现，必须进行记录和应对；要监督、收集和评阅学生作业；小小一个事件会有多种结果等等。其二，同时性。课堂上诸多事件会同时发生。在讨论课上，教师一面要倾听并修正学生的回答，一面要注意观察没有反应的学生是否也能回答。其三，瞬时性。课堂活动的速度是迅速的。教师在公共场合评估学生的行为平均每小时发生 15.89 次。其四，不可预测性及公开化的课堂气氛。事件往往以不可预见的方式发生，而且发生在一个学生身上的事情又大多被别的学生看到。例如，学生可透过教师与某个学生在课堂上的对话推断出教师对他们的看法。[10]

那么，借助课堂话语的分析可以揭示哪些问题呢？其一，个人学习的形成和作为集体的课题解决的连动性和适应性。参与课堂的学生的生活经验和学习经验具有个别性，参与课堂的方式也是多种多样的。另一方面，课堂是集体解决课题的场域，围绕学习内容必须达成和分享一定的认识。课堂话语是一种充满矛盾而又不断得到调整并得以多元并存的过程。其二，在课堂中，要求师生形成即兴反应。课堂教学是语词集约化的活动，只要有参与课堂的心意，就一定是参与"此时此刻"生成的相互作用。因此，其要求应对时刻变化的情境与状态，也要求话语生成的适时性和适切性。这就必须理解话语的规范，同时必须就情境的构成和参与者的矛盾状态做出情境判断。其三，课堂是形成社会关系的场域。在课堂的参与者、教师与学生，以及学生与学生之间，形成一定的关系。对谁话语、接受谁的话语，不仅表征了授受的意志和语脉分享的有无，也表征了关系性和角色分化。其四，课堂中的学习活动是旨在组织集体活动的秩序形成的场域。在多样的参与者集中学习的场域（课堂）里，必须共同拥有合作解决课题的规范和程序。在这种过程中协调自身的身心、加强彼此的关系，即便不言明步骤，也能组织学习。课堂话语作为社会行为的范式,不仅规范了个人的行为,而且也可以作为参与者判断自身行为之适切性的一种线索。[11]

(三)沟通理性:课堂话语分析的基点

课堂教学是一种沟通的过程,而沟通理性则是话语分析的基本视点。在哈贝马斯(J. Habermas)看来,"理性"是人际交往过程中取得共识的一个过程。这样,他提出的"沟通理性"(communication reason)是一个不确定的开放的过程。"沟通理性"(或译"交往理性")不仅是一种知识理论,而且是一种沟通实践。沟通理性让理性由"以主体为中心"变成"以主体间性为中心"。"主体间性"是指,在"涉他性行为"中将他者当作与"我"共在的主体而不是客体。他者与我之间的关系不应当是"控制与被控制"、"服从与被服从"的主客体关系,而是在平等基础上自由的对话关系。主体间性意味着主体间的相互交往、沟通与对话。哈贝马斯强调,正是沟通理性使得社会实践得以可能。[12]作为社会现象的学校中的课堂教学也是一种沟通理性的实践。没有课堂话语和教学沟通,便不可能有所谓的教与学。"教学过程本身就是一种沟通现象"[13],这是理所当然的基本公理。这个基本公理彰显了如下两个事实:第一,教与学是教授者与学习者之间、学习者与学习者之间,运用多种多样的极其多层多维的沟通情境与沟通关系的,高密度、多样化的沟通现象。第二,教学沟通往往是同教学的内容与方法的决定性变量相关,并同这些变量交织在一起构成教学的。换言之,教学的内容与方法是同沟通一起得以实现的。因此,教学沟通具有重要的地位,诸多课堂研究都是以教学沟通为对象展开的。

这种"教学沟通论"强调了通过社会沟通和相互交谈形成学生扎根于文化的社会习惯和语言习惯的重要性。哈勒(R. Harre)基于社会建构主义的立场明确地主张:"人们是随着成长而学习其所处的文化规则,并且逐渐地学会运用的。""儿童心理发展的过程并不在于内部结构的变化,而在于解释技能的渐进式获得。因此,所谓'发展',是人的能力愈益凝练的过程。这种过程可以借助其文化性的语言和说明性规则能够得以阐明。""人的能力至少有一部分是通过婴幼儿及其养育者之间所产生的社会交互作用而得到发展的。"[14]这样看来,他在解释技能、素质、欲望、认知结构等心智内部的状态或过程的时候,是避免任何唯心的观念的。这种含义上的心理发展过程,同心理学家秉持的认识有着显著的差异。例如,皮亚杰(J. Piaget)主张,儿童认识世界的凝练的认知结构是逐渐发展起来的,可以用一系列的智慧阶段来表征。儿童正是经由这些阶段而达于成人的智慧的。但哈勒提示的发展过程跟皮亚杰的主张形成了鲜明的对照。

在考察教学沟通之际,并不是把"沟通"仅仅作为沟通的手段,亦即并不是仅仅作为传递知识的手段来把握。认识到这一点是非常重要的。因为,"沟通"原本就意味着"关系的创造"。所以,"沟通"拥有使不同的两者形成关系的功能,即媒介功能。那么,教学沟通,是什么同什么的结合(媒介)呢? 这就是,构成教学的、存在于一定社会关系背景之中的个体与个体之间的交互作用的媒介,同时也是进行着跟客体世界相关的活动的媒介。"沟通",就是这双重意义上的媒介。一方面,教与学,在教授者与学习者的人际社会关系之中是作为一种过程来进行的,而这种进行是借助沟通来发挥作用的。课堂显而易见是一种社会现象。把课堂作为一种过程来把握,凸显的是课堂的社会侧面和人际关系。它不同于以往的教学论囿于认知侧面的论述,或把课堂教学作为认识过程来把握,明确地凸显了社会的维度和人际关系的维度。另一方面,倘若把教学沟通仅仅作为人际关系维度来把握,则会矮化"沟通"的意义。因为,教学中的沟通不同于日常生活中的交谈,它终究是在课堂参与者之间围绕某种课题或某种教材展开的沟通。就是说,以某种事实的媒介与习得为目标而展开的沟通。由此产生出沟通的第二功能:教学沟通的内容制约性。

教学沟通的特殊性就在于,同某种事物之间产生认知性关系,以及交互作用的教学构成者之间形成的人际关系。在这双重的关系上,课堂教学才得以深入地展开和动态地发展。当然,"沟通"无论对于学生或是教师,都提供了表现自己的无限可能性。从事沟通的人,是在一定的沟通情境中,通过表达自己所思、所感和困惑所在,而成为其关系的主体的。在一定的沟通情境中,当他表现自己的时候,就必须在一定情境与条件之下对谁、如何去话语、话语什么等等做出决断,并且必须言责自负。这个过程,是通过表现自己来实现"自我发现"的过程,同时也是通过"倾听"来实现"相互发现"的过程。口头语言、书面语言、或是姿态、表情和身段等非口头语言都是替代"我"的表现形式,是关系网中的个性化的人格表现。因此,"沟通"是理解他者的文化、交际的文化。

二、课堂话语分析的视点与课题

(一)课堂话语的层级分析

从"课堂对话"出发去把握现实的课堂和学习的具体状态,是随着不同的沟通观、教学观和研究课题而有所差异的。早期的课堂话语分析主要基于师生相互作用与学生学习成果的因果关系的分析模型——"过程—成果"模型,以及"发信者—通信路—受信者"这一单向、单线的通信模型,来分析话语的关联,并把话语的系列与范畴之间的流动范式加以类型化和结构化。不过,新近基于沟通理性的视点展开的课堂话语分析主要把握的是包括了话语得以生成的具体的语脉和情境在内的沟通。木下百合子指出:"课堂中所创造的人际关系不是游离于社会的真空中的人际关系,它是拥有社会交往性质的特有的沟通关系、合作关系、社会关系。因此,我们把课堂教学视为一种沟通现象、合作现象。"[15]

创造人际关系的沟通,不仅是单纯的传递交换信息过程的问题,它也是以该过程中的人际接触为课题的。因此,要研究培育人际关系的沟通,就得探讨显示其不同质的若干水准,明确地揭示丰富人际关系的水准是什么。关于这一点,日本教育学者岸田元美的"沟通乃相互依存的关系形成过程"说,值得参考。他将沟通的依存关系分成四个层级——物理性相互依存、作用与反作用性相互依存、期待性相互依存、教育性相互作用。[16]这里所说的"相互依存"系指双方相互依存的关系,它在不同情况下表现为不同的层级。

1. 物理性相互依存。这是沟通的简单过程。两人之间要接受信息,就不能无视彼此的物理存在的相互依存。双方是相互依存的。发信者自如地构成信息,向物理存在——接收者——传递。而接收者的信息接收、反应和理解,发信者是不予考虑的。在班级的师生沟通中,停留于信息的单向传递者是相当多的。教师讲解的课堂沟通,类似于这种层级。

2. 作用与反作用性相互依存。在这个层级中,发信者对信息传递的反应做出反馈,以便用于下一步的信息传递的构成,这就是作用与反作用的关系。在这个层级上,一方的反应是受他方的制约的。在教学沟通中,这是非常重要的。在教师讲解的教学方法中,并不是提示了信息就万事大吉了,还得注意学生对所提示的信息的反应,以便修正尔后的信息传递的内容和轨道。这一层级的教学是普遍的,但还不是深刻的沟通。

3. 期待性相互依存。在这一层级的相互依存中,当发信者构成信息时,就接收者会期待什么、会做出什么反应,预先做出考虑。这就形成了立足于相互期待之上的依存关系。这里不仅有发送信息之后的反应,而且有对反应的预想和期待这一依存关系的形成。

4. 教育性相互作用。进一步深化第三层级的沟通就是教育性相互作用。在这个层级上,双方不仅凭借对于相互反应的相互期待,在预测对方反应的基础上构成信息发出,而且相互熟悉,彼此移情性地理解,展开交往。处于移情性理解之上的这种沟通,才称得上名副其实的人际关系的沟通。教学时一旦形成了这种人际关系,就不仅是单纯的知识、技能的传递,而且是创造丰富人性的教育了。

(二) 课堂话语的功能分析

我国多年来的教学研究往往囿于哲学认识论基本原理的演译,缺乏现实的课堂话语的实证分析。课堂话语分析以包括了课堂中具体的语脉与状况的沟通状态为依据,来揭示课堂学习的社会文化性、课堂中的社会关系与政治性、学校教育的制度特质等,从而把握学校教育制度下儿童与教师的学习与发展的动态过程。卡兹顿(C. Cazden)从功能的角度,把课堂话语大致分为三类:牵涉课程内容的话语;牵涉课堂的社会控制的话语;表现个人之个性的话语。他把这三种话语功能分别命名为"命题性信息沟通"(命题功能)、"社会关系的形成与维系"(社会功能)、"说话者的个性与态度的表现"(表达功能)。[17] 这个研究表明,倘若把学生活生生的课堂学习经验视为教育活动中的操作与控制的对象,单纯地从技术侧面加以探讨,是无法洞悉学生经验的内涵与意义的。这是因为,首先,在课堂这一复杂的背景中生成的学习经验,并不就是教育意义上的学习经验。正如杜威指出的,在学习经验中,不仅存在"教育性经验",而且包含同教育价值无关的"非教育性经验",甚至包括背离教育价值的"反教育性经验"。其次,学生的课堂学习经验的成长(或异化),不仅是认知性经验的成长,也包含了社会性经验、政治性经验、伦理性经验的成长(或异化)。这就是说,课堂话语分析包含了三个范畴——构成客观世界的认知过程、构成人际关系的社会过程、构成自我探索的内省过程——的研究。[18]传统的课堂教学研究仅仅局限于第一范畴的研究,亦即囿于对课堂中师生经验作认知性、心理性经验的叙说,而丢弃了人际关系中的社会性、政治性经验与自我世界中的伦理性、存在性经验的叙说。在我国应试教育背景下的课堂教学中,教师往往独揽了话语权,成为学习场域的独白者。学生的义务是倾听教师的独白式的说教,丧失了充分的话语权力。这正是教师权威主义文化的集中体现。这种文化不可避免地造成师生关系的异化。这样,新课程改革背景下的课堂教学面临的一个课题就是,重构被异化了的师生关系,真正确立起师生之间民主、平等、合作的对话关系。

(三) 课堂话语的效度分析

追寻教学沟通的有效性是教学研究回避不了的课题。倘若在教师和学生之间,以及学生与学生之间的交流只停留在一种表面的、浅层次的应答,没有形成真正的互动和沟通,那么,这种沟通就是无效的。课堂沟通的目的在于,让学生习得学科内容,最大限度地引出学生发展的潜能。同时,事实上,现实的课堂教学一般都是在"班级"的集体中展开的。因此,每一位学生习得学科内容的过程(认知过程),也是学生相互合作的过程(集体过程)。这就是说,集体发展与人格发展存在密不可分的关系:教学中的个体受集体的制约,同时,集体也受个体制约。这样看来,有效的教学沟通至少牵涉如下两个层面的有效性:

1. 集体沟通的效度。课堂教学中师生之间面对面地直接交谈的机会是非常多的。课堂教学活动大部分是通过师生交谈展开的。从这个意义上说,课堂教学是面对面的沟通。不过,这种沟通很少有一对一的情形,多数是一名教师同众多学生的交谈。从密切的人际关系的视点看,这是有问题的。课堂教学中师生的沟通,在某些场合,是展开学术性学科教学时的交谈学习;在另一些场合,是旨在进行学生生活指导的交谈活动。前者的沟通侧重刺激、发展学生的理论思维。而后者的沟通侧重诉诸学生的意志和感情，旨在诱发并改善适当的行为方式的交际。在交谈学习和交谈活动中，其表现为外部的现象和形态，是用口头语言相互提供交换知识、意图和感情之类的信息的过程。不过，支撑这一现象的基础是彼此得以密切接触的人际交往。人际交往和人际关系确实存在，理性思维、逻辑思维就能受到刺激，学科教学就能取得成果；情感和意志也能受到震撼，从而激发和改善行为方式。人际的脉脉温情和信赖感是以语言为媒体，相互渗透、深化亲情、提高心理疏通，从而使学科教学和学生指导得以发挥实践性效果的。这就是课堂教学中的沟通的本质。然而，虽说是教学沟通，在这种场合，人际交往和人际关系的沟通是教学得以形成的底层结构。学习信息的提示和变化的理性的沟通就是教学本身；人际关系是支撑教学沟通的潜在结构。课堂教学从传统上说，是以知识的授受为主要任务的。因此，所谓"沟通"仅仅单纯地考虑教学沟通的倾向极强。不过，从培养丰富的人性这一点说，沟通不仅是教学沟通，还必须有学生指导的沟通。重要的是使这两种沟通发挥作用，而联结两点的结点，可以说就是人际关系。

2. 个别沟通的效度。在课堂教学沟通中，师生之间推心置腹的机会比较少。这是因为，教学是调动知性、逻辑性思维的冷静思维的过程，传递情绪性情感和脉脉温情不过是背景性的二次性功能。当然，在这种教学沟通中，会有知性感动和兴奋，也会有处于这种感动漩涡之中心心相印的知性感动的高潮，这对于教学说来是极可宝贵的。因此，要尽可能使教学沟通洋溢着知性感动和兴奋，求得教授者和学习者的精神世界融为一体的瞬间。学生的班级生活，大部分花在上课上。上课时倘若激情燃烧，师生之间的人际关系是不成问题的。但遗憾的是，情况并非那样，教师与学生在教学中往往萎靡不振。再者，教学沟通是将学生集中在同一场所同时施教的集体过程。在这种条件下的人际关系，是非个别的、集体的人际接触。在集体的人际接触的场合，当然是不可能个别地处理每个学生的问题的，因而也不可能传递温情。课堂中学生们共同的问题，可以借助集体交谈加以理解和处理。然而，每个学生还有不少个人独特的问题，希望个别地解决。在课堂教学条件下的集体沟通，是无法满足这一需要的。无论如何必须有个别沟通的机会，因此，在班级教育中，课堂教学之外的个别场合的亲密沟通是十分重要的。

在个别沟通中,学校咨询活动问题丛生。与其说这是学校咨询教师承担的公共性咨询活动的问题,不如说是师生之间进行的日常咨询活动存在问题。加强和提升日常咨询活动的水准,是我国中小学教育管理中迫切需要关注的一个课题。

(四)教师话语的态度分析

教师话语是阐述教学内容使学生理解的必要手段,是任何一个教师都十分重视的。然而,教师话语的作用不仅在于阐述教学内容,促进学生思维并使之理解,同时,它也激励学生的情感与意志,给予情绪性影响。因此,教师话语将会增强动机、促进学习。它会使学生或心情舒畅,或郁郁寡欢;或意气风发,或垂头丧气,有时还会引发逆反心理。由此,师生关系可能更加密切或者遭到破坏。这样,从人际关系的观点看,教师话语是需要我们慎重研究的。根据弗兰德斯(N. A. Flanders)的经典研究,平均三分之二的课堂教学时间用于话语,而其中的三分之二用于教师的话语。据此,在 45 分钟的上课时间里,学生用来建构个人认知框架以便获得理解的学生话语的时间是 10 分钟。在 30 人的班级里,每人平均只有 20 秒。两者之间形成了极大的反差。[19]威索尔(J. Withall)在 1951 年论及教师话语态度的重要性,他把教师话语区分为三类:形成学习者中心关系的话语;形成教师中心关系的话语;形成既非学习者中心,亦非教师中心关系的话语。调查表明,赞赏、激励、支持学习者的话语,使学习者洞察面临的问题,有助于问题解决的认可和提问的话语;以及以客观态度使学习者更准确地把握面临的问题,或有助于更好地理解学习者所述的内容,或有助于揭示问题的结构的话语等等,有助于形成学习者为中心的教学气氛,更好地促进教学。他还指出,教师话语的语尾,过多地使用禁止、命令、非难的语气,会造成学生的心理紧张。从人际关系的视点看,要充分注意教师话语态度的心理效果。[20]

在课堂教学中,学生总想从事某种行为,或者向教师讨教问题。在这种场合,使用什么话语指导学生或对待学生,这对于培育师生之间的人际关系是必要的。这种问题情境的条件是复杂的。因此,要提示普适的教师话语类型是困难的。不过,尽管困难,可举波特(E. H. Porter)在 1950 年指出的咨询师的五种教师话语的态度(态度范畴),作为一个参考。这是隐含在咨询师话语背后,左右其话语的基本态度[21]：1. 评价性态度。揭示有关善恶、妥当性、效果、正确性等等判断的话语。2. 阐述性态度。旨在揭示什么，使之了解含义，并以某种方式暗示对方应当展开思考的内容。3. 支持性态度。旨在提供进一步保障，缓解激化的情感，消除焦虑使之镇静，并以某种方式暗示对方不必像现在那样感受。4. 诊断性态度。向对方求取信息，表明希望就某一点展开讨论，暗示对方就问题所在进一步明确地展开讨论。5. 理解性态度。探寻是否正确地理解了对方的语言、情感、冲击和感受等。出于上述态度的教师话语，在不同场合的使用方法不同。但从形成人际关系这一点看，首先是出自受纳性、移情性的教学语言。就是说，学生在学习和生活中拥有种种焦虑和矛盾，或是想排斥他人，不想负于他人，或是失败的痛苦的种种心情，教师不应从揭示的角度立即做出解释或批判与评论，而是要首先查清倾听的方式，以受纳性、移情性态度接触之，然后才能从教师的立场做出的指导性的语言。

　　源于受纳性、移情性态度的话语属于非指示性话语，而非径直地表达教师的价值观的指示性话语。非指示性话语有如下几种：1. 受纳性话语。表示单纯的受纳、首肯的话语。2. 复述性话语。通过原原本本地复述对方的简短的语言，做出确认或引出下文的话语。3. 明晰性话语。言简意赅地改述模糊不清的陈述，梳理对方思路的话语。4. 总结性话语。简单地概括对方的陈述，以帮助对方展开话题的话语。5. 认可性话语。肯定或激励对方陈述的内容，使之增强陈述的信心的话语。6. 拓展性话语。"然后怎样"、"具体地说怎样"之类的语言，引导对方进一步发展陈述的话语。[22]这些非指示性话语，不会使学生感到压抑和权势态度。这样，学生就会敞开心扉同教师交谈。倾听学生陈述的真挚态度将使师生心心相印。因此，非指示性话语的心理效果值得我们重视和研究。

（五）教学沟通型态的分析

　　"我国理科课堂话语模式是以教师控制的课堂交往模式、解释和说明性的教学叙述形式以及强调以科学知识理解为主要特征的，……教师的话语权占据着强有力的统治地位，使学生的话语地位处于弱势。"[23]可以说，这种弊端在我国的中小学课堂是司空见惯的。我国应试教育的课堂否定师生对话的平等性，一味强调学生被动地接受文本的真理,强迫学生接受定型化的训练和熟练。这种课堂训练切断了学生的生活与学校知识之间的关系,使学生服从于既有的权力与权威,却排除了学生多样的声音和经验。这种课堂"导致两种沉默:(1)学生在主流文化利益下沉默了,被复制成社会建构中的消极的,而非批判的参与者;(2)学生被否认有参与建构文本的机会而沉默了,不能利用声音建构历史、经验和意义的脉络"[24]。因此,如何重新界定文本权威,打开文本的广泛意义;同时建构学生的声音和经验,生产主体性,从而使学生不断地获得未知的(即未被意识的)意义,将有助于我们对理想的教学沟通形态的寻求。

"倾听每一位学生的困惑与沉默,正是课堂教学的出发点。"[25]许多研究揭示了由于教师话语的态度所引起的学生话语缺失问题。例如,古德和布洛非(T. L. Good & J. E. Brophy)列述了如下几点:其一,教师对教学沟通的操纵。在这种课堂教学中,学生话语是没有多大的空间的。课堂,是教师话语的天下。其二,缺乏重点。一项课堂观察表明,在300课时的阅读课和社会课中,花在培养学生理解力教学方面的时间还不到1%。其三,很少做出激发学生学习兴趣的努力。其四,对排座位的效果没有认知。教师经常让有同样能力的学生坐在一起以减少每组内学生之间的差异。有些教师将能力强和能力弱的学生分开来坐,如此等等,会造成学生之间地位的差异感,并使能力差的学生产生自卑感,从而使他们脱离课堂生活的主流。教师没有认识到,排座位和分组对学生行为即学生之间的关系有很大影响。其五,过分依赖重复性的课堂作业。教师一般只观察学生是否认真做作业,而不是观察他们是否理解其内容。教师将太多的时间花在提问(尽管学生也回答)孤立的事实性问题。[26]

近年来日本学者致力于理想的教学沟通形态的探讨,课堂话语分析主要围绕两个课题展开。其一是沟通规则的获得。即基于课堂观察,揭示师生有意识无意识之间习得的"会话场规则"的研究。所谓"会话场规则"是指,"为了正确地理解彼此的主张与话语内容,必须立足于严格的语言学知识之上,保持对话的参与者所必须的默会的语用论知识"[27]。诸如小学6年级的班级中体现出来的"会话场规则"是"重视自己的思考"、"挑剔自己的立场"、"在对话中建构自己的思考、改变自己的思考",亦即使儿童习得促进合作学习的规则的课堂特征——基于视点的差异的学习的深化,展开思考的主体的变化。这表明儿童在教学的展开过程中掌握了深化学习的对话规则。其二是合作性认知过程的微观研究。主要是在科学教学的课堂情境中,从课堂话语切入,微观地把握儿童个人之间的科学概念是如何借助合作学习来建构的。例如,借助"有互动作用的对话"(transactive discussion)[28]的质性分析框架,分析小学 4 年级生在理科"作用与反作用"概念学习中对话的过程。结果表明,经历如下相互作用的形态——"对话者之间互不关联地各自申述理由"→"把自己的主张与他人的主张关联起来或是精致化"→"通过申述自己的主张跟他人主张不相容的理由,来进行反证"→"理解彼此的主张,重新阐述共同拥有的基本观点",最终形成了知识的合作建构。

　　课堂话语是一种充满矛盾而又不断得到调整并得以多元并存的过程。课堂话语分析把课堂教学作为沟通现象来把握的教学论的范式转换,带来了教学沟通形态之研究的一系列课题,同时也为课堂话语分析开辟了新的天地。这种研究对我国课堂转型的最直接的启示是,摆脱应试教育文化背景下形成的教师对于课堂的权力控制的束缚,着力使学生成为自主的、有反思能力的行动主体,从而彰显出每一位学生作为人的尊严和价值,形成崭新的课程文化。不过,这绝不意味着抹杀教师话语的权威性,而是应当寻求教师权威的不断解构和重建。教师话语与学生话语两者之间并不是二元对立的关系,而是相辅相成的关系。教师话语的不断解构和重建无非是旨在学生话语的不断激活和生成。这样,真正的"学习"——不同见解与价值相互碰撞、多重声音和谐交融的"学习",才得以形成。归根结底,理想的教学沟通型态是一个多元声音交响的过程,而教师唯有倾听每一位学生的声音,才能跨越疆界,导演出有声有色的合唱的世界。

参考文献

[1][8][27][28] 秋田喜代美,藤江康彦. 授业研究与学习过程[M]. 东京:广播大学教育振兴会,2010:93,94—95,106,105.

[2][5][11] 秋田喜代美. 授业研究与话语分析[M]. 东京:广播大学教育振兴会,2006:53,53,65—66.

[3][7] 日本教育方法学会. 现代教育方法事典[M]. 东京:图书文化社,2004:353,353.

[4][14] Vivien Burr. 社会建构主义赏析:何谓话语分析[M]. 田中一彦,译. 东京:川岛书店,

2002：74，84，197.

［6］［17］［18］ 佐藤学. 课程与教师［M］. 钟启泉，译. 北京：教育科学出版社，2003：110，108，156.

［9］［10］［26］ Thomas L. Good & Jere E. Brophy. 课堂研究［M］. 吴文忠，译. 台北：五南图书出版公司，1997：2，2—3，34—36.

［12］ 何包钢. 哈贝马斯的沟通理性观述评［J］. 中国学术论坛，2006：2，13.

［13］［15］ 木下百合子. 授业沟通与授业语言之研究：沟通与语言的学科论分析［M］. 东京：风间书房，1996：1.

［16］［20］［21］［22］ 岸田元美. 师生关系：教育实践的基础［M］. 东京：教育开发研究所，1987：157—160，165，166—167，168.

［19］ D. Hodson. 新编理科授业论［M］. 小川正贤，主译. 东京：东洋馆出版社，2000：196.

［23］ 孙可平，吕春辉. 我国中学理科课堂中科学话语及其意义的产生［J］. 全球教育展望，2010，（10）：85.

［24］ 欧用生. 课程领导：议题与展望［M］. 台北：高等教育文化事业有限公司，2004：172.

［25］ 佐藤学. 学校的挑战［M］. 钟启泉，译. 上海：华东师范大学出版社，2010：175.

第 3 编

课堂研究的方略

传统的教师课堂研究局限于教材、教法的研究，
今日"学习共同体"学校的课堂研究，从本质上说
是一种学习的设计与反思的研究，其主要目标不
在于聚焦教师的教法，而在于寻求儿童学习的事
实。这种课堂研究本身是一种直面一个个活生
生的儿童学习活动的研究，是对话性的、协同性
的，归根结底是旨在揭示课堂事件背后看不见的
意义与关系的研究。

第9章

课堂规范：从"失范"到"规范"

　　学校教育的改革是从日常的课堂教学实践开始的。从素质教育的角度看，应试教育的课堂是"失范"的。我们的课堂如何从"失范"走向"规范"应当成为有效教学研究的主题之一。本章依据佐藤学著作《学校的挑战：创建学习共同体》所展现的"课堂革命"的逻辑与经验，结合我国 10 多年来新课程改革的实践，围绕课堂规范的论题梳理若干基本认识。

一、课堂革命的时代与课题

　　21 世纪是课堂变革的世纪。新课程改革已经 10 多年了，但我们的基础教育界，有人还在振振有词地坚持"教师讲解、学生听讲"的教学模式。其实，道尔顿曾经批判，把课堂沦为一片墓地的"墓地式课堂"与"墓地式教学模式"是不可能培养真正的人才的，[1]这些人不看看我们今天正身处怎么样的一个时代。

　　世界的课堂正在发生静悄悄的革命。在欧美国家，一块黑板，一支粉笔，一张讲台，老师在课堂上面一讲到底，这样的课堂图景已经进入历史博物馆，不复存在了。即便在东亚国家和地区（这个在比较教育的世界教育地图上属于教育思想最保守的地区），也在发生着静悄悄的变革。这是佐藤学经过调查得出的一个论断。中国大陆从 2001 年开始的新课程改革，也是其中的一个典型案例。那就是说，多少年来灌输中心的教学模式正在被对话中心的教学模式替代。从学生的学习方式来说，探究、反思、表达越来越多地表现在学生的学习行为上；从教师的授课行为上，启发、交流、分享也越来越成为教师教学的一种状态。课堂变革的背　实际上是教育思想的变革。没有思维的空间，没有活动的支撑，没有经验的改　，没有意义的发现，没有关系的重建，谈不上真正的学习。课堂必须变革，课堂正在变革。这是第一层意思。

第二层意思，课堂变革意味着学习品质的提升。在当今课堂革命的时代，旧的应试教育的课堂其实是落后于时代的失范的课堂，我们面临着课堂规范的解构与建构的挑战。我们的教师总是担心，课堂改革以后教学质量不能得到保证，升学率不能得到保障。恰恰相反，改革与质量不但没有任何的矛盾，反而是从根本上提升教育品质的唯一出路。上海市普陀区这几年开展的有效教学实践实际上促进了学生学习品质的提升，就是一个最好的例证。我们的教师应当认识到，静悄悄的课堂革命是历史的必然。那种"雪融化了会变成什么"，回答"春天来了"被判为错误，只有回答"变成水"才是标准答案的教学，是扼杀儿童想象力的教学。讲到底，这是剥夺儿童思维空间的教学，是跟时代格格不入的。什么叫"基础教育"呀？"基础教育"就是为每一位学生的终身发展奠基的一个教育阶段。1989 年我写了一本《现代课程论》（2003 年重新编写），里面提供了一个"基础学力结构模型"：底层是"学力基础"，即人生来就具有的天生的素质——心理素质、生理素质、个性特征等这样一些素质基础；中层是"基础性学力"；顶层是涵盖"问题解决能力"、"创造性能力"的"发展性学力"，三层结构。[2] 这个学力结构模型实际上给我们传达了很多信息。第一，基础学力的发展不能以牺牲儿童身心发展为代价。学业成绩提高了，身心素质却下降了，这个得不偿失。第二，基础性学力和创造性学力的关系是一个螺旋上升的关系。基础性学力发展了，促进了创造性学力的发展，然后创造性学力又发展成为基础性学力，这是一种不断更新的、上升的补充。第三，基础性学力的发展，其实往往可以借助"高端引领"来求得基础的扎实。不仅仅是补课的方式，还可以给学生提供挑战高水准的机会来促进其发展。哪怕是学困生，也要给他提供挑战学习的机会，来补强基础学力所缺失的部分。[3] 毕竟每一位学生是要作为一个整体来发展的。我们大家以为是天经地义的传统的课堂、传统的教学面貌，其实是 19 世纪的产物，跟工业化的社会是相适应的。但在今天信息化的时代里，我们培养的人，仅仅有知识，有所谓的"双基"——基础知识、基本技能，是远远不够的。他的身心发展的基础，他的创造性，他的批判性思维、创造性思考，人际沟通能力，探究能力——这些能力恰恰是当今时代的社会所需要的。

第三层意思，课堂革命为每一位教师提出了课题，即怎么从聚焦"教师的教"的课堂，转型为聚焦"学生的学"的课堂。**佐藤学有句话令我震撼**。他说，学校和教师的责任并不在于"上好课"，而在于保障每一位学生学习的权利，提供学生挑战高水准学习的机会。这个所谓的"学习权"，是 1985 年在法国巴黎召开的国际教育会议上提出来的一个非常关键的概念。人，每一个人都拥有与生俱来应当享有的基本人权——"学习权"。就是说，每一个人生来就有不可剥夺的阅读、写作的权利，提问、深思的权利，想象、创造的权利，读懂自身世界以及自由地分享交流的权利，发展每一个人的智慧以及他所在的集团的智慧的权利等。**保障"学习权"的问题已经成为国际教育界的共同诉求**。但是这样一种落实"学习权"的问题，长期以来，我们并没有关注，直到今天才开始关注这个问题。最近有个国际教育调查，发现中国学生数学能力很不错，但是想象能力却是垫底。于是四川重庆有些政协委员就提出来了，要求立法，为想象力教育立法。我觉得这个主张的出发点当然是好的。但是，我们应当知道，教育应从整体上、根本上、内涵发展上来做规划，满足表面的、头痛医头脚痛医脚的所谓"改革"是无济于事的，同时它也需要整个社会舆论的支持。举一个例子。在上海世博会期间，上海一所重点高中七宝中学，有一个高中生很有创意，他画了世博游览图，免费送给观众，这当然是一件值得赞赏的事。然而，某地图出版社的专家跳出来了，他说要控告，告他发赝品，该法办。这个事件曾经在上海闹腾了一阵子。这个专家不懂得，专业地图和生活地图是两码事。你看发达国家，从小学一年级开始，从家里到学校，都要求你画一张地图看看。生活地图谁都应当会画的，它不是专业地图。你看旅游公司都可以画游览图，什么地方有好玩的，什么地方有好吃的，都可以画，为什么不可以画？我觉得我们这个社会舆论，这些所谓的专家，实在是不专业。在上海这样一座国际化的大都市里，居然会闹出这种笑话来，情何以堪。所以整个社会舆论应当支持学校课堂的变革。

第四层意思是说，真正的学校教育的改革，离开了日常的课堂教学实践的变革,只能是一句空话。真正的改革一定是从日常的课堂教学实践的变革开始的。所以,在我们这次的新课程改革当中,我一直讲三句话:学校改革的核心环节是课程,课程改革的核心环节是课堂,课堂改革的核心环节是教师专业发展。三个关键词——课程、课堂、教师。问题在于,我们怎么样把这样一个新课程改革的逻辑真正化为每一位教师的行动。佐藤学的《学校的挑战》为我们提供了一本活生生的课堂革命的教科书。根据日本的经验,课堂的变革不可能一蹴而就。他说,凡是在公开教学课中听起来是完美无缺的课堂,绝对是作秀。真正的课堂一定有这样那样的毛病,纰漏是在所难免的。追求变革的课堂起初也可能是丑陋的、稚嫩的。很多公开课未必都是成熟的、成功的。但是不要紧,只要大方向把握住,只要持之以恒地坚持素质教育的轨道,课堂的变革就能扎扎实实地前行。"学习"是什么? 学习是一种实践,是一种作为学习主体的学生同客观世界对话的活动,一种同他者展开人际互动的对话活动,一种同自己的内心展开对话的活动。真正理想的课堂,不是风风火火、华丽炫目的课堂,也不是封闭僵硬、死气沉沉的课堂,更不是尽善尽美、登峰造极的课堂。理想的课堂一定是返璞归真的、师生一起挑战学习的课堂。所以,我非常欣赏佐藤学的一句话,他说:"挑战学习的学生是灵动的,高雅的,而且是美丽的。"我套用这么一句话:"挑战课堂革命的教师,是灵动的,高雅的,而且是美丽的。"在这本书里面,他提供的 20 个案例,值得我们倾听。他给我们新黄浦实验学校做出了点评,凝练了三个关键词:"探究"、"合作"、"卓越",也值得我们回味。[4]

二、课堂规范的再造与教学研究的革新

(一) 课堂规范的解构与建构

课堂,既然是每一所学校、每一位教师面临的首当其冲的一个挑战,那么,怎样来发起这个挑战呢? 根据国际的经验,学校首先需要描绘未来的发展图景。这个图景是什么呢? 其实就是近年来越来越频繁地出现的一个词——"学习共同体"。"学习共同体"是学校改革的愿景和改革的哲学。[5]"学校共同体"突出了三条任务:一是,学校要办成每一位学生都能得到共同发展的一个公共空间,而且在

这个公共空间里面，不仅是学生，每一位教师甚至家长都能得到共同发展。二是，在这个共同体里面，每一位学生、教师、家长都承担着各自固有的功能与责任，成为参与学校运营的"主人"。三是，在这个共同体里面所有的教育、教学活动都应当是追求"卓越"的。我们现在一提到"卓越"，好像是那些重点高中、名牌学校的专利。其实不是的。任何学校、任何人都应当高高举起"卓越"的旗帜。这里所谓的"卓越"，不是说谁高谁低，而是指每一个人都能得到充分的自由的发展，达到他所能达到的高度。用佐藤学的话来说，"学习共同体"的基本特征是"不同个性的交融，多元声音的交响"。由此，我自然联想到《论语》里面的一句话——"君子和而不同，小人同而不和"。应试教育正是"同而不和"的世界，素质教育才是"和而不同"的世界。要达到这个境界是非常难的。那么，怎么来创建这样一个"学习共同体"呢？这就牵涉到学校改革的"活动系统"，特别是"课堂规范"的解构与建构的问题了。

课堂规范不是万古不变的，而是随着时代的发展和教育价值取向的进化而与时俱进的。佐藤学二十几年前搞了 1 000 所实验学校（的研究）失败了，后来的 3 000 所实验学校成功了。他总结了规范的解构和建构的一整套经验，我稍微举几个例子。

1. 课堂变革三要素——活动（作业）、合作学习、分享表达。[6]在课堂中一旦引进了三种活动——学生作业自主活动、小组讨论（合作学习）、全班交流分享，就一定能够打破教师一言堂的和格局，给予学生活动与思考的空间，形成活动式学习、合作式学习、反思式学习。因为，"学习"本质上是一种对话性实践——同客观世界对话（文化实践）、同他者对话（社会实践）、同自我对话（反思实践）三位一体的活动。

2. 教师上课三件事——倾听、串联、反刍。[7]课堂教学中教师工作的核心在于"三要素"：倾听、串联、反刍。倾听是教师教学活动的核心。倾听意味着接纳如下三种关系的发言：倾听这个发言同教科书内容的关联；倾听这个发言同其他同学发言的关联；倾听这个发言同其先前发言的关联。教师一旦在三个关系中倾听学生的发言，就能以教科书为媒介，把每一位学生的发言编织成一件织物。不仅是好的发言，而且信赖和期许每一位学生的发言都是精彩的。任何一个学生的思考与挫折都应当视为精彩的表现来加以接纳。倾听每一位学生的困惑与沉默，正是课堂教学的立足点。

3. 课堂教学三境界——澄明、合作、交响。[8]课堂的变革单靠个别教学方法的改良或是教学环节的调整是无济于事的，需要有整个课堂愿景的构图。所谓"澄明的学习"意味着每一位学生的学习和每一位教师的学习得到了品质上的磨练的。所谓"合作的学习"是指多样性（差异性）学习的交流通过个体与个体之间的交融而得以发展，也可以说是"互惠学习"。所谓"交响的学习"意味着学生学习的多样声音与教师学习的多样声音的交响。借助每一个人的个性差异的交响，培育"和而不同"的学校（课堂）文化。不过，在学校改革中，学生的学习并不是从"澄明"到"合作"再到"交响"的，其经历的恰恰是逆向的过程——从"交响"到"合作"再到"澄明"的学习。

4. 课例研究三环节——任何一名教师关起门来教学，是不可能从内部变革学校的。所有教师每年起码需要三次公开课，积累课例研究的经验。围绕公开课的两个小时左右的课例研究的讨论，需要有百次的积累。课例研究包括如下环节[9]：通过课堂录像观摩一堂课，并组织两个小时的讨论；每周或隔周以学年而非学科为单位的研修；全员参与的校本研修。教师要以儿童的学习为中心，围绕自身的课例研究、年级的合作研究和学校的校本研修，形成教师专业成长的"同心圆结构"。

5. 课例评点三要点——教学是一个非常复杂的过程，简单地说一节课成功或者失败没有意义。听课者的任务是抓住教学中的具体问题进行分析。要像拿放大镜一样，做细节观察。教师的评课应聚焦于三点：第一，你发现全班同学的学习哪些方面是成功；第二，你发现全班同学的学习哪些方面还存在困惑；第三，你从主讲教师的教学中学到了什么。[10]在这里，不针对主讲教师的教学行为做出评价，而是瞄准学生的学习状态。这就是说，教学研讨的对象不是放在"应当如何教"的问题上，而是基于课堂的事实——"学生学习的成功之处何在，失败之处何在"。教学研讨的目的不是让"教师露一手"，而在于"学习关系的创造"与"优质学习的实现"。

6. 校本研修三原则——学习共同体的校本研修，具有若干特征。其一，校内所有教师每年至少上 1 节公开课，担任校内研修的教学提案者。其二，每所学校每年展开 1 次以上的公开研讨会，同邻近学校的教师展开协同研究。在这种公开研讨会中，所有的课堂开放，所有的教师围绕提案教学参与发言。课堂教学是超越了一般教师想象的极其复杂的工作，是一种高度智慧的作业。佐藤学倡导校本研修三原则：A. 即时回应学生的教学；B. 以倾听为中心的教学；C. 彰显教师风格的教学。[11] 为了实现教师作为专家的成长，第一，研究方法需要摆脱 "假设—验证" 模式的支配。应当研究的事项不是 "假设—验证"，而是事件意义的多样性解释，是事件关系的结构性认识。缜密地研究课堂事件，学生学习的成败才是中心课题。第二，精简现行的学校组织及其会议。对于教师说来最重要的是扎根于自己的课堂事实的研究与研修，是自己所在学校内部的研究与研修。越是扎根于传统，就越是拥有创造性，就越是能够摸索出新时代教育发展的脉搏。

在建构新的课堂规范的背后，我们分明可以发现两幅崭新的教育图景——不是教师独白，而是师生对话、生生对话的 "对话教学" 的图景；不是教师关门上课，而是基于教师 "同僚性" 的 "合作教学" 的图景。《学校的挑战》不愧是一部 "课堂革命" 的教科书。日本学校富于创意的挑战，是教育研究与哲学思考的丰富的思想宝库，也是启迪我们发现和实现新的教育创造的一份确凿无疑的实证依据。

（二）教学研究的革新

学习共同体的教学研究，不是为了改进教学技术，而是旨在实现高品质的学习与建构教师的同僚性。在学习共同体的学校改革中，教师的学习与儿童的学习受到了同等的重视，旨在建构每一位教师作为教育专家而展开共同学习的同僚性。而实现这个目的的中心手段就是校本研修的改革。在校本研修的改革中，教学研究模式的转换是一个核心课题。当前众多的学校仍然以传统的教学为前提，被传统的教学研究模式所束缚。传统的教学研究是以行为科学为模型的假设验证型研究，在教材研究、教案编制、提问研究上费尽心思，教学之后进行教案、提问的验证。这种传统的教学研究模式，其实不是教师的教学反思研究、儿童的学习研究，可以说，充其量是寻求 "有能教师"（effective teacher）与 "有效教学"（effctive teaching）的研究。

在学习共同体的学校中,不仅寻求 21 世纪型的教学实践,而且推进 21 世纪型的教学研究。学习共同体的学校中的教学研究,是探究儿童学习经验的意涵的质性研究,不仅分析课堂事件的因果关系,而且将其作为复杂行为的关系网结来认识的。

学习共同体学校中的教学研究因而是学习的"设计"与"反思"的研究。教学研究的主要对象不是教师的教学方法,而是儿童的学习事实。教师们以课堂观察为基础,根据观察到的事实——在哪里学习得以成立、在哪里学习碰到困惑、在哪里存在学习的可能性,展开探讨,一起提升作为学习的设计与反思的专家的能力。学习共同体的学校所寻求的理想的教师形象,不是"技术熟练工"(teachnical expert),而是"反思性实践者"(reflective practitioner)。不是"有能教师",而是"深谋远虑的教师"(thoughtful teacher)。[12]学习共同体学校中的教学研究,原则上不进行教学评价,也不给主讲教师建言。作为专家,对教学用"好课"、"坏课"、"好教法"、"坏教法"来评价的教师,是拙劣的教师。作为专家,成熟的教师是能够从课堂的丰富的事实中得到学习的教师,也是在教学研究中潜心学习的教师。在学习共同体的校本研修中,教师之间形成了学习的专家共同体,同时又保障每一位教师教学研究的个性与多样性。从这个角度说,学习共同体学校中的校本研修,与其说是整个学校的研究课题,不如说是以尊重每一位教师的研究课题为其特征的。

三、教师自身变革的挑战

"课堂革命"的前提是教师自身的变革。作为教师的气质或者说教师的"教学风格",应如何来打造?佐藤学提出了三个条件[13]:其一,尊重每一位学生的学习,即尊重每一位学生。多少年来,在凯洛夫教育学的影响之下,我们的教师缺乏"研究儿童、亲近儿童、发现儿童"的这么一种态度、一种能力,缺乏儿童研究的训练。这是我们的薄弱环节。其二,尊重教材所隐含的可能性与发展性。不同学科、不同教材有不同的特点、不同的发展性,因此,课堂评价的视点不应当千篇一律。比如,理科课堂评价或许更多地会侧重于学生的参与度、探究兴趣、实验技能，而文科课堂评价的视点会更多地着眼于学生富于个性色彩的语言表达，等等。其三，尊重每一位教师自身的教育哲学。就是说，方法固然重要，但每一位教师都要有自己的教学主张、自己的课堂构图，而不是拘泥于个别的教学方法，这个方法好，那个方法不好之类。我们举办的公开课，首先是执教教师，并没有表明自己主要的教学用意何在，期待在哪些方面有所突破；而我们评课的教师则往往在根本不了解主讲教师的教学意图的背景下，乱评乱说一通。而且，这种评说呢，到处套，在这边课堂是说这些话，到那边课堂又是说同样的话。这里面有好多问题，这实际是"失范"。失范是很糟糕的。你看日本有的小学啊，每年有 100 次以上的公开教学。它们规定每个教师一定要上 3 节公开课，每节公开课一定要有 2 节课时的"教学研讨"，每次的教学研讨并不是平铺直叙、面面俱到的，不同年级不同学科，重点难点都不一样，不是千篇一律的。

所以，课堂规范的解构与建构说到底是变革教师自身的挑战，意味着对我们的教师提出了更高的要求。什么要求呢？这就是，教师不是"教书匠"，而是"反思型的教学专家"。"反思型教师"一定要有自己的实践，加上反思。我们的教师和教研员，一定要关注多年来我国教师教育的薄弱环节。什么薄弱环节呢？其一，缺少儿童学研究的支撑。其二，缺少教材学研究的支撑。其三，缺少教师学研究的支撑。而且，在我们一线的好多中小学教师中盛行"三不主义"——不读书、不合作、不研究。一方面奢谈"教师专业发展"，一方面却实行"三不主义"，岂不滑稽！如果我们的教师真正能够从旧的教育思维习惯中摆脱出来，展开反思教学，就一定能够不断地丰富"实践智慧"，引申出你自己的"行动理论"。教师的专业成长不是一朝一夕的事。佐藤学的 3 000 所实验学校，年复一年地回归到原点，反反复复回归到改革实践的基点上来，重新发起新的挑战。他们的经验给了我们诸多的启示：第一，教师的行动研究不应当是赶时髦的"奉命研究"，而应当是"自主研究"，一定是基于教师自身需求的研究。第二，教师的研究课题不宜年年翻新，不可能速战速决，需要年复一年地开展返璞归真的、周而复始的，甚至步履蹒跚的研究。慢些，再慢些。这是因为，课堂转型是困难重重的。课堂转型不能不是持久的、缓慢的、精雕细琢的。佐藤学曾说过，变革学校之艰难，创建合作学习的课堂之艰难，建构教师之间"同僚性"之艰难，建构家长与教师之间的信赖与合作关系之艰难,建构家长之间的联谊关系之艰难,建构学校与教育委员会之间的伙伴关系之艰难,以及建构研究者与教师之间相互学习关系之艰难,他是痛彻心扉的。[14]

总结来说,本章谈了三点。第一点,课堂为什么必须变革? 说的是"课堂革命"的必然性、必要性,以及当今世界课堂变革的现实。第二点,课堂怎么变革,从哪里切入? 要从课堂规范切入,解构过时的课堂规范,建构新的课堂规范,包括教师研修的规范。第三点,靠谁来变革? 要靠教师自身的变革,靠学校层面的草根式变革。其实,在这些话里面存在着一个潜台词——"变革"。不过,万变不离其宗。这个"宗",就是保障每个学生的基本人权——"学习权";保障每一位学生挑战高水准学习的机会。关键的问题在于,各级教育行政要清醒起来,每个教师要行动起来。当我们的每一所学校都发起"课堂革命"的挑战,确立起以"课例研究"为核心的校本研修的时候;当我们的每一位教师不再"奉命研究"而转向"自主研究"、"合作研究"的时候;当教师独特的实践研究周期——"听课堂,评课堂,读课堂,写课堂"——真正融入每一位教师的生活方式的时候,我想,新的教师专业形象就凸显出来了,有效教学的课堂也就打造出来了。我们国家的中小学课堂教学应当而且一定能够从"失范"走向"规范"。

参考文献

[1] S. S. Dalton. Five Standards for Effective Teaching: How to Succeed with All Learners, Grades K‐8 [M]. CA: John Wiley & Sons, Inc. , 2008: 3‐5.

[2] 钟启泉. 现代课程论(新版)[M]. 上海: 上海教育出版社,2003: 264.

[3][4][5][6][7][8][9][10][11][14] 佐藤学. 学校的挑战:创建学习共同体[M]. 钟启泉,译. 上海: 华东师范大学出版社,2010: 188, 133, 2—3, 64, 112, 105—107, 71, 117, 90, 129, 168—169, 76, 5.

[12] 日本教育方法学会. 授业研究与校内研修:为了教师的成长与学校的创造[M]. 东京: 图书文化社,2014, 58—59.

[13] 佐藤学. 教师花传书:专家型教师的成长[M]. 陈静静,译,钟启泉,审校. 上海: 华东师范大学出版社,2016: 37.

第10章

单元设计：撬动课堂转型的一个支点

"核心素养—课程标准(学科素养/跨学科素养)—单元设计—课时计划"——这是课程发展与教学实践中环环相扣的链条，一线教师必须基于"核心素养"展开单元设计的创造。这原本是一种常识、一个常态。但我国的基础教育界长期缺乏"核心素养"、"学科素养"和"单元设计"的概念，因此乱象丛生。基于核心素养的单元设计，不能不成为一线教师直面的严峻挑战。

一、基于核心素养的单元设计的意义与价值

"核心素养"从总体上勾勒了新时代的公民必须具备的人格品质及其关键能力，规约了学校教育的方向与方法。"核心素养"的界定是当今国际教育界的潮流，也是我国课程发展的必然诉求。

（一）"核心素养"为我们整治教育乱象提供了有力的思想武器

我国的学校教育存在"三大乱象"，迷乱了基础学校的功能定位。第一大乱象，豪言壮语。一些教育行政部门把所谓优质中小学定位成"培育拔尖创新人才的基地"。在当今高等教育进入大众化的时代，大学将通识教育课程的宗旨定为培养"有社会责任感的公民"(哈佛大学)、"有教养的公民"(牛津大学)，我国一些中小学校长却动辄培养"精英人才、领袖人物"，即便提及"公民"的字眼，也是"培

养有思想力、领导力、创新力的杰出公民"。这种学校功能的定位超越了世界一流大学的水准,却偏偏忘却了基础教育不是成"家"而是成"人"的教育。一些中小学并不真心实意地展开改革,而是热衷于"品牌设计",以为只要采用了一些图标和口号,就能提升自身学校的品格,实在是自欺欺人。

第二大乱象,花言巧语。"国家课程"终究是主体,"国家课程"与"校本课程"的关系是主次关系。一些学校却把改革视为耍花招,把校本课程开发当作儿戏,"阳光课程"、"完美课堂"之类的口号层出不穷。一些地方的中小学动辄开发数百门校本课程,似乎课程门类开发得越多越有本事。东北一所中学急于报奖,自称开发了 1 200 多门课程。那些缺乏单元设计的基本功的教师,居然在一夜之间可以开发出令人眼花缭乱的所谓"系列课程"。"走班制"被搞得走火入魔,"分层教学"实则是应试教育"分层训练"的代名词而已。忽悠谁呢! 今天的时代不是"以量取胜",而是"以质取胜"的时代。我们需要的是"少而精"而不是"多而杂"的课程。

第三大乱象,胡言乱语。我国在 20 世纪 80 年代的改革开放初期,尚且高举"警惕应试教育"的旗帜,在进入 21 世纪后,上上下下似乎对于应试教育的现实已经麻木不仁,甚至粉饰太平。明明是应试教育的堡垒,却偏偏要打扮成素质教育的典型,用广告语言进行所谓的品牌设计,包装所谓的改革成果。国际教育界早把我国河北的衡水中学和安徽的毛坦厂中学视为"怪胎"当成了笑料,一些媒体却仍然在不遗余力地张扬丑事,不以为耻,反以为荣。年年的高考招生给整个社会传递一个错误的信息,以为"高分即高能",迷信"应试能力",争相抢夺所谓的"高考状元"。然而,"应试学力"终究不是"真实学力",充其量不过是"低阶认知能力"罢了。

乱象丛生的事实表明,愈演愈烈的应试教育现实同"核心素养"的诉求格格不入。一旦学校课程缺失了灵魂,整个学校教育话语系统也就变得品格低下,不可理喻:课程目标的定位错了,学校课程的整体结构乱套了,课程教学的方略迷失了。

(二)"核心素养"赋予"基础素养"的概念以新时代的内涵

根据学习科学的研究,"基础素养"的界定经历了三个发展阶段。第一阶段,素养即技能。"三基"(读、写、算)说就是其表征。第二阶段，素养即学校教育传递的知识技能。联合国教科文组织倡导的"功能性扫盲"、发达国家倡导的"基础素养"(诸如法国的"共同文化"、德国的"关键能力"、美国的"核心知识"、日本的"基础学力")，就是其代表性的案例。第三阶段，素养即社会文化的创造。PISA"三大素养"(语文素养、数学素养、科学素养)的影响力，一直到今日基于 PISA 素养的"核心素养"的研究，连绵不断。核心素养不是凭空捏造的，而是时代发展的产物。尽管"核心素养"、"关键能力"、"21 世纪型能力"，说法不一，但基本诉求只有一个：描述"真实性学力"——新时代的"公民素养"，寻求"真实性学习"——"21 世纪型教学"，实现课堂的转型。可以说，"核心素养"是对 21 世纪"公民素养"的一种高度概括，凸显了人格品性与关键能力的描述，以及"多元思维"——"批判性思维、创造性思维、情意性思维"的教育。"核心素养"归根结底是课程发展的灵魂。

单元设计既是课程开发的基础单位，也是课时计划的背景条件。单元设计是"课时计划"的指引。"课时主义"把教学内容碎片化地当作知识点来处置，缺乏"全局性展望"——教师在上某一节课时必须瞻前顾后：这节课同以往的课时教学内容有着怎样的联系，往后的课时又将怎样展开。单元设计意味着打破"课时主义"的束缚。在单元设计中决定性的环节是基于"核心素养"，整合不同的"教学方略"。不管哪一种教学方略，"核心素养"都是共同的追求与最大的优先事项。近年来美国的"翻转课堂"风起云涌，其理念及实践都是值得我们借鉴的，不过这种借鉴需要有一定的教育思想与组织准备的条件。美国的"翻转课堂"拥有三个前提条件[1]：1. 教学观念的翻转。不是"教师中心"，而是"学习者中心"的教学体制。2. 单元设计的重心在于高阶认知能力的形成。亦即以低阶认知能力为基础，瞄准高阶认知能力。因此，为了在课时的分配上尽可能留给"高阶思维"充足的时间，教师的讲解被事先制成"教学视频"，让学生课前视听，带着问题在课上展开活跃的"集体思维"。3. 教学视频并非由教师单枪匹马制作，其背后拥有强大的专家团队与技术条件的支援。这些条件，在当下我国中小学的课堂上恰恰是相对贫乏的。在应试教育格局没有任何松动的背景之下，尝试了一些并不成熟的改革举措，就急于宣告实现了"课堂转型"，无异于在炮制"翻转课堂"的神话。

应对这种挑战的一个重大策略是，认清单元设计在课程开发与教学实践中的举足轻重的作用：离开了单元设计环节的课程开发，不过是制造一堆垃圾而已；离开了单元设计环节的课时计划，也不过是停留于碎片化知识技能的训练而已。"给我一个支点，我就能撬起整个地球。"套用阿基米德这句名言，可以说，给一线教师一个支点——"基于核心素养的单元设计"，就一定能够撬动整个课堂。

（三）从学会"单元设计"做起

当务之急是回归常识、回归正轨、回归常态，克服急功近利、急于求成的狂躁心理，从学会"单元设计"做起。国际教育界存在两种单元设计的思路，值得我们关注。其一，教育技术学的思路。[2]20世纪70年代研究者从教育技术学角度提出了单元设计"三设问"（WHH）：第一问，到哪里去？亦即支援学生怎样的学习的角度来明确教学的意图所在（课题分析图）。第二问，怎样才能实现目标（教材与教案）？亦即思考目标达成的方法。第三问，怎么实现目标？亦即揭示目标达成的评价方法（评价计划）。这样，"目标、教学、评价"三位一体的状态视为"整合性"，成为"单元设计"最重要的指标。就是说，是否能够根据教学目标确认教学成果，是否能够根据教学目标准备教与学的活动，是否能够展开同教学活动、教学内容相一致的评价活动，这就是所谓的"目标、教学与评价的一体化"。从单元设计的"三设问"可以引申出单元设计的"三重心"——目标的设计（明晰教学目标），方法的设计（聚焦知识建构）与评价的设计（有效反馈信息）。其二，建构主义学习设计（CLD）的思路。下面我们就来探讨一下CLD秉持的基本立场及其要素。

二、建构主义单元设计的基本立场与要素

在建构主义看来，学习者不是单纯记忆教师授予的信息，学习是个人与社会双重意义上建构意义的过程。教师的作用不是帮学生填满知识的储罐，而是点燃智慧的灯火。建构主义的学习设计所强调不是制定教师"讲授"的内容，而是思考"学习"的设计。教师在"支援学习者的过程"这一教育信念之下，调动每一位学生参与学习而编制建构式学习图景的方法，就是"建构主义的学习设计"（Constructivist Learning Design，简称CLD）。它由六个要素——情境、协同、支

架、任务、展示、反思——构成。[3]这六个要素作为有影响力的手段是重要的,当然,其顺序是动态的。

(一) 情境

建构主义的学习设计同实现杜威(J. Dewey)的教育信条密切相关。在 CLD 的第一个要素中,正规学校里的学习是同"真实性学习"——通过因应社会情境的实际生活的学习,联系在一道的。构成这一要素的焦点在于,唯有把学生置于来自社会情境的要求,借助教育话题的系统化,使学生所拥有的能力得到挖掘。不同学科群聚焦的学科素养有所不同。诸如,语言学科群,聚焦语言能力;数理学科群,聚焦认知方略与问题解决能力;艺术学科群,聚焦艺术表现力与鉴赏力等等。具有教育价值的情境的设定必须把握三个关键词:1. 目标——教育归根结底是经验的再建构。目标并不是单纯地提供经验,而是借此来促进学生展开分析与思考。2. 话题——所谓"话题"是指为让学生在共同思考中发现意义,使学习得以形成而选择出来的概念、过程与思考方式。这种话题必须符合学生的水准,并且是他们容易产生兴趣的内容。诸如回答质问、做出判断、解决问题、运用比喻、描述特征、引出结论、给出定义等,使他们以某种方法积极地参与学习。3. 评价——怎样评价学生的学习。可以通过两种评价,即每一个个体的成熟度的评价与班级整体的成熟度的评价,来把握学生的成长状态与理解能力。然后,根据情境的设定,再来设定其他五个要素。

(二) 协同

所谓"教育"就是围绕有意义见解而展开的复杂的社会过程,三人行必有我师。旨在展开"协同学习"的小组是实现教育公平的重要战略。通过协同、基于探究,有可能使学习达到个人学习、同步学习不能达到的高度,其本质上是一种互惠的学习。协同学习设计的原则是:1. 协同的价值(互惠的协作关系)。2. 对话的氛围。3.异质的成员。4. 适切的课题。5. 各自的角色(小组责任与个人责任)。6.对话的规则,等等。教师的责任不是单纯地分配信息,而是同每一位学生形成交互作用的关系。协同学习必须回答三个关键问题:1. 如何进行学生的分组。

2. 如何让学生发现意义。3. 需要运用哪些媒体。"协同学习"的终极目的是,通过策划调动全员学习积极性的规范与步骤,最大限度地发展每一位学生的学习能力。

(三) 支架

学习行为牵涉两个过程,即从头脑中引出知识的过程和从外界汲取知识的过程。有效的学习必须从引出知识的过程开始。 支架,或者说脚手架的理论基础是维果茨基的"最近发展区"。即在学习情境中,学生是通过共同协同解决问题与交互作用,来获得新的知识与技能的。在学生的既有知识同新建构的学习课题之间搭起"脚手架",就是旨在发挥这样一种作用。教师能够提供应当教授的学习的本体,教给学生应当固定的支点。但每一位学生必须在自身拥有的既有知识与新的学习之间架起自己的支架来。架设支架时必须回答三个问题:1. 倾听——围绕话题所展开的概念、过程与思考方式,学生拥有哪些知识准备。2. 分享——使学生既有知识可视化;使学生重新聚焦;学生组织共同作业。3. 链接——创造共同的理解与话语;汇集每一位学生既有知识(正确与否)的信息。

(四) 任务

任务不仅是记忆信息、熟练技能或是采用的计划。所谓"任务"是以自由的方式,尽可能做出广泛的解读,学生围绕论题,在形成他们自身共享的意义的同时促进共同的思考。 比如,教师给低年级生布置如下一个任务——列举出构成 13 的两个数字的组合。可有多种多样的方法,从最简单的 $8+5=13$ 到比较复杂的 $136-123=13$,还有 $12+1$、$11+2$、$9+4$、$8+5$、$7+6$、$14-1$、$15-2$、$16-3$、$17-4$,等等。所以,任务的性质是:任务引发学生的兴趣;任务产生可理解的成果;任务导向新的内容的学习;任务引发自由问答的质问。任务的设定必须回答三个问题:1. 兴趣——怎样引发学生的兴趣,促进意义的发现? 2. 学习——构成怎样的学习记录,把握"任务的难易度"? 3. 思考——学生提出了怎样的问题,教师又如何回答? 教师往往采用如下有特色的提问:引导式、设想式、明晰化、整合化。

（五）展示

知识的社会建构必须向他者展示自己的知识，同他者分享自己的思考。倘若经受不了像炮火那样的他者意见，抓住锤炼思考力的机会，就不可能产生新的学习的强度。展示的设定必须回答三个关键问题：1. 学习成果。学生作为学习成果制作了什么。2. 发表。学生如何发表学习成果。3. 说明。学生怎样说明自己的学习成果。展示的主要目的是学生思维的可视化。这样，教师可以评价学生是怎样学习的，当下理解了什么。展示的目的不是求得十全十美的反应与说明。无论哪个学科，越是把重点置于记忆知识内容的速度与准确性，越是会使得学生忽略思考的重要性。展示有两点不同于传统的评价。其一，发表是周期性地发生的，表示一连串课题的一个的结束。教师有可能就（反映学生思考的）展示的制作过程设计今后的学习计划。其二，在协同作业中，有必要建构不同于个人作业的更开放的展示型学习。接触到他者的见解的学生，会加深对自己的学习成果的理解，还可以习得有效表达内容的必要的批判性思考力、沟通能力及相关能力。

（六）反思

所谓"反思"是吸纳新知识的一连串的作业。反思的设定必须回答三个关键问题：1. 情感。学生如何反思所体验到的经验。2. 想象。学生如何体会所获得的经验。3.语言。学生如何反思从对话中获得的经验。其特征是，教师指导或者学习活动的检讨；教师个别地收集学生理解力的数据；教师说明奇妙的构想和容易产生的错误；学生个人的自我检讨；从学生的思考的记录可以把学习内容文本化；在学习活动中发生自己的思考。维果茨基对内部语言的思考的解读，显示了在认知与求知的复杂过程中，是有可能从自己的内心开始对话的。布鲁纳的三个图式也有助于思维的过程。元认知是关于思考的思考。由于元认知在理解并运用经验到与学习到的东西方面扮演了重要的作用，所以个人与集体的反思成为建构主义学习设计的构成部分。

建构主义的单元设计与其说是计划教师讲授教学内容的"教案"，不如说是策划每一位学生参与学习的"学案"。编制"学案"的重心不是教师的教材讲解，也不是练习题的汇编，而在于如何设计学生的一系列作业。所谓"零作业"、"零负担"、

"零起点"统统是无稽之谈。正如工人做工、农民种地一样,学生做作业是天经地义的。问题不在于要不要,而在于做怎样的作业,应当有怎样的合理负担——在挑战与挫折之间维持一种微妙的平衡。没有挑战性的学习,没有适切的作业负担,就不会有发展。"零起点"的本意大概是有助于教师"有效地进行知识的传递",但这是有悖于新课程改革的目标——寻求"知识的建构",有损于儿童的成长的。因为,哪怕是双胞胎也不可能一模一样。学生之间的差异意味着不同的思考方式,学生在课堂教学中不断暴露出来的无知、矛盾、疑难、困惑、惊异,恰恰是课堂教学的原动力,而不是阻力。就这个意义上说,善于挑动学生之间"认知冲突"的教师,才称得上是好教师。

三、单元设计的未来趋势与诉求

从单元编制的角度说,学校课程无非是计划型课程与项目型课程的组合。[4]"计划型课程"(阶梯型课程,学科课程)的单元编制是以"目标—达成—评价"方式来设计的,"项目型课程"(登山型课程,活动课程)的单元编制是以"主题—探究—表达"的方式来设计的。后者的单元设计将成为世界课程发展的主流。

"主题—探究—表达"的单元设计着力于组织"探究"(Explore)、"表现"(Express)、"交流"(Exchange)的活动,这就是所谓的"3E的活动构成"。这种单元设计的设计与实践在国外积累了丰富的经验。日本学者梳理了学校教育中基于21世纪社会角色而开发的综合学习的六种模型,为我们提供了"活动单元"设计的一种思路:1. 调查研究单元模型:①观察与考察—②编制调查计划—③实施调查作业—④展开交流与实践—⑤编撰报告—⑥交流研讨—⑦自我评价。2. 综合表现单元模型:①作品鉴赏—②决定表现题材—③收集相关信息—④编制脚本—⑤制作作品—⑥上演作品—⑦作品评价。3. 社会参与单元模型:①见面座谈—②问题分析—③信息收集—④活动的选择与计划—⑤志愿活动的准备—⑥志愿活动的实施—⑦自我评价。4. 企划实践单元模型:①凝练梦想与希望—②设定目标与问题—③收集信息—④制定规划—⑤筹备与展示—⑥实施与运营—⑦项目评价。5. 合作交流单元模型:①同对方交流与切磋—②交流计划的共同决定—③信息的收集与交换—④作品的制作与分享—⑤发表会与评议会—⑥成果的共同评价——⑦网络的拓展。6. 自我实现单元模型：①编写自传—②发现自己的成长与课题—③自我分析——④评议活动—⑤明确自己的梦想与希望—⑥成长发表会与成长展台—⑦设想未来的愿景。[5]

作为跨学科学习的单元学习,具有如下特征:1. 以作业与制作活动为中心展开学习。2. 主动地展开项目的规划、运作与评价。3. 基于"问题意识"与"目的意识",实现自身的想法。4. 展开"社会参与"与作品创作的实践活动。5. 通过体验,掌握综合的知识、技能与态度。整个单元学习的每一个活动,都体现了儿童作为学习的主体,通过丰富的资料与体验,致力于实践课题的探究。在这里,"社会参与"与"实践活动"成为设计的关键词。

当今国际教育界重视"核心素养",即"真实性学力"。不过,"真实性学力"需要有"真实性学习"与"真实性评价"配套。"真实性学力—真实性学习—真实性评价"——这就是基于"核心素养"的单元设计的基本诉求。

寻求真实性课题。这里的"真实性",就是不仅"知晓什么",而且"能做什么"。一句话,不是"应试能力",而是"真才实学"。"真实性"的第一个要点是,在"真实性学习"中面对的课题,并不是教科书或习题集里出现的"问题"。教科书里的问题大多是碎片化了的知识。因此,即便解决了这种问题,也不会产生"知识的综合化"。要产生知识的融合,重要的是综合实践活动面对的问题。在应对综合问题的过程中,学习者会发现习得各门学科知识的重要性。同时超越了学科甚至单元,重视多样知识的关联。"真实性"的第二个要点是,重视有现实感的综合性问题。以中日两国处理初中语文教材——鲁迅的《故乡》为例,中国的教材处理注重宏观的叙事,而日本教材关注人际关系与人的感受体验。倘若学习的问题游离于日常生活,学习者就不会感觉到问题解决的现实感。没有了现实感,就不可能有动员自身力量、致力于问题解决的激情。当然,在真实性学习的场合,问题的解决未必一定能够达成。倒是可以说,大多问题并不能解决。这是因为,拥有现实感的众多问题大多是不限于一个正确答案,不存在明白定论的"劣构问题"。不过,在有现实感的综合问题的场合,问题如何解决并不重要。在这一点上,它同参考书和问题集中的"良构问题"在本质上是不同的。在"良构问题"的场合,解决问题是重要的,因为解决这种问题的目的在于通过解决问题习得知识技能。而在有现实感问题的综合问题的场合,重要的是通过问题解决的体验,促进多样的"知识的综合化"。

寻求探究式课堂。杜威曾经感叹说,教育的失败就在于颠倒了两个基本的范畴:"经过探究过程获得的最终成果"与"尚未加工的朴素探究的开始"。传统的课堂不是去组织学生自身探究问题、自身沉迷探究,而是教师给出最终的答案。在探究的课堂中,学生必须学会自主思维、自主探究。这里的"思维"是指驱动自己的想象力,基于某种根据展开思维活动。儿童哲学的倡导者李普曼(M. Lipman)说:"学校教育中应当培育的最重要的思维侧面涵盖了批判性侧面、创造性侧面和情意性侧面。堪称批判性思维的典范的是拥有高度专业训练的律师;堪称创造性思维的典范的是艺术家;堪称情意性思维的典范的,是体贴入微的环境设计者与擅长反思、温情脉脉的教师。"[6]这里所谓的"探究"的过程不是简单的问答与讨论,而是一种对话。就是说,探究是结构性的,课堂里的教学方法应当借鉴科学探究的过程。在探究的课堂中,从开放性课题的设定到开放性结局的过程,教师发挥的作用不是"教",而是促进对话的提问,是得出结论之前给予充分思考的时间,是同学生平等地参与探究。"共同体有形形色色:有为了思维的共同体,有缺失思维的共同体。有能够展开反思、修正自身错误的共同体,也有恰恰与之相反的共同体。学校教育中寻求的共同体显然是探究的共同体",探究式的课堂归根结底是旨在"探究共同体"的创造。

单元设计不可能一蹴而就,也不可能一劳永逸。它是一个需要经历种种迷茫、困惑、冲突、感悟、发现,否定—肯定—再否定—再肯定的过程,据此产生新的变革、扩大、深化、再创造。一线教师正是在这样的过程中修炼自己的教学行为,提升教育智慧。单元设计归根结底是教师教学活动的重心所在和永恒的主题。

参考文献

[1] J. Bergmann,等. 翻转课堂[M].上原裕美子,译. 东京:イスクリプト株式会社,2014:48—75.

[2] 稻垣忠,铃木克明. 授业设计指南[M]. 京都:北大路书房,2015:21.

[3] G. W. Gagnon & M. Collay. 建构主义学习的设计[M].菅原良,主译. 东京:青山ライフ

出版股份公司,2015：10—11.

［4］佐藤学.学习的快乐——走向对话［M］.钟启泉,译.北京：教育科学出版社,2004：118—123.

［5］田中博之.课程编制论［M］.东京：放送大学教育振兴会,2013：99—102.

［6］M. Lipman.探究的共同体：学会思维的课堂［M］.河野哲也,等,主译.东京：玉川大学出版部,2014：285,135.

第11章
练习的系统设计

　　减负,本质上是同学校的"练习"千丝万缕地联系在一道的。减负是一个老话题,教育行政部门关于减负的红头文件发了不知多少,然而,学校的练习、学生的负担,非但没有减轻,反而越来越重。"减负"与"增负"的拉锯战延续了几十年,其根源在于愈演愈烈的应试教育。不摧毁应试教育的观念与体制,不终止应试教育的升学竞争,"学业负担过重"的大山依然会岿然不动,压在每一位学生、每一个家长、每一位教师的头上,任由教育学部门三令五申,都是无济于事的。可以说,教育行政部门在这个问题上发号施令,实则是把复杂问题简单化了。

一、"减负令"的尴尬与"练习"的正负能量

　　"年年减负年年负,岁岁出招岁岁糟。"[1]破解难题的前提条件是,整个社会应当清醒地认识到应试教育的本性是反人性、反教育的。破解难题的充足条件是认清练习的正负能量。应试教育与素质教育是两种决然不同的教育价值追求,是不应当也不可能"有机结合起来"的。各级教育行政部门需要承担起捍卫国民教育的公共责任:进行学校体制改革的"顶层设计",借以摧毁应试教育的陈规陋习,让全体人民享有更好更公平的教育。

　　破解难题的充足条件是,认清练习的正负能量。在学校教育中,合理的练习、作业、活动,对于学生而言是天经地义的。因此,练习、作业、活动的设计,对于教

师而言也是天经地义的。该开发怎样的练习,需要依靠教师专业判断的课题,而不应由教育行政部门说了算。

学校的练习是历来的教育家关注的论题。从教育人类学的角度说,人通过"练习",而且唯有通过"练习"才能臻于生活的完美发展与充实。[2]孔子的"学而时习之"可以视为倡导"练习"的教育思想基础。克林伯格(L. Klingberg)指出:"练习是一种普遍的教育现象,是一切教育、教学过程的现象形态及其领域的本质特征。"[3]

进一步说,无论西方社会的"陶冶"传统,还是东方社会的"修行"传统,无不彰显了"修炼"的观念。"练习"是同这种"修炼"的精神息息相关的。裴斯泰洛齐在《隐士暮年》中力陈"练习"的必要性时说:"纯粹的、正直的人,借助习练自身一切的力量与素质,就能够基于人类的本性获得陶冶,达致真正的人类的智慧。"[4]

在 19 世纪末、20 世纪初的"改革教育学"浪潮中,学校的练习遭到厌恶与批判,并且提供了理论的阐述。诉求"儿童的权利"、把 20 世纪称为"儿童的世纪"的爱伦·凯,从儿童发展的法则性构想幼儿教育的蒙台梭利等代表人物,都同声斥责练习的强制和权威。他们重视儿童的自发性、活动性、自主性,重视儿童潜在的创造力,重视儿童的自由发展。特别高度评价直接地从内心世界涌现出来的表达——诸如自由的游戏、音乐、图画、体操等艺术教育。从儿童的成长出发批判"扼杀儿童创造力"的练习是无可非议的。不过,凯兴斯坦纳在《劳作学校》中抨击了一味空喊"提高儿童想象力"之类的口号,认为其乃是"粗暴的言说"和"空前的灾难"。他感叹学生对系统性练习准备不足,主张"倘若未能习得机械性能力,那么,任何价值的创造都是不存在的"[5],唯有练习才能达到。杜威指出:"练习是积极的和富有建设性的。它是一种力量,是控制种种手段、为达到目的所必须的力量。"[6]

从教育家的经典论述中,我们可以发现,"练习"有不同的语境,诸如"练习"、"作业"、"活动",体现了不同的思想背景——要素主义、进步主义、活动主义等等,它们都具有一定的合理性。这些术语尽管有微妙差别,但是万变不离其宗:旨在学习(学业)而展开的外显或内隐的动作与行为。我们不妨把"练习—作业—活动"作为一个概念系统来看待。"练习"即"作业",即"活动"。反之,"活动"即"作业"，即"练习"。进一步说，"练习"即"做中学"，即"学习"，"练习"几乎可以同"学习"等量齐观。

"练习"涵盖了"习练"、"训练"、"操练"、"演练"、"修炼"等不同层面的含义，是人类特有的一种生活方式。从这个意义上说，人是"终身练习者"。学校的"练习"具有双重性。搞得好，可以发挥正能量，搞得不好，只能造成负能量。应试教育背景下的学校"练习"所形成的负面形象、所带来的负能量，是我们感同身受的。不过，越是在谴责学校"练习"的负能量的声浪中，越是需要有一个清晰的认识，寻求学校"练习"的正能量。

二、练习的系统设计：从"机械性练习"走向"有意义练习"

让学校的"练习"变得更自由、更快乐、更有趣，不是乌托邦。问题在于教师的觉悟与相应的本领。

"练习"（训练）无所不在。从幼儿时期学步、学话开始，练习在一般日常生活——学校生活乃至人类生活——中广泛存在。不同于其他的动物，人类是一种"生理早产的动物"。动物一旦降生，就能凭借与生俱来的本能生存。对于人类而言，生活所必要的功能只存在极其有限的部分。人类首先必须学会这种功能。因此，在学校课程中会出现阅读、计算、各种各样的练习问题，直至外语的翻译练习、体操的练习，等等。"练习"有益于儿童人格的健全发展。不过，机械性训练并不是心智的训练。

一线教师面临的挑战是，从"记忆型教学"走向"思维型教学"，从"机械性练习"走向"有意义练习"。我国教育长期来受苏俄凯洛夫教育学的影响，不仅把儿童的作业设计矮化为运用特定知识和技能、习得特定熟练的机械性练习，而且把这种机械性练习无休止地膨胀到等同于全部学科教育的地步，不仅加重了学生的负担、残害了儿童的身心，而且异化了学科教育的功能与价值。我们该痛定思痛了。

传统的作业单或是测验卷，令人生厌。死板、僵化、不容反思、不容修正，恪守时间、无可商量，答案标准划一，有效的办法唯有死记硬背而已。日本一家考试公司已经开始设计一种新型的作业单或是测验卷,它汲取了客观测验与主观测验的优势,可以反复修改,可以多重选择、可以相互商量、可以有充分反映个性表达的空间与机会,诸如对语文课文的主题做出个性化的选择。练习不是被动的、窘迫的、压抑的,练习应当是主动的、积极的、生机盎然的。学校教育中的"练习"是一个系统,应当把"练习"作为一个系统来开发。

我们可以探讨练习系统设计的一些基本准则:基于课标的练习系统设计;基于单元的练习系统设计;基于差异的练习系统设计。理想的练习应当是开放性、探究性、自主性的作业。

第一,基于课标的练习系统设计。前不久,电视节目介绍了邀请社会名人,离开课程标准,随心所欲地设计出来的"学生的练习",简直令人啼笑皆非。

第二,基于单元的练习系统设计。习惯于以一节课为单位,这种定势应当变革一下了。

第三,基于差异的练习系统设计。这里主要是指基于儿童差异的分类、分层、分型的练习系统设计。

练习变了,学习才会变;学习变了,学校才会变。学校变了,学生才会有好的人生、好的未来。理想的练习应当是开放性、探究性、自主性的作业,在这里,安全感、挑战性、主导性,都是出色的练习系统不可或缺的要素。

学校的"练习"不是洪水猛兽,也不是灵丹妙药。我们需要重新审视"练习"的精神与价值,展开批判与辩护。正如维果茨基的"最近发展区"理论所喻示的,我们应当求得一个在教师和伙伴的协助之下儿童能够达到的高度——"合理的负担"。为此,我们需要在理论与实践两个层面,以多学科的视野,探讨多学科统筹安排(包括质与量的控制与总量的控制、类型平衡、学科平衡),来展开系统设计。作为学生,其基本任务就是完成学业。作为教师,其专业作用说到底就是帮助学生完成学业。练习系统的开发,有助于教师确立正确的练习观,并为练习的系统设计提供理论视野与实践指南,同时在实践层面培育有批判性、前瞻性、可行性的实践样本。

人是"终身练习者"[7]。练习的系统设计需要挣脱应试教育的羁绊,让学校的"练习"变得更自由、更快乐、更有趣。

三、练习本质的洞察与教师的专业发展

练习问题需要有哲学高度的认识,因为学校的"练习"不是单纯的技术性问题。练习的系统设计需要每一位教师超越"功利化设计",走向"人性化设计"。

我国教育界长期信奉"教育即训练"的信念,把课程矮化为学科,把学科矮化为教材,把练习矮化为"知识与技能"的机械训练,这本质上是一种"反人性化教育"。儿童教育当然不能否定"训练"的要素,但终究不能等同于动物的训练。"真人性化教育"强调儿童是"整体的人",基础教育必须致力于学力基础与人格基础的形成,即促成每一个儿童作为一个整体的人的"整体性"的发展。20 世纪 80 年代,罗杰斯(C. R. Gogers)在其著作《教育的挑战》中论述"什么是儿童真正的学习与成长"时曾说:"学习是自我主导的,学习的本质是意义建构。"因此,第一,儿童的主体参与是必要的;第二,自由的学习环境和自由的人际关系是必要的;第三,符合儿童发展特征的学习的课题、内容、方法、评价是必要的。"具有重要意义的学习,是兼具逻辑性与直觉性、知性与情感、概念与经验、构思与意义的。"同样,真正的教育(练习)应当是崇尚自由的人(教师),借助自由的教育关系,促进每一个人(儿童)的自由发展。把儿童当作动物来驯教,不是教育儿童,而是束缚儿童、摧残儿童——这是"应试教育"的悲哀。

在练习的系统设计中,儿童的角色不是"被动消费者",而应当是"主动创造者"。根据波尔诺(O. F. Bollnow)的"练习法则"[8],可以发现如下三个要诀:

第一要诀,切忌急功近利。"要使练习不至于成为讨嫌的负担,重要的是练习本身不求功利,而是引发兴趣。"夸美纽斯作为其教学法座右铭的经典命题——"一切任其自然,但求远离强制",在这里是十分贴切的。因此,问题不在于追求立竿见影的效果,毋宁说,练习需要完全摒弃急功近利,这正是带来完美成功的"精神"。

第二要诀,关注道术统一。一方面要强调"在练习中表现出来的内在精神状态,其本身具有高度的教育意涵。它本身超越了所训练的特殊能力而作用于人格整体,从而也作用于其他的行为领域"。另一方面则要强调重道而不轻术。"练习

要求儿童忘我地投入。练习不能刻板划一地实施,至少在习练的时间上要给予儿童自由的空间。在这种空间里要求儿童忘却他的周遭以及来自外界的压力,完全沉醉于他自身的活动。"一般而言,作为练习对象的"术"是受愉悦性所制约的。正如这种愉悦性使得"术"在日常生活中光彩夺目那样,练习也必须在愉悦的精神之中产生。倘若欠缺了这种愉悦性,练习就会变得郁郁寡欢,就不可能获得任何的成果和成功。

第三要诀,高扬练习精神。练习在要求纪律的同时又发展纪律,而既有纪律的作用是极其重要的。"对于业已获得的能力的正当的喜悦,不应当导致高傲自满。所以,应当慎用体育竞赛的元素。"波尔诺强调,"一切真正的练习总是以某种方式进行的一种虔诚行为;是借助某种独特的乃至严谨的一丝不苟的精神,从其他的生活关联之中凸现出来的行为。这种可谓'礼拜'的态度也必须渗透在最单纯的练习之中。这种状况一旦达成,练习将不再是无聊的、讨嫌的活动。倘若如此,练习就可以作为一种内在的飞跃和生活的提升而得以幸运地体验。唯其如此,练习才能达致完美的境界。"

从儿童人格发展的高度,展开跨学科的考察将有助于我们洞察练习的本质——学会领悟自身的自然本性,发现自我、修炼自我、完善自我,从而有助于"练习"真正拥有人性的高度,使"练习精神"在学校教育中熠熠生辉。

参考文献

［1］钟启泉.减负背后的思考［N］.光明日报,2013－08－28(14).
［2］［5］［7］［8］波尔诺.练习之精神:教学法基本经验的再审视［M］.冈本英明,主译.东京:北树出版公司,2009:13,21—23,30,207—210.
［3］克林伯格.现代教学论［M］.佐藤正夫,主译.东京:明治图书,1978:91.
［4］斯米尔诺夫.心理学［M］.柴田义松,等,译.东京:明治图书,1959:114—115.
［6］杜威.我们怎样思维·经验与教育［M］.姜文闵,译.北京:人民教育出版社,1991:71.

第12章

打开课堂评价的潘多拉盒

学校的课堂教学一般来说分三个阶段：计划、实施、评价，这三个阶段当然不是线性式的，而是循环往复、周而复始地展开的过程。因此，探讨课堂评价的目的与功能、视点与框架、工具与方法的问题，是实现课堂变革不可或缺的环节。这些问题对于每一位教师而言，无异于一个严峻的挑战——打开"课堂评价"的潘多拉盒的挑战。

一、"课堂评价"究竟是怎么回事

在30多年前，时任华东师范大学校长刘佛年教授邀请著名的美国教育家布卢姆(B. S. Bloom)来华讲学，介绍他的"三评价说"——诊断性评价、形成性评价、终结性评价。这在当时掀起了一股冲击波，但终究未能落地生根。10来年前，我国教育部推进"新课程改革"，倡导"三维目标"，但是除了一些先锋学校的研究之外，真正称得上实施了"课堂评价"的，寥寥可数。在应试教育仍然横行霸道的今日，课堂评价乱象丛生，自然是难免的。在我看来，至少存在如下表现：

第一种表现，重视"教"的评价，轻视"学"的评价。我们的中小学老师存在一种根深蒂固的教育信念，以为"教师的教＝学生的学"。所以，一提起课堂评价，首当其冲的是教师"教"的分析评价：他的教学思路怎样，教材处理怎样，教学方法怎么样，教学技巧怎样，等等。长期以来我国中小学的课堂评价绝大多数都聚焦于教师的教,而把学生的学摆在次要的地位,甚至将其置之度外。然而,教的好坏,归根结底是根据学生发生了哪些变化、哪些进步来判断的。课堂评价终究是一种检点教学的成败、改进教学实践的活动。再者,所谓"课堂评价"涵盖了教学过程的评价与教学结果的评价,这两者可以区分,却不能绝然割裂。只有把两者关联起来,才能做出准确的评价与决策。所以,需要对教学的构成要素——教学目标、教学方法、教材内容、教学媒体、教学形态、教学组织、教学时间、教学空间,以及评价方法,进行分析。今日课堂评价的复杂性就在于此。这是第一种表现。

第二种表现,重视单一的学业成绩的评定,轻视综合学力的评价。即便是衡量学生的"学",也不过是聚焦于所谓的"知识点"——根据"知识点"的评定来给学生进行分类、甄别,甚至做出长期的预测。这样把课堂评价当作学生学业成绩的评定,以为学生的学习就是知识的量的积累,并且根据这个资料来搞"排行榜"的行为十分不可取。但是,布卢姆(B. S. Bloom)在其专著《教育评价》(1971)中却开宗明义地提出了一个值得我们反思的问题:课堂评价"是选拔还是发展"? 他说:"教育必须使儿童获得最好的发展,寻求每一个儿童能够达到自己潜能的最高水平的学习条件,是学校的责任。"[1]由此引申出课堂评价的一个新的方向——关注评价的反馈功能。就是说,我们的课堂评价不是为了排行榜,评价有它的一个基本功能——反馈。及时反馈教学的状态,给老师、给同学,然后及时地矫正教学活动的轨道。在教学过程中侧重成绩等第的测定本身,不能算作"评价"。况且,历来学业成绩的评价是以认知领域为中心的,尤其局限于知识、技能的评价。属于认知领域的高级的信息处理能力和情感意志领域,并没有列入评价的视野。布卢姆就是针对上述这些弊端提出他的教育评价学说的,令人回味。

第三种表现,重视个人层面的评价,轻视集体层面的评价。课堂教学通常是以一名教师与几十名学生的交互作用而形成的。因此,在这种班级教学中同时存在两个过程。其一,是每一位学生习得学科内容的过程(认知过程);其二,是儿童交互作用的过程(集体过程)。[2]而教学中的集体过程不是自发发生的,倘若缺少了教师的指导,就会导致放任自流。所以,课堂评价的视点应当面对认知过程与集体过程展开分析。但是当我们在实施课堂评价的时候,往往是不会关注集体过程的侧面的。所谓集体过程的侧面,包括同学之间和师生之间的交互作用,及班级内的交友关系等,这些关系对于维持与发展班级中理想的人际关系起着重要的作用。因此,课堂评价需要强调"用于指导的评价"。在美国的中小学教育中非常关注这种牵涉"人格形成"的问题。所以他们引进"全纳教育",在班级里接纳有残疾儿童,老师对残疾儿童关爱有加,从而全班同学也对残疾儿童关爱有加,从小形成"平等待人"的人际交往信条。就是说,我们的课堂评价,在评价个人的目标达成过程的同时,也必须关注作为集体目标达成过程的评价。

第四种表现,重视终结性评价,轻视形成性评价。课堂评价其实是典型的形成性评价。20 世纪 50 年代,日本一个叫东井义雄的教育实践者说:"儿童是出错的天才。"[3]在他看来,儿童不是胡乱出错的,而是根据一套"法则"来出错的天才。如果能够分析错误,将会给教学带来可贵的收获。另一个教育实践者斋藤喜博同样在 1958 年提出"○○式错误",把学生的错误加以类型化,让全班同学分享。这正是形成性评价的本质性特征。但在我国,即便有形成性评价的机会,我们的教师也会千方百计地加以回避,学生也以为在学习过程中出错是丢脸的。一些老师总是生怕课堂教学中出现一些错误,甚至好多公开课因此弄虚做假。比如说,一个老师提问,谁来回答呢?抽签决定,抽到谁是谁。实际上签筒里都是好的学生的名字,抽到的都是好的,他怕出错。结果我们看到的,是教师或学生的"表演",而没有看到学生真正的"表现"。如此一来,所谓的"形成性评价"是无从谈起的。当然,形成性评价与终结性评价的区分是相对的。即便是终结性评价终究也是一种形成性评价。

第五种表现,重视"主科"的评价,轻视"副科"的评价。这是应试教育的必然产物。高考、中考要考的科目非常受重视,不属于考试范围内的科目都受到轻视,甚至无人去研究。但问题是,基础教育各门学科的评价,其价值实际上是等价的,无所谓轻重主次。我们要确立这样一种思想:基础教育中的学科教育有其"等价性"与"多元性"。从教育学的观点看,人拥有的任何一种能力在价值上是没有高低贵贱之分的,必须立足于等价性、多元性重构对能力的认识。我国社会长期以来形成了功利主义的教育观——"学好数理化,走遍天下都不怕"。数理能力强的儿童被赋予更高的价值,艺术能力、运动能力、社交能力则是等而下之的。但从教育学的观点出发,无论发展哪一种能力都是等价的。加德纳(D. H. Gardner)的

"多元智能理论"[4]实际上也给了我们一个启示,就是人有多种智能元素,每种智能元素都是等价的,没什么高低贵贱之分。

第六种表现,重视基于一般教学过程的评价,轻视基于学科固有逻辑的评价。一般教学过程的"评价框架",包括教师教学设计与教师行为的自我评价;教师对学生学习行为的评价;学生对教师教学行为与决策的评价;学生学习行为的自我评价;观察者对教师教学行为的评价,等等。一般课堂的"评价视点"包括教学的整体构造、教学目标的层级构造与教材的逻辑结构、教师的意图与心理定势、教师的教学行为、儿童的学习行为、沟通分析(交互作用分析)、班级集体的氛围、教学的流程、儿童研究等。但是,不要忘了基于学科固有逻辑、体现学科的本质与特色、促进学科教学改革的评价视点。比如,社会科侧重认知技能、参与技能、情意技能;理科侧重事实的把握、规则的理解、观察技能与实验技能、科学思考与科学态度、关爱自然与感悟人生;数学侧重数学知识与技能的理解、数学的思路与方法、数学的逻辑性与审美性的理解、(现实问题)数学化的能力、应用数学的态度与习惯、鉴赏评价数学的态度等。课堂评价不是为评价而评价,它终究是为落实学科素养(跨学科素养)、矫正教学轨道服务的。

第七种表现,重视基于外在标准的观察者的评价,轻视基于内在标准的自我评价。外在标准用于成果的评价,内在标准用于过程的评价,课堂评价应当兼而有之。但事实上,基于外在标准的评价首先是教学当事者之外的第三方做出的评价。比如,教研员作为观摩者的评价,或教师对学生学业成绩之类的他者的评价。以师生的自我评价为中心的基于内在标准的评价却非常罕见。然而,仅仅着眼于外在标准、外在影响的评价对于教育评价而言是不恰当的,我们需要重视学生内心世界的教育——把学生多样的探究与体验的自我评价活动置于评价的核心地位。另外,历来的评价是冷冰冰的,给人一种紧张、恐怖的感觉。著名的教育评价专家艾斯纳(E. W. Eisner)则强调从欣赏学生的角度来进行评价,倡导评价者应有"鉴赏家"的姿态,提醒教师发展"教育鉴赏力"[5]。这种提醒是值得我们重视的。

第八种表现,重视量化取向的评价,轻视描述取向的评价。课堂评价应当是量化取向的评价与描述取向的评价兼而有之。课堂评价的研究课题并不仅仅限于开发评价量表、提供评价工具之类的问题。因为量化取向的评价无法兼顾教学的整体性与发展性,发挥评价的发展性功能。课堂评价应以价值判断为主·但在实际操作中往往看重评价量表的开发,甚至奢望有放之四海而皆准的课堂评价量表。但是,并不是凡是数据都是科学的,要警惕数据骗局。最近我看到了一些教育杂志刊发的论文,声称旨在进行不同地域下课堂教学的比较,因此给出了一大堆数据,但这些数据究竟说明了什么问题,却没有给出任何合理的说明,产生了"有分析而没有综合,有数据而没有判断"的现象。描述取向的评价以倾听与观察、理解与解释、研究与改进为特征,能够有效地弥补量化取向课堂评价的不足,为优化课堂教学提供策略。

上面八种现象是当今我国课堂评价领域的"新八股",这样的新八股怎么会产生的呢? 一切都是应试教育惹的祸。"课堂评价"在本质上是有助于教学活动的检点与修正,借以促进学生的学习与发展的教学实践的一环。就其性质与功能而言,是一种不同于"选拔性评价"的"教育性评价"。而今,在"教育性评价"的理想与"选拔性评价"的现实之间存在着深刻的鸿沟,革新的教师在两者的夹缝中生存。因此可以说,课堂评价的实践就是革新的教师面对这种现实,致力于寻求"更精彩的教学"而展开的挑战。

教师能不能发起挑战,取决于教师自身的素养,这就关系到每一位教师的评价素养的问题了。

二、锻造每个教师的评价素养

课堂评价能力(素养、素能)是教师专业素质的具体表现。为了实践"教育性评价",革新的教师归根结底需要锻造自己的"评价素养"——这个概念包括评价的概念、评价的意识、评价的规划、评价的解释、评价的描述、评价的评估、评价的改进与评价的伦理,等等。为此,我们需要澄清一些认识问题和实践问题。我想,起码有三个问题亟待解决。

第一个问题,认识课堂评价的前提条件——价值判断。教师首要的课题是明确从怎样的视点出发来展开评价,区分什么是应试教育、什么是素质教育。现在我们有一个倾向很不好,明明是应试教育典型,却反而打扮成素质教育的样本,到处宣扬。这些人趾高气扬,自欺欺人,不以为耻,反以为荣。这种样本的影响是非常恶劣的。有的教师口头上说"三维目标",心里想的还是"双基"。教师的工作不能满足于"知识点"的传递,而是要确立"三维目标链"的教学设计思想,不能单纯地根据学科测验的得分来表征学生的整体发展。

考察课堂评价是否立足于素质教育的立场而不是应试教育的立场,或许可用四个尺度来衡量。[6]

第一个尺度,是否考虑到了人格的"整体性"或是"统整性"。学校教育当然是寻求每一位学生"学力"的形成,但其终究旨在"人格"的形成。然而我国中小学课堂评价的现状是,既缺乏"学力形成"的高度,更缺乏"人格形成"的高度。

第二个尺度,是否认识到了学科的"等价性"与"多元性"。基础教育的各门学科是等价的。但我国基础教育的学科生态是畸形的,"重理轻文"、"重学轻术"的痼疾依然如故。

第三个尺度,是否具体地把握了教学内容的"学习阶段性"与"价值层级性"。教师应根据目标,考虑儿童的"发展顺序",按照从易到难的"逻辑顺序"编制教学内容。重要的是基于上述两种顺序的"学习阶段性"。另外,教学内容隐含的"价值层级性",即其内容隐含的价值的程度——是必修还是选修,也得考虑。

第四个尺度,是否严格地保障了教学过程的"连贯性"与"适切性"。"连贯性"是指在"教学目的—教学内容—教学方法"这三种要素的交互作用关系在整个教育过程中是否贴切、贯通。假定目的是很好的,倘若内容与方法不匹配便没有意义,目的是实现不了的。另外,这种"连贯性"依存于能够在多大程度上适应学习者的差异,是否兼顾到每一位学生。这是课程的适切性问题。

第二个问题,认识课堂教学过程的基本性质,明确课堂评价的基本框架——视点(观测点)、策略、范畴、工具与方法。所谓课堂教学过程的基本性质是指:其一,课堂教学过程的现实性(双重性)。课堂教学涵盖了第一过程(学科教学内容的习得过程)和第二过程(儿童集体的形成过程)。如果说,第一过程是基于学科逻辑、教材逻辑、心理逻辑的评价,那么,第二过程是基于"集体逻辑"的评价。

其二,课堂教学过程的历史性(发展性)。在课堂教学中作为直接分析对象的通常是一节课。但是,即便是一节课的课堂分析也必须把分析的射程距离放大。一节课的教学是此前教师的可以说是"历史性"的一连串指导的产物,也是 后教学指导的一种展望的反映。因此,瞻前顾后的分析是不可或缺的。没有这种分析的背景,是难以绝对地判断教师的教学行为的。这就是课堂分析的历史性、发展性视点。杜郎口中学的成功之处在于调动了作为学习主体的每一位学生的学习积极性。这是非常了不起的。但是,不能说它的任何经验都是经得起推敲的。比如,他们的监督员监视教师的课堂讲解不得超过 15 分钟,这种做法不可取。如果这节课在整个单元中需要教师多讲一些,又有何妨呢?课堂分析或课堂评价一定要"瞻前顾后",作为一个整体、一个单位的课堂分析起码是一个单元的课堂分析而不是一节课的分析。如果是一节课的分析,一定是"瞻前顾后"的。

课堂评价的基本框架就是基于这种基本认识开发出来的。在这方面,日本积累了不少成功的经验。比如,他们非常重视学科教学的评价视点(观察点)的确立。课堂评价之先宜检点评价视点。日本的《指导要录》根据各门学科固有的逻辑,规定分视点来评价学生的学习状况,其"评价视点"基本上由"兴趣、动机、态度"、"思考、判断"、"技能、表达"以及"知识、理解"构成。比如,"数学学力"的四个评价视点包括对数学的兴趣、动机、态度;数学的思考方式;关于数量与图形的表达与处理;关于数量与图形的知识与理解,这些视点是相互关联的。日本学力模型的研究为"评价视点"的确定提供了依据。

再比如,他们非常重视课堂评价策略的研究。这些策略包括:1. 长跨度策略——不仅进行学习活动终结时的评价,而且在课前和课中进行诊断性评价或形成性评价。不仅进行短期评价,而且进行长期评价。2. 个别化策略——不仅全员以同样形式进行评价,而且适应每一个人的个性进行评价。3. 反馈策略——不仅向学习者回馈结果(分数),而且把通过评价明晰的问题回馈给学习者。回馈给教师自身,借以改进教学活动。4. 自我评价与他者评价策略——让学生有从种种视点综合地"评价"自己的机会,最终掌握自我评价能力,也包括班级内他者的同学之间的评价、班级外的评价,亦即从"单纯的教师评价"走向"复眼的评价"。

在此基础上,他们力求每一位教师对课堂评价的基本范畴的把握。比如,如果聚焦教学的技术,那么,可以从教师的范畴、学生的范畴以及师生关系的范畴,明确各自范畴的基本视点。

　　第三个问题，教师在教学实践中学会课堂评价。这里面包含两层意思。第一层意思是实现"教学与评价一体化"，重视评价在课堂教学中的作用，使评价最大限度地有助于课堂教学。这里可以区分两种"一体化"的水平。其一是，评价结果有助于尔后的课堂教学；其二是，评价本身就是一种教学。"教学与评价一体化"强调聚焦于后一种水平，并实现过程评价与结果评价的统一。我国中小学教师尤其缺乏"形成性评价"的概念。日本京都大学田中耕治教授归纳了日本形成性评价发展的四个阶段[7]：第一阶段，"出错是学生的问题"——归因于学生的能力或努力不够。第二阶段，"消除出错的教学"——认为出错是不该发生的，旨在消除出错，提高教学效率。这是基于行为主义把握形成性评价的阶段。第三阶段，"教师灵活利用出错的教学"——把出错看作教学的重要契机，利用出错组织教学，形成扎实的学力。不过，灵活利用的主体仅限于教师，还没有逼近学生学习的真实情况。这是日本教师从课堂研究中提炼错的形成性评价的阶段。第四阶段，"师生灵活利用出错的教学"——师生共同面对出错并自觉克服。学生确认自己的进步或出错的部分，同时，教师创造积极的，包含"不会"内容的环境，把学习集体中对立、分化的错误，作为学习的课题加以展开和共享。这是建构主义基础上把握形成性评价的阶段。

　　第二层意思，从"课例研究"做起。课堂教学的整体结构（大体包括教学结构的基本思路——教学策略；教案的形式与内容；预设的教学与实际的教学之间的关系），通过深入分析一个案例就可以明白。教师在从事课堂评价之际，往往热衷于跟别的班级比较，或是跟别的教学方法进行比较。但在课堂教学研究初期，这种做法应尽量避免。比较不同的东西，得出的数据当然是不同的，难以逼近问题的本质。不同的课堂有各自的风格和特点，是难以比较的。所谓"案例"（课例），就是杜威倡导的"实践性学习"。这是基于实践经验的"观察"、"洞察"与"反思"的活动。按照李·舒尔曼（L. Shulman）的说法，这一活动由四个侧面组成——教师的意图、不得不发生的变化、特定情境中的判断、基于判断的反思。教师自身在课堂教学的特定场景中是怎样判断事件、做出决策的；事后又是怎样客观分析的——这种场景就是"课例研究"。

马克思说："哲学家们只是用不同的方式解释世界，而问题在于改变世界。"革新的教师不仅要认识现实的课堂评价的世界，更重要的在于改造课堂评价的世界。当我们的教师都以"鉴赏家"的姿态评价学生的时候（第一条件）；当我们的学生不再是单纯的被评价者，同时也成为评价主体的时候（第二条件）；当整个的评价制度彰显了观察儿童的两个视点——"儿童在成长之中"，"儿童在关系之中"——的时候（第三条件），我们就可以毫不犹豫地说，这种课堂评价是名副其实的"教育性评价"。期待这个愿景能够成为我们课堂中的现实。

参考文献

［1］布卢姆. 教育评价法手册［M］. 梶田叡一，译. 东京：第一法规出版股份公司，1973：3.

［2］吉本均，等. 现代授业研究大事典［M］. 东京：明治图书，1987：537.

［3］田中耕治. 日本形成性评价发展的回顾与展望［J］. 项纯，译. 全球教育展望，2012（3）：3—6.

［4］日本教育方法学会. 现代教育方法事典［M］. 东京：图书文化社，2004：363.

［5］艾斯纳. 教育想象——学校课程设计与评价［M］. 李雁冰，译. 北京：教育科学出版社，2008：222.

［6］安彦忠彦. 以课程开发推进学校改革［M］. 东京：明治图书，2003：152—154.

［7］田中耕治. 教育评价［M］. 高峡，等，译. 北京：北京师范大学出版社，2011：126.

第 **13** 章
开垦学习环境设计的荒原

在我国基础教育界，"学习环境设计"是一个陌生的领域。然而，没有学习环境的设计，"优质教学"不过是一种奢望而已。我们唯一的出路就是，义无反顾地开垦这片沃野荒原。本章围绕"学习环境设计"的论题，探讨学习环境设计的时代意义、基本框架及其行动课题。

一、学习环境设计的时代意义

我国基础教育界多年来重视"教师的教"的设计，以为"教师的教"等于"学生的学"，表现出强烈的"教的情结"，导致了中小学课堂忽略甚至抹杀儿童学习主体性的种种弊端。这是同我国的教育思想传统、国际的教育学术发展与教育实践的现代发展背道而驰的。我们需要清晰地认识学习环境设计的时代意义。

第一，从我国古典教育思想到国际教育界开展的学习科学研究都形成了以"学"为核心的话语体系。我国传统教育中所谓的"教育方法"（学习方法）是以"学"为基础的。有学者发现，在《论语》中"学"字出现了 64 次，而"教"字只出现了 7 次。[1]《论语》开篇就是"学而篇"，第一句话就是"学而时习之，不亦说乎?"这句话体现了孔子的教学经验：学为教之本。我国第一部专门的教育论著《学记》,《荀子》的《劝学》,乃至 1898 年张之洞的《劝学篇》,都突显了"学"的重要性。其实，人的成长的内在过程原本就是"学"，而不是"教"；"教"只是"学"的外在条件。

国际教育界开展学习科学研究表明,大体存在两种学习模型——"传递式模型"与"建构式模型"。所谓"有效教学"的研究本质上就是寻求"建构式模型",为了提供"有效学习"而实施"协同学习"。所谓"学习困难"或"残疾儿童"的提法隐含了一个前提——"学习困难是由于儿童自身的原因造成的"。其实,儿童直面的困难并不是儿童自身的个人因素造成的,而是同"应试体制"中成人不当的期待与教师不当的教法之类的"学习环境"上的各种问题相关的。只要这些外在的因素消除了,儿童的困难自然会消解。因此,不要把学习困难与残疾视为"特殊需求",而是应从学习方式的"差异"这一个视点出发来加以把握。就是说,教育体制和每一位教师必须能够应对这种"差异",必须承担起针对这种"差异"提供"教育支持"的责任。

第二,随着学习科学的发展,传统教学设计强调的控制性、传授性业已证明不再适应人类的学习特性。取而代之的是,需要一个具有开放性、支持性,激发多种思维、滋养多样性的学习环境,借以适应人类学习的复杂性、个性化和随机性。波兰尼对"默会知识"的研究告诉我们,通常课堂教学传递的知识是显性知识,然而,显性知识只是人类知识脉络的冰山一角。[2] 人类知识的主体部分分布于个人的默会知识结构中。换言之,我们难以借助传统的课堂教学方式帮助人类进行充分的学习。相反,我们需要的是促进知识建构的多种刺激条件和支持条件的综合——学习环境。

课堂不变,学校不会变。21世纪的课堂革命归根结底是如何从"教的课堂"走向"学的课堂"。学习的主体终究是学生。教师的"教"不等于学生的"学","教师教得好"不等于"学生学得好"。多年来,我国的教研员一味地研究"教师如何教"、"教师如何教得好",而不重视研究"学生如何学"、"学生如何学得好"。所以,我们需要打破单纯强调"教"的情结。当代认知科学与学习科学的崛起,为我们提供了关于学习的种种崭新观念——学习是社会协商,学习是思维技能,学习是知识建构,学习是观念转变,学习是语脉变化,学习是共同活动,学习是文化实践,等等。这就是说,人的学习的建构本质、社会协商本质和参与本质,越来越清晰地呈现出来,并由此提示了课堂变革的实践意涵——如何优化学习环境,促进知识的建构;如何组织学习者共同体,促进知识的社会协商;如何鼓励社会参与,进行意义与身份的双重建构。

　　第三,教师作为"学的专家"、作为"终身学习者"、作为"反思性实践者",首先必须优化自身的学习环境,学会建构主义的学习环境设计。对于教师而言,学习环境设计具有双重的价值——不仅在于为学习者建构一个促进其知识建构、情境认知、概念转变和深度理解的学习支持体系,同时也有助于为研究者提供观察、反思学习者学习活动的条件系统。

二、学习环境设计的基本框架

　　我们起码需要探讨四个课题——何谓学习环境,学习环境设计的基本视点、本质特征、前提条件。

(一) 何谓"学习环境"

　　所谓"学习环境"无非就是"学习者的周遭外界"[3],在教育学中是指影响儿童学习的场景性、背景性的要因。"学习环境"基本上由物的要素(比如教室里的黑板、课桌椅、教科书、笔记本、招贴等)和人的要素(教师、众多的学生)构成,而且也包含了通过具体的物的要素、人的要素交互作用过程而形成的每一个人的行为动作、表达和表情等在内的整体。近年来,国外学习环境设计的最大特点是开放性。以英国开放学校的设计为先导,学习环境设计力图软化教室的墙壁。读书角、读书走廊、生物长廊,日本的学科文库角、专门教室、多功能教室等等,打破了传统的划一、封闭式的教室格局。

　　1. 广义与狭义。学习环境有宏观、微观之分——广义的学习环境与狭义的学习环境。直接规定儿童的学习与发展的,不是客观环境本身,而是认知性的学习环境。这里我们主要探讨微观的学习环境,亦即以学习为中心的课堂教学的设计。从教师实践的要点看,学习环境大体可以分为三种。(1)人际环境——儿童直面学习课题之际,教师与儿童、儿童与儿童之间或是儿童与志愿介入者之间的人际关系。(2)间接性环境——在学习开始之前构成的学习环境中,使得儿童拥有学习意欲、提高儿童的兴趣与爱好的环境构成。(3)直接性环境——在学习开始之后的环境中,有效地配置儿童可能自由地运用的一切媒体。诸如,物理空间的扩大——增设多功能教室。作业坊、学习中心等的学习空间;班级规模的缩小与教学媒体的多样化,以及信息网络的环境整顿等。

2. 静态与动态。"学习环境"的术语一般给人以一种静态的表象,其实它更具动态性。[4]这是因为,学习活动的本质在于学习的过程。学习者的周遭外界往往是变动不居的。例如在课堂教学的进程中,从以教师讲解为中心的同步学习,转换为小组学习的形态,在这个时间点上,物的环境、人的环境从根本上发生了变化,就是一个显著的例子。根据这种视点,我们可以更确切地把"学习环境"界定为:基于多种多样的物的要素、人的要素而形成的动态构成的"信息环境",以及学习者的视觉、听觉、触觉等借助所有五官所体验到的"信息总体"。学习者是借助关注学习环境所提供的动态的信息,通过建构意义、感受意义的体验来进行学习的。可以说,作为这种信息环境的学习环境规定了每一个学习者的学习的形成及其学习的品质。

3. 应答性环境与学习场。21世纪所必需的学习环境的创造,不是静听教师的讲述、暗记其内容,而是建构儿童作为学习主体能够回应彼此的"应答性环境"。[5]在这里,教师的作用不在于指导,而在于组织应答性的学习环境。就是说,教师必须指向课题解决,支援其活动。学习环境本质上就是"学习场",因此,学习环境设计本质上是一种"学习场"的设计。所谓"学习场"意味着借助人际关系所形成的场,包含了人们彼此相遇、相互影响之中各自产生变化的"磁场"的意涵。在这种磁场中,个体在体验或是被体验。在这种磁场中,不仅仅是认知与认识之类的理性的东西在起作用,也可以看到感性与情绪、身体等作为人的总体的作用。在这种磁场中,需要关注言犹未尽的部分。因为,并不是一切都能用语言来传递的,也有语言难以传递的信息。沉默也可以传递诸多信息;人的变化是难以在变化的漩涡中捕捉的。学习场论,就是关注旨在文化酿成,通过洞察人际关系中生成的种种沟通样态来捕捉人的变化这一现场,并且承担着提炼丰富的"学习场"的能量的方略。

(二)学习环境设计的视点

在学习科学的视域下,教师的教学实践不是基于"技术合理性"的实践,而是基于"设计合理性"的一种设计过程的实践。就是说，教师从"课堂学习环境"的角度来进行教学的总体设计——聚焦儿童的学习活动，使得整个教学过程成为儿童主动参与、教师支持的形态。为此，教师需要基于课程标准提供哪些教学内容，提示怎样的学习课题，利用哪些教学媒体支持这种活动，以及儿童自身的评价问题等等。

在这里，介入课堂学习环境设计的教学论视点，不是一个中心——教师中心，而是多个中心、多重视点的融合。可以是学习者中心，可以是知识中心，也可以是评价中心，更重要的是兼容了不同视点的共同体中心。具体地说，学习科学中关于"学习环境设计的框架"的研究，为我们提示了如何建构作为学习环境的课堂的基本视点。[6]

第一，"学习者中心"的视点（聚焦学习者的视点）。这个视点的背景是建构主义认识论。在建构主义看来，所谓"学习"是"参与学习的学习者自身有意识地建构知识"的过程。这个视点强调的是，必须充分地把握儿童参与学习之前业已拥有的理解、技能与信念之后，再组织教学。这个视点特别要求教师对每一位学生的成长拥有"文化敏感"，关注每一位学生的知识、技能的水准和兴趣，求得最适合每一位学生的学习课题——难易度适当的课题。总之，设计"学习者中心"的学习环境，重要的是必须认识到，意义的建构是学生自己的事情，教师要在深刻理解学生的信念、知识、文化实践的基础上展开教学。教师的任务是在学科内容与学生之间架起桥梁，因此，教师要理解桥的两端——学科内容与学生。

第二，"知识中心"的视点（聚焦知识的视点）。这个视点简单地说，就是重视意义理解的环境。支撑这个视点的思想背景有两个。其一是理解水准的研究，其二是学习迁移的研究。为此，促进儿童基于理解的学习，促进儿童学习活动的知识有迁移可能性的学习设计，是必要的。这个视点强调的是，教师支援的着眼点不是记忆，而是理解。这个原则包含两层含义。一是不理解的东西难以再运用，二是活动的中心被置于"阐释"。所谓支持理解深化的学习、促进意义理解的课程，实质上就是引导儿童一步一个脚印地按照阶段顺序去发现，使其既有的生活概念上升到科学概念。

第三，"评价中心"的视点（聚焦评价的视点）。这个视点是指，重要的是给予反馈信息,获得修正的机会,借以引领学习者深化理解。其着力点主要是形成性评价,进一步可以说,评价本身也必须是"学习者中心"的。就是说,评价的主体不仅是教师,也应当是学生自身。其理论思考是——确保适当的机会,利用适当的方法,借助即时反馈,修正学习活动。这个视点强调的是,教师面临的首要课题不是开发课堂评价量表之类的评价技术,而是应当着眼于以形成性评价为中心的课堂评价的创造。

第四,"共同体中心"的视点(聚焦共同体的视点)。这个视点意味着,把儿童的学习作为学习环境中的文化问题来把握。学习的品质受到学习者所属共同体的规范与价值观的极大影响。我国愈演愈烈的应试教育的文化,同素质教育的文化是格格不入的。难以想象,丑陋不堪的应试教育的文化不变,素质教育会得以实现。学习不是个人的问题,而是同共同体联系在一道的,而且是在一定的规则之下进行的活动。学习本身是作为一种社会活动、具有一定文化价值的行为,根据更宏观的国际比较研究,拥有不同文化价值的国度里各自的学习活动,会导致不同的认知发展和价值观。基于这种基础性的认识,一言以蔽之,"共同体中心"的视点可以界定为"在共同体中可以适当地分享理想、一起建构知识、分享知识的学习姿态"。

上述四个视点是密不可分的。整合四个视点设计学习环境乃是促进学校内外学习的关键。重要的是明确地认识到,教学的核心人物是作为学习主体的儿童自身,教师不过是支援儿童学习活动的人物。基于整合的视点来设计学习环境,拓展了教室的空间,把教室同学校、社区联接起来,贯通了课堂内外、学校内外、社区内外,甚至教育体制内外的世界及其教育资源。

(三)学习环境设计的本质特征不是育分,而是育人。因此,其步骤不是线性的,而是非线性的。

1. 关键词:重建教学关系。基于认知科学的见解,理想的学习环境设计至少应当聚焦于如下七个关键词——①学习动机、②自控学习、③个别差异、④思维过程、⑤合作活动、⑥多重体验、⑦自我表现。[7]学习环境的设计意味着一种新的学习文化的重塑——以学习者的学习为核心,谋求教学关系的重建。归根结底,旨在变革传统的教学方式,培育促进社会协商、促进知识建构的学习共同体。"学习共同体是改革公立学校的一把金钥匙。"

2. 方法论:设计科学的特征。学习环境设计属于"设计科学"的范畴,设计科学的代表是信息科学与航空力学。教师的教育实践非常类似于设计的反复修正——教师把自己的实践设计编成教案,据此展开教学实践,然后根据儿童的反馈展开检讨,修正教案,谓之"设计实验研究"。作为设计科学的实验研究具有如下特征[8]:第一,不是设计实验室情境,而是设计浑沌情境中的学习。学习研究原本就是旨在提高现实场景中的学习质量。因此,学习研究也必须从定型化研究转向情境化研究。第二,不是聚焦于单独的因变量,而是根据需要同时处置多个的因变量。因为,学习效果仅靠少数特定的因变量的测定是难以充分把握的,同时需要探讨具体的课堂情境基于不同的因变量之下,设计要素之间具有怎样的关联性。第三,不是验证假设,而是编制设计的环境轮廓。设计实验研究的目的是形成性评价。第四,与其恪守预设的步骤,不如根据情境临机应变地做出修正。第五,不同于以往心理学实验研究中把人的学习视为调动个人内在资源的一种认知过程,而是着力于处置智力资源丰富的社会情境中的学习。教师应当致力于以种种不同的方式直面学习者自身,尽可能地提供学习支援。

3. 评价模式:多重视点的评价。兼容多重视点的学习环境设计,需要多重视点的评价——综合性的评价。这一模式至少必须覆盖如下层面的分析:认知层面的分析、人际(主体间)层面的分析、课堂层面的分析、资源层面的分析、学校层面的分析。这里面,牵涉到多样因变量的分析和自变量的分析。(1)氛围变量。评价学习的姿态、尊重对方的价值观、不畏惧失败的挑战的勇气等构成有意义学习的环境条件是否齐备。(2)学习变量。评价学习展开之际,是否适切地获得并利用了必要的能力,诸如知识、技能、元认知方略等。(3)系统变量。评价设计的学习课程能否维持,或是为了推广到其他课堂,会有怎样的问题。

牵涉学习成败的自变量。(1)情境——学校的地域性、社区共同体的特色。(2)学习者的特征——年龄、经济地位、出席率、成绩等变量。(3)实施设计所需的资源与支持——包括教师小组与技术支援在内,必须考虑需要有多大程度的资源。(4)专业发展——教师需要有怎样程度的准备;怎样的教学计划才能有效地发挥作用。(5)经费资源——这也是左右设计成败的要素。(6)实施路径——设计的导入与发展需要有一个路径图,明确在怎样的阶段里应当有怎样的支援。

4. 学习环境设计的前提条件。从学校课程的角度说,课程分为三个层次——文本课程、实施课程、习得课程,学习环境设计属于"实施课程"的范畴。学习环境设计的一个根本依据是课程标准。不过,我国课程标准的三个要素——成就标准、内容标准、机会标准,尚待精致化;对于课程标准中三种课程的错误理解——把国家课程、地方课程、校本课程叠加的而不是融合为一的解读,尚待厘清。重叠交叉的课程结构与剥夺了课程创生权的教师,只能导致加重教师负担,误导实践创新。因此,在探讨学习环境设计之前,需要对课程结构本身做一番清理。为此,我们需要借鉴国际课程研究的共识:其一,课程结构的合理化。必须有必修课程与选修课程、学科课程与活动课程,以及选修课程中的补救、拓展与深化的分支的合理布局。其二,学科设置的简约化。21 世纪的教育不是以量取胜,而是以质取胜的。并不是选修学科越多,校长的课程领导力就越强。这个问题,当然不是单纯地期待课堂前线的教师能够解决的问题,但这并不意味着教师可以无所作为。

三、学习环境设计的行动课题

(一) 从教师中心的立场转变为儿童发展中心的立场

一步实际的行动胜于一打纲领,每一位教师都可以从自己做起。对于每一位教师而言,学习环境设计的根本挑战是摆脱应试教育的束缚。在应试教育的课堂中,决定真理性的权限在于教师和教科书。其结果是,学生以为大凡任何事物总会有一个标准答案,一味关注于推想教师和教科书所设定的正确答案。而不能跟上教师预设轨道的学生,在教学中难以表达自己的心声,只能等待教师给出的答案。学习环境设计就是旨在打破教师与教科书中心的状态,创造师生一道共同面对教材(客观世界),建构共同追求真理的关系,寻求学习深度的新的课堂文化。

学习环境的设计意味着一系列颠覆应试教育观念与体制的行动课题。这里所谓的"颠覆"是指,针对应试教育的弊端,展开拨乱反正、祛邪扶正、去伪存真的行动课题——颠覆知识掌握的价值,颠覆学科教育的目标序列,颠覆教师研修的模式,最终,使得中小学的课堂从"教堂"(教的课堂)转型为"学堂"(学的课堂)。

第一,颠覆知识掌握的价值。儿童掌握知识不是为了"知识垄断",而是为了"知识分享"。不要忘记,任何知识点的教学背后都存在伦理道德的价值。根据学习科学的研究,现代社会的知识方程式发生了根本性的变化。信息社会之前的知识方程式是"知识即力量,所以要控制、要储存"。信息社会之后的知识方程式是"知识即能力,所以要分享、要建构"。是知识垄断还是知识分享,这是关系到每一位学生的人格成长的问题。

第二,颠覆学科教学的目标序列。历来的学科教学目标均以知识点为中心。关注知识点的解读、解题与应用。新的学科教学目标颠倒了传统的逻辑,形成了四个层次的目标系列——兴趣、动机、态度;思考力、判断力、表达力;观察技能与实验技能;知识与理解。这是关系到每一位学生的学力形成的问题。

第三,颠覆教师研修的模式。教师的专业成长是自主的、自律的,不是被动的、强加的。根据国际教师学的研究,教师的研修应当遵循三大定律——越是扎根于教师的自身需求越是有效,越是扎根于教师的鲜活经验越是有效,越是扎根于教师的实践反思越是有效。每一位教师的成长同教师团队的成长息息相关。

(二) 区分两种课堂设计思路,创造"学的课堂"的前提条件

传统的课堂教学设计是"计划—达成—评价"三个阶段的线性过程的设计,重视的是"计划",以及对照"教学目标"进行的"评价"。这是一种线性过程的设计。学习环境设计则是非线性过程的设计——重视课堂教学过程及其经验本身——借助反思课堂事件的意义,得以创造更有意义的经验的过程。在这里,课堂学习的"设计—实施—反思"不是阶段性的过程,而是周而复始、循环往复的过程。[9]

设计——在学习设计中首当其冲的是"主题"。让儿童追求什么样核心价值、思考方式与基础知识,成为决定儿童学习质量的关键。在学习设计中仅次于"主题"的是"过程"的组织。无论怎样的主题,倘若不在丰富的探究与表达的"过程"中组织,那么,学习的经验是贫弱的。把儿童的学习经验作为一种认知性经验、社会性经验、伦理性经验加以丰富地实现的"过程",就是"设计"。其实,在学习设计中可以区分出三个层次——组织层次、活动层次、工具层次。如何将三者

相互有机整合起来，并在课堂学习的三个阶段加以现实化，就是设计的具体课题。

实施——促进对话中心教学的形成。从儿童的角度看，课堂学习就是在同教材对话、同教师对话、同伙伴对话、同自身对话的过程之中，来理解、习得学科内容的过程。在这些复杂的对话关系之中，只要某个环节出现了障碍，那么，无论是参与教学过程还是同学之间分享各自的思考与表达，都会产生断裂。就是说，整个课堂教学通过种种显性因素与隐性因素的制约，在促进着或阻碍着儿童的学习与成长。因此，教师在教学的各个环节中必然直面诸多教学创造的思想与课题。"反思"贯穿于教学的全过程。教学前的"反思"是在洞察教材、学习环境的发展性和儿童学习的可能性基础上的教学活动"设计"中进行的。教学中的"反思"是针对深刻变化的课堂情境，在即兴的活动中展开的。而教学后的"反思"是作为教材、儿童活动和教师自身活动的评价来进行的。

反思——"反思"通过两种对话而形成。其一是"同情境的对话"，其二是"同自己的对话"。这两种对话是构成"实践"的基本要件。"反思"的能力构成了作为专家的教师的核心能力。出色的教师在"同情境的对话"、"同自己的对话"中都会发挥优异的能力。另外，"反思"也是把情境提出的课题当作自身的责任来对待的一种活动。积极"反思"的教师，不会把课堂学习的失败归咎于教材，而是求诸自己的"实践"及其"设计"，寻求自身教学的改进。

这就是说，这里面存在着两种课程的教学设计路线的分野：前者是信奉教师的"教的课程"的教学路线，后者则是凸显儿童的"学的课程"的教学路线。教师为了创设更好的学习环境，必须重新认识学习与知识的复杂性，从客观主义的哲学基点转向建构主义的哲学基点；从"教的课程"的教学路线转向"学的课程"的教学路线。

美国教育心理学家李·舒尔曼在他的《实践智慧》一书中说："课堂教学是迄今人类文明的最复杂、最具挑战性、最精妙和令人胆怯的活动。"[10]"学习环境设计"研究有助于每一位教师累积起抵御应试教育污泥浊水的免疫力与正能量——这就是"学习环境设计"的魅力所在。

参考文献

［1］丁念金.人性的力量：中西教育文化变迁［M］.福州：福建教育出版社,2011：140.

［2］V. Allee.知识的进化［M］.刘民慧,等,译.琼海：琼海出版社,1998：87.

［3］［4］［7］高垣マユミ.授业设计的前沿：融通理论与实践智慧的协同研究（新版）［M］.京都：北大路书房,2010：22,22,26—34.

［5］加藤幸次,等.学习环境的创造［M］.东京：教育开发研究所,1997：12—13.

［6］波多野谊余夫.学习科学［M］.东京：放送大学教育振兴会,2004：136—142.

［8］大岛纯,等.授业过程论［M］.东京：放送大学教育振兴会,2006：206—209,203—206.

［9］佐藤学.教育方法［M］.东京：左右社,2010：117.

［10］王建峰.师生互动理论及其现实有效性问题研究［J］.河南社会科学,2012：6(77).

第14章
有效教学研究的价值

　　教育改革的核心环节是课程改革,课程改革的核心环节是课堂教学改革,课堂教学改革的核心环节是教师的专业发展——这就是新课程改革贯穿的学校改革逻辑。针对应试教育课堂的低效、负效而提出"有效教学"研究的论题,可以说,集中体现了这个教育改革的逻辑。

一、如何看待有效教学研究的价值

　　迄今为止在我国中小学占主流地位的仍是传统教学观。传统教学观有一种根深蒂固的认识,即所谓的"课堂教学"无非就是传递书本知识,教师的教等同于学生的学,教学的成败取决于教师的教学方法和学生的个人能力。[1]师范院校中的"老三门"——教育学、心理学和教学法,脱离了真实的课堂教学情境,同时也脱离了国际学术前沿研究,可谓"梁上君子","上不着天,下不着地"。正是因为这种状态,直接导致教学法研究在很多师范院校是没有地位的,因为它脱离了真实的教学情境。而这种孤立地进行教学法研究的状态,误导了课堂教学研究,从而进一步加剧了陈腐的凯洛夫教学观在当前课堂教学中仍有市场的荒谬局面。

　　现代教学论明确主张,任何教学现象都不是孤立发生的。我们可以把教学的性质看成一种涉及三个维度的对话性实践。教学过程从理论上来说一定囊括了这三个维度的实践活动:1. 学生探究和理解教材的涵义,形成新的知识点和新的认识，这是一种认知性的实践活动。2. 学生在与同学和教师的对话互动中，体验多元见解的碰撞，这是一种通过沟通方式来感受社会交际的社会性实践活动。3. 学生的自我修养，这是一种反思性、道德性和伦理性的实践活动。[2]这三种实践永远交织在一起，无法分离。但问题是，当我们研究教学方法的时候，往往只关注第一种实践活动，而忽略了后两种实践活动。

上述两种教学观，反映了"知识传递型"与"知识建构型"这两种教学认识论的分野。"知识建构型"教学认识论以崭新的知识观和学习观为理论基础，其特点可以归纳为三个方面。1. 人类的知识涉及"明示知识"及"默会知识"两个维度，人类知识的进步正是这两个知识维度互动的产物。2. 真正的学习一定涉及人类知识的"默会知识"维度，而"默会知识"总是同具体的、特定的情境联系在一起，与学习者所处的社会生活实践息息相关的。3. 所谓的"知识"，并不是靠教师传递的，而是学习者自主建构的。也就是说，学习是一种能动的活动，绝不是教师片面灌输的被动的活动。单纯依靠教师提问进行的被动活动，只能是学生表面性的活动，无法让学生形成深度理解和深度学习。

当今风行国际的"情境认知学习理论"实际上就是这种学习观和知识观的典型代表。国际教育界基于这种新的教学认识论的教学研究，分为两股潮流。[3]其一是对"社会互动过程"的分析，其二是对"个人认知过程"的分析。这两股潮流我们都比较陌生，称得上"课堂话语分析"、"社会互动分析"或"个人认知分析"的研究在我国几乎很少见到。所以，如果我们要真正使得教学研究成为现实的话，首先要着眼于研究方法的改造。今天我们提出"有效教学"研究的实际价值就在于此，它能推动我们拓展对教学活动三位一体的多元视界的分析，并能推动教学研究方法的转型。

作为有效教学研究最终公认的衡量标准就是"学生成长"，而这种成长不可能单纯地用学业成绩作为唯一的评价标准。所以，如何衡量、评价和把握学生成长是一个相当复杂的问题和一项巨大挑战。日本学者佐藤学曾提出，要将教师"教"的课堂转型为学生"学"的课堂，从学生被动地学转为学生主动地学。总的说来，今天我们倡导"有效教学"研究的基本价值，可以概括为两点：第一，能促使我们对于教学活动有一个多元的分析和三位一体的理解；第二，能促使我们改造研究方法,实现教学研究方法的转型。

二、如何解读有效教学研究的假设

在我看来,有效教学研究起码隐含着如下三种基本假设:第一,"传递中心教学"是低效、无效,甚至是负效的。第二,"对话中心教学"是基于支撑对话活动的学习环境的创造。第三,教学的转型是以教师角色的转变为前提的。有效教学研究之所以称得上是"有效教学"的研究,从理论和实践的结合上回答这些问题是回避不了的。

(一)"传递中心教学"是低效、无效甚至是负效的

有效教学的研究应当致力于揭示"传递中心教学"的特征、本质及其危害性。如何去考察课堂教学?什么是有效的教学?——这些都是回避不了的问题。事实上,在课堂教学的现实中,迄今为止存在三种认识论主张。一是通过传递知识的重视记忆的主张。这种主张的问题在于,它把教育简单化地归结为一种"教化"或是"训练"。二是重视思考力培养的主张。这种主张着眼于思考活动的活跃化,特别是问题解决式的创造性思考能力的培养。但其问题在于,过度强调"思考"而轻视"记忆"。三是以"相互赋予意义"为基础而形成认识的意义交流的主张。课堂教学就是师生共同生成意义、交流意义的场所。[4] 我们要善于区分这三种认识论。我们所期待的"有效教学"并不是指单纯的"知识传递"的"有效"或"高效"。"传递中心教学"有哪些弊端?事实上今天有很多老师并没有感受到这些弊端,还认为是不错的教学方法而舍不得放手。这种教学方法对学生发展的效果究竟如何?"传递中心"的弊端是如何形成的?有效教学的研究需要回答这些无法回避的问题。

(二)"对话中心教学"是基于支撑对话活动的学习环境的创造

将"传递中心教学"转型为"对话中心教学"的条件是什么?我国教育界,特别是学科教学法研究领域,对这个问题的研究相当落后。20 世纪 80 年代以来,国际

教育界特别是学科教育研究,积累了大量丰富的经验。我当时在日本几乎经历了整个过程,每个周末都和中小学老师自费组织进行大量扎实的"课例研究"和课堂教学研究。国内虽然也一直在开展"教研活动",但相对而言却缺少这种研究的系统积累。如果我们关注国际学习理论发展趋势的话,可以发现,欧美国家目前发展非常迅猛的学习科学的研究领域,是在认知心理学和脑科学基础上发展起来的专门研究人或儿童的学习过程的、综合性的跨学科研究领域——教育神经科学。但我们目前对教育神经科学和学习科学之类的新兴研究几乎一无所知。我国的心理学教科书谈论的仍然是"巴甫洛夫的狗"、"斯金纳的小白鼠"等动物实验,对人的习性和学习心理的研究缺少研究积累,而这些问题的研究在美国、欧洲和日本已有相当的研究基础。假如我们需要运用这些科学的原理,那么一线的教师就应当遵循这种关于教学环境设计的教学论原则,而这种教学环境一定是一种"对话"的环境。在这种环境中,学习者中心的视点、知识中心的视点、评价中心视点以及共同体中心的视点将交织在一起,形成一个有助于学生学习的"对话场"。

那么,"对话"机制本身如何形成? 我们对这一问题的研究积累也几乎一无所知。教学中的对话是旨在实现教学目的而展开的。既不同于无轨电车式的胡扯,也不同于学术讨论。它是以教师的指导为特征,基于教学过程的阶段而设计和展开的活动,具有引导学生发展的功能。我们现在进行的有效教学研究,严格说来,还谈不上是对"对话"机制的研究,但我们要保护这种研究热情。现在很多所谓的"对话"实际上是"假对话",学生只能"想教师所想,说教师所说"。在这种场合,教师的提问要求学生的回答完全与教师的说法一致,只要稍加变动一下提问的语词都可以做出解答。这种对话绝非真正意义上的教学对话,只是一种无效的复述过程,是典型的存在于中世纪的宗教教学、盛行于 18—19 世纪西方的问答教学法。实际上,"问—答—问"的对话或"满堂问"的"假问现象",其实质与我们批判的"满堂灌"是一回事。所以,有效教学必须回答这一问题,有效教学研究必须致力于对话环境的创造,以及对话环境中对话机制的发现和形成。当然,这种对话机制的研究不是一天两天可以完成的,需要长时间的实践积累。

（三）教学的转型是以教师角色的转变为前提的

如何判断教师的角色转变？这又是一个无法回避的问题。有哪些指标可以作为判断教师角色转变的依据？是超越了学科本身，从整个课程架构的高度来审视和设计课堂教学？还是教师不再作为课堂统治者，而是作为课堂引领者的面貌出现？如果达不到某些硬性的指标，教师角色转型是不可能实现的。美国著名教育家西尔伯曼（C. E. Silberman）在1970年曾出版过一本叫《课堂的危机》的著作，书中提出这样一个判断：课堂要做到真正转型，必须体现两个要素。[5] 第一，课堂气氛是否转变；第二，学习方式是否转变。所谓"班级氛围的变革"是指，走向人性化的理解和相互信赖的班级氛围；所谓"学习方式的变革"是指，教师并不是全部知识的源泉，教师不能包办代替，而是采取使学生的学习变得容易，照顾学生个别差异的形式。教师角色的转变是必需的，是课堂转型过程中的一个"抓手"，我们必须一步一个脚印地摸索前行。

三、如何推动有效教学研究的进展

（一）决战课堂

一线教师的研究课题不能漫无边际，要有所规范；也不能一年一变，要持之以恒。日常的课堂教学实践和教学研究的结合是一体化的、有价值的研究主题，而且这恰恰也是一线教师的优势。所以，"有效教学"研究实际上是在召唤一线教师"决战课堂"。离开了课堂，研究就变得毫无意义和价值。当然，这就牵涉到教师的精神境界和精神状态问题。教师不读书是不正常的现象。教师要多学习，多读书，要博览群书，了解各种学习理论，正所谓有比较才有鉴别，有鉴别才有理解。比如，大而言之，整个学习理论的发展经历了行为主义、认知主义、社会认知主义、社会建构主义的历程，每一个里程碑都各有意义。我们今天说要重视社会建构主义，不等于全盘抛弃行为主义的视点，像四则运算、数列等知识点还是需要训练的。但问题是，行为主义无法回答高级思维能力的开发问题，因此必然会上升到社会认知主义和社会建构主义的阶段。

（二）行动研究

教师一定要进行反思性的实践，而且这种实践一定是返朴归真的，不是为了见报和吹牛，而是真真切切的、扎扎实实的"行动研究"。教育部将要出台的有关教师教育专业标准和课程标准的文件将会强调两个维度，一是从"个人维度"来衡量教师的专业发展，比如，语文教师在语文学科领域内是否有扎实的专业修养和造诣；二是从"集体维度"来衡量教师的专业发展，比如，是不是形成了善于合作的教师团队。实际上，任何学生的成长和发展都不是教师一个人的功劳，而是整个学校的功劳，是整个社会文化滋育的结果。换言之，承担起学生的学习与发展的，从根本上来说，不是每一位教师，而是整个教师团队；不是每一间教室，而是整个学校；不是每一所学校，而是整个社会文化。围绕有效教学的行动研究，不仅仅有助于学生更好地成长，实际上也有助于每一个老师更好地发展。这两点绝不是对立的，它充分体现了我国古代教育家的智慧——"教学相长"。

总之，课堂改革是一种文化性的实践，不要奢望"一夜春风满城花"。我们面对的，将是一场漫长的持久战。

参考文献

［1］［3］高垣マユミ. 授业设计的前沿：融通理论与实践智慧的协同研究［M］. 京都：北大路书房，2005：1—2,5—15.
［2］佐藤学. 课程与教师［M］. 钟启泉，译. 北京：教育科学出版社，2003：153—154.
［4］钟启泉. 对话教育：国际视野与本土行动［M］. 上海：华东师范大学出版社，2006：121—122.
［5］C. E. Silberman. 课堂的危机［M］. 东京：サイマル出版社，1973：3.

第 4 编

课堂研究与教师成长

教师的课堂研究是教师成长的根本路径。"学习共同体"的课堂研究，旨在实现优质的教学与建构教师之间的合作。在这里，教师的学习与儿童的学习同样受到重视。一线教师通过周而复始的"学习设计"、"授业实践"和"教学反思"的活动，得以向儿童学习，向同僚学习，向自身的实践学习，促进每一位教师作为"反思性实践者"的成长。

第15章

教师，在授业分析中成长

日本的"授业研究"（Jugyo Kenkyu, lesson study）成为一种"世界性现象"，大约是在十多年前，其起始点是詹姆斯·施蒂格勒（J. W. Stigler）的著作《授业的鸿沟》（1999年）。该书比较了德国、日本和美国的课堂授业，介绍日本"授业研究"（授业分析）的样式，阐述日本教师如何进行校本研修的过程，指出一线教师集体参与课程设计的重要性。于是作为世界独树一帜的样本——"授业研究"，开始受到世界各国的瞩目。本章阐述"授业分析"的内涵、"儿童中心的授业分析"的特质与价值，以及基于"授业分析"的教师成长的课题。

一、授业分析：日本授业研究的重心

（一）授业研究的起源及其发展

日本授业研究的历史起源，可以追溯到1872年公布《学制》（明治5年）、创办小学的时期。[1]1872年日本第一所教师养成机构——东京师范学校，于1873年开启了作为现代教育实习的点评。尔后日本开始推广裴斯泰洛齐的教授法，普及授业研究。尔后又推广赫尔巴特主义教授法，教学阶段得以定型化，同时谓之"授业点评"的授业研究普及于全国所有学校。战后，基于儿童中心主义的"核心课程运动"而重视儿童经验的教育实践在各地展开。进入20世纪50年代，展开了对"问题解决学习"的批判与寻求"教育科学化"的教育实践，1954年开始了基于"授业分析"的授业研究。1962 年,作为 5 所大学——广岛大学、神户大学、名古屋大学、东京大学、北海道大学——的合作研究机构,"全国授业研究协议会"成立。20 世纪 70 年代基于行为主义的授业研究的科学化倾向强烈,教育工学的研究开发了分析、解析大量记录数据的方法与程序。1980—1990 年代,教育技术的法则化运动、授业的现象学研究、教师决策过程的研究,以及建构主义的研究取向——基于集体讨论的反思性授业研究方法论、旨在形成教师实践力量的研究——相继出现。1990 年代在授业研究中引进人种志研究法、质性研究法、参与观察研究法、认知科学、社会建构主义、批判理论、活动理论。如今,研究重点已从儿童信息处理过程的研究转向意义生成的研究,开发了基于行动研究的数据搜集与评价的方法论、案例与授业片段的研究等多样的研究方法。

　　日本的"授业研究"是旨在改进授业、形成实践能力、构筑学校文化而合作展开授业的"计划、实施、过程、评议、评价及改进"这一连串基于教师的实践研究及其基础研究。"授业分析"作为各式各样授业研究的一种,有它自身的特质及其独特的地位。

　　在战后的新教育思潮下,日本教育界从学科教育切入展开了 6 种类型的"授业分析"——教材开发研究、儿童中心研究、集体创造研究、目标达成研究、聚焦方法研究、生活基础研究。[2] 如,名古屋大学的授业分析,从探讨儿童的思维体制这一点上说,是儿童中心的研究;从探讨其背后的生活纪实这一点上说,是同生活基础研究密不可分的。

(二) 授业分析的精神及其分析视点

　　1. 授业分析的精神。名古屋大学的教育方法学研究室以重松鹰泰与上田薰为中心开创了"儿童中心的授业分析"。这种授业分析着眼于儿童的"思维体制"的研究。这里所谓的"思维体制"是指,"判断背后起作用的要素(情感、意志,以及各种知识、既有经验)的总体"[3]。探讨"思维体制"的走势,从中揭示把握事实的方法,从而探讨事实背后的法则与理论,这就是临床的授业研究的最大武器。

　　2. 授业分析的视点。授业分析的视点是分析者衡量授业的尺度,是旨在研究事实并加以理论化的据点。名古屋大学研究组归纳了如下的分析视点群[4]:

第 1 视点群:结构性把握——把握授业的整体结构的视点。包括,视点 1:分节间的结构;视点 2:授业要素的关系结构;视点 3:学习集体的结构;视点 4:共同体的学习结构。

第 2 视点群:关系性把握——从现象性的外在表征去分析授业的视点。包括,视点 1:教师意图与儿童探究的落差;视点 2:儿童相互之间思考的差异;视点 3:某个儿童思考的变化;视点 4:参与授业的形态。

第 3 视点群:价值性把握——判断授业优劣与否的视点。包括,视点 1:目标的未来性;视点 2:目标的灵活性;视点 3:儿童的探究力或学习行为的评价与控制;视点 4:协同学习(集体思维);视点 5:生活经验。

第 4 视点群:矛盾性把握——在实践中考察"驱动授业的要素是什么"的视点。包括,视点 1:儿童的困惑与思维的展开;视点 2:班级的氛围;视点 3:授业的节律;视点 4:班级的政治学。

第 5 视点群:文化性把握——考察"形成授业之基础、撬动班级空间的要素是什么"的视点。包括,视点 1:话语的生成;视点 2:课堂文化(纪律、规则的形成);视点 3:儿童的具身性。

授业分析的视点决定之后,就可以引申出"授业分析"的框架(范畴),诸如课堂提问的分析、思维过程的分析、集体过程的分析、学习纪律的分析等。

(三) 授业分析的课题

所谓"授业分析"是指立足于教学的事实,"以儿童与教师的发言记录为基础,根据授业中的身体的活动和儿童的笔记、作文、作品等在内的授业记录,来探讨有关授业问题"[5]的一种研究活动。授业分析并不依赖于教育理论本身的权威,而是把重点落在基于授业的事实。但这并不是意味着把实践悬置于理论之外或是否定理论,恰恰表明其旨在重视理论与实践的接近、矫正两者之间的关系。就是说,从实践中探讨班级集体或每一个儿童的发展面貌,据以探寻判断授业适当与否的标准——在这样的方向上,求得理论与实践的结合。

"授业分析"的课题着眼于授业的实践侧面与理论侧面,提出了如下三点:
(1)授业分析的实践性课题——实现精彩的授业。(2)授业分析的固有课题——

通过今日的授业,具体地构筑明日的儿童的可能性。(3)授业分析的理论课题——阐明表征儿童可能性的叙述方式。[6]第一个课题作为基本的实践课题是授业研究所要求的课题。而第二个课题是通过具体地把握当下儿童的明日的可能性而进行的研究,在这里有着其固有的存在意义。不过,要把握、构筑儿童的可能性,就得有把握这种可能性的视点与表述的话语,因此,第三个课题就是,探讨表征儿童可能性的叙述方式这样一个理论侧面极强的课题。第一、第二课题必然要求第三个课题。这样,授业分析不仅要回答实践侧面的课题——实现精彩的授业与寻求儿童的可能性,而且要探讨理论性课题——怎样来把握并表征儿童的可能性。可以说,这些课题并不是彼此孤立地存在的,而是相辅相成的,要求通过研究来促进其相互发展。

二、儿童中心授业分析的特质

(一) 探寻儿童的思维体制:授业分析的重心

1. 把握儿童思维体制的重要性。重松鹰泰指出,在教育评价与教育目标具体化之际,发现了处置一个难题——"把握儿童思维的态势"——的必要性。"如果说,教育归根结底是一种影响儿童的思维活动、使之确立起思维方向的作用,那么,有效的方法就是把儿童的思维态势还原为儿童的理解方式、面对事物的方式,获得某种事实,加以考察。"[7]"授业分析"既然是基于授业事实的研究,那么,就得把这种事实还原为儿童的思维体制来加以把握。就是说,所谓"授业分析"是基于事实的教育研究,亦即把"教育的科学化"的课题当作寻求儿童的思维体制的课题来抓,分析详细的授业记录。在授业分析中,探寻儿童的思维体制的课题之所以如此重要,就是同授业分析立足于授业的事实这一特质相关的。在授业分析中,细致地而不是粗枝大叶地把握师生之间、生生之间发生的事实是必要的。教师讲解的内容未必是原原本本地得以传递的。同班的同学,如何接纳所讲解的内容、如何展开思考,也不是一样的。因此,当我们从儿童的思维是如何展开、如何发展来把握授业目的的时候,为了探讨授业是如何去实现其目的的,就得细致地把握这样的事实——在实际的授业场中,儿童们(每一个儿童)的思维是怎样变化的。

2. 把握儿童思维体制的着眼点。基于授业分析的研究是从怎样的侧面来把握儿童的思维体制的呢? 八田提示了由 3 个视点群组成的授业分析视点。第 1 视点群(关系性把握)——观察授业的哪些方面的视点,比如教师的意图与儿童的思路之间的歧异、儿童思维的差异、儿童之间思维的变化之类的视点。第 2 视点群(价值性把握)——授业优劣与否之判断的价值性视点,包括目标的未来性、目标的灵活性、儿童的探究力及其评价、集体思维、生活经验之类的视点。第 3 视点群(矛盾性把握)——探讨授业的运作的结构性视点,比如,目标的结果与授业的展开过程、授业中的困惑与儿童思维的发展、班级的氛围与授业的节奏之类的视点。日比进一步把授业分析的视点凝练为两类。第一,基本视点:(1)"歧异"——教师意图与儿童思路之间的歧异;(2)"变化"——授业的转折点、阶段性变化的指标;(3)"关联"——儿童之间思维的关联。第二,综合视点:(1)氛围;(2)节奏;(3)间歇。[8]研究者的课题不同,分析的视点及其着力点也不同,不过,可以看出,都是从"关系"(关系性把握)与"变化"(动态性把握)的角度,来把握授业的展开或是儿童的思维的。

就"关系性把握"而言,是从教师意图与儿童的思路之间的歧异、儿童之间思维的关联与差异的视点来进行考察的,着眼于儿童与教师、儿童与儿童之间的相互关系来把握儿童的思维。在授业过程中,教师的授课计划并不是原原本本地实现的,接受同样一节课的每一个儿童的理解方式也不是一样的。歧异、困惑、思路的冲突与链接等等,教师与儿童之间的关系可以被作为一个结节点来加以把握。我们必须细致地探讨:同教师的意图产生了怎样的歧异,或是该儿童的思维同别的儿童的思维是怎样链接或是冲突的。就"动态性把握"而言,是从儿童思考的变化、转折点与阶段性变化的指标来把握授业变化的。不仅重视作为学习之结果的认识,而且重视儿童的思维变化发展过程。八田提示的目标的未来性与灵活性的视点也表明,授业目标本身在儿童的探究过程中是灵活地变通的。再有,氛围、节奏、间歇之类的视点,也是动态地把握授业的统一的视点。

这样,"授业分析"是着眼于歧异、困惑、思路的差异与链接及其变化,从相互关联(关系性把握、空间性把握)及其动态变化(动态性把握、时间性把握)的角度立体地把握儿童的思维的。另外,授业分析中的"价值性把握"视点群(第 2 视点群)的立场就在于,重视儿童在同自身的生活经验结合、相互交换见解、共同探讨之中,儿童作为主体性探究,动态地展开学习的价值。设定"分析视点"之所以重要,是由于意识到视点,可以推动分析者自身的反思,同时也有助于理解他者的分析结果。就是说,分析视点的觉悟可以提升授业分析的成果与分享的可能性。当然,在这里重要的是,"视点"是假设性设定的,需要通过授业分析来求得矫正。

3. 儿童思维研究的积淀。授业分析基本上是以儿童思维的探讨作为课题,以名古屋大学教育方法学研究室为中心展开的。探讨儿童思维体制的研究有三个方向。一是儿童个性思维的探讨,二是学年发展的探讨,三是儿童思维体制的探讨。[9]所谓"个性思维的探讨",是指以日记、作文之类作为辅助资料,根据授业记录,来把握每一个儿童的思维活动。不过,每一个儿童的思维并不是孤立地产生的,在具体的发言与行为的背后,有支撑它们的基础。这个背景,是从学年的发展、儿童的思维体制之类的观点出发来展开研究的。可以说,基于"相对主义关系追究方式"的儿童思维体制研究,是形成授业研究的支架的研究。

汇通三个方向的要诀,就是把握儿童的"逻辑"——儿童的思维是怎样变化、发展的。在现实的授业过程中,涵盖了儿童的经验、推论、表象、直觉之类的诸多的授业要素,通过具体的授业情境与儿童思维过程的分析,包括参照布鲁纳(J. S. Bruner)的智慧发展图式说,抽取授业的要素及其相互关系,来把握授业的一连串的研究。

由上可见,"授业分析"的根本课题是探究儿童的思维体制,在着眼于每一个儿童的个性思维的同时,也研究支撑其基础的思维方式。思维体制与儿童的逻辑,以及作为思维的相互关系的结节点的歧异与差异、困惑,或是作为授业要素的推论、直觉等的概念,都是儿童中心的授业分析所着力的重要概念。

(二) 把握授业中的"歧异": 儿童思维体制分析的重心

1. 授业中的"歧异"及其状态。作为儿童思维体制分析的典型案例,就是关注授业中的儿童思维的"歧异"。上田薰在"歧异"中发现了作为一种发展契机的积极意义。上田把自身的经验主义立场称为"动态相对主义",即把课堂事件放在立场与条件等的关系之中来把握的"相对化"认识。比如,当我们从严格意义上来把握目标的实现之际,所预设的目标是不可能完完全全地实现的。不过,上田秉持"动态相对主义"的立场,亦即尽管认识到不可能完完全全地实现,却仍然一以贯之地追求。它不同于简单化的相对主义,上田称之为"暂构"。所谓"歧异"就是"暂构和对暂构的现实的逼近之中残留的分歧"。他说:"歧异是在瞄准目标的实践过程中必然产生的现象,同时也就是在致力于发现歧异、克服歧异,从而再发现歧异的过程之中,才会有真正的前进。"[10]试考察一下授业中的"歧异",其一是,教师与儿童之间,亦即教师预设的目标与计划同实际授业中儿童的反应与理解之间的歧异。其二是,儿童相互之间形成的歧异。其三是,个体的认识同其先前理解之间的歧异。这样,教师与儿童交互作用的"授业"这一场域,可以视为"歧异的动态性复合统一"[11]。

在上田看来,"歧异"是广泛而多样的,"差异"与"对立"并不就是"歧异"。"歧异"的概念有三个要点:其一,"歧异"所体现的相互主体性——"歧异"是同行为者的主体性息息相关的。歧异之所以具有作为"歧异"的意义,唯有在问题解决的体制,亦即主体性确立之际。正是由于彼此从自己的立场出发进行主体性探究,才会产生"歧异"。同教师的授业计划之间的"歧异",可以视为儿童主体性的表征。而且,"歧异"是借助主体性的相互碰撞而产生的,这样说来,在尊重儿童主体性的基础上,也得尊重教师的主体性。比如,倘若教师放任自流,一味听凭儿童凭兴趣和发言展开授业,就难以发现并激发儿童的歧异。其二,以"歧异"为中介的关联与深化——着眼于作为相互主体性碰撞的场域的"歧异"。不过,所谓"歧异"的深化是指两者之间产生冲突。正因为有冲突,两者才能以"歧异"为中介,引向深入。"歧异"不仅是以"歧异"为中介,区分相对的两者,同时也是两者深化的一种链接。在这一点上,同"平庸的分歧"是根本不同的。其三,发展中的"歧异"——"歧异"是动态地变化、发展的。从小差异终究酿成歧异、导致大差异的,是活生生的人的思维。[12]可以说,所谓"歧异",是在相互对立的过程中形成的。在克服这种"歧异"的探究过程中,走向新的"歧异"(从"歧异"发展"歧异")。

2."歧异"概念在课例分析中的运用:社会科"斐伊川和纸"的授业。"歧异"概念中所谓的冲突与链接,即所谓"歧异"的发展,在实际的授业场面是如何表现的呢? 杉本宪子以"斐伊川和纸"(以地方的和纸制造作为教材的社会科的授业)

的课例分析为例,做了具体的探讨。在该单元的授业过程中,以地方上现今仅存一间的井谷先生的"斐伊川和纸"作为教材,在生活方式的变化与机械造纸成为主流的时代,重新审视井谷先生自制和纸的生产工艺(制作的产品从窗户纸到信封、信纸之类的其他产品:把采用旧的生产工艺制作窗户纸,以及使用葡蟠、结香的果实来制作的和纸),说明其生产工艺何其艰难繁重。在单元的终结环节,提出"在周围的人都不想当制纸工的今日,为什么井谷先生还能够坚持呢?"的问题展开讨论。着眼于"歧异"的显性化与展开过程,杉本是从下列事项来分析这种授业情境的过程的[13]:其一,不同见解的列举。各抒己见,众说纷纭,相互关系与歧异尚未把握的阶段。其二,"歧异"的显性化,亦即儿童思维中的歧异——矛盾——的揭示。这是"歧异"显性化的阶段。儿童们相互检讨各自的见解,发现支撑这些互不相干的见解的认识上的"歧异",并把这些见解关联起来思考。其三是围绕"歧异"(矛盾)展开的探究。

通过上述种种"歧异"的相互关联及其探讨,学习得以深化。其一是学习对象的事实与儿童认识之间的"歧异"。这里讨论的焦点是,"制成的其他用纸比窗户纸好卖,所以继续制作和纸"的见解与学习对象所具有的事实之间的"歧异"。其二是,儿童各自的思考之间的"歧异"。通过着眼于第一个歧异,儿童之间的认识的歧异显性化了。其三是,教师与儿童之间的"歧异"。儿童的探讨聚焦在因执教者最初提出的课题而出现"歧异"的"两三年"上。不过,这种问题的探讨并不是同当初的学习课题无关的。着眼于这个"两三年",思考井谷先生的生活拮据和研究方式的过程,可以视为这样一种过程——在更具体的事态中重新理解地方的手工造纸受到机械造纸的巨大影响,在这种困境中井谷先生是如何千方百计地坚持和纸的制作的。就是说,通过这个"两三年"的追究,也可以说是逼近了当初课题的核心。这样,儿童的认识与学习对象之间的"歧异"、儿童彼此之间的"歧异"、儿童与教师之间的"歧异"这一多种歧异相互关联、发展的学习得以深化。

3. 课例分析揭示的课题。上面以上田薫的"歧异"概念为线索,着眼于具体授业场面的"歧异",分析了儿童的思维是怎样相互碰撞、获得发展的。这个案例表明,借助课例分析所揭示的课题是:第一,要求得儿童思维与认识的深化,"歧异"作为一种契机起着重要的作用,"歧异"是同行为者的主体性的确立不可分割的。

正是儿童的主体性与教师的主体性相互碰撞而产生"歧异"的场域,才使得授业拥有巨大的推动力量。第二,反映矛盾的"歧异"拥有两个特质——冲突与关联。"歧异"不仅有对立、冲突的一面,也有彼此相互关联的一面。看不到这两个特质,也难以认识"歧异"。在本课例中,"歧异"的显性化及其追究的过程也是作为儿童思考的相互关联和深化过程来考察的。第三,"歧异"的显性化及其追究的过程,是阶段性的发展过程。"歧异"并不是一开始就以鲜明的轮廓出现的,最初是列举各自的思考与思考的差异停留于漠然的问题意识的阶段。即彼此相互碰撞、冲突,探索其背后的问题意识。于是,作为"歧异"而显性化的过程具有了重要的意义。儿童之间或是师生之间,是怎样看待"歧异"的,是怎样显性化的,促进显性化的要素是什么,有哪些未能显性化的事例等等,探讨这个过程是今后的课题。

三、授业分析与教师成长

"授业研究"是以学校的基本活动——授业——为对象,旨在改善授业、锻造教师的实践能力的一种临床研究及其基础研究。简言之,是同授业实践的改进、参与教师的成长联系在一起的。"儿童中心的授业分析"是扎根日本本土传统的极具特色的一种授业研究。

(一)"授业分析"开拓了儿童中心授业研究的新疆域

"授业分析"提供了一线教师授业的"设计、实施、过程、评议、评价、改进"的有效手段。授业是一种复杂的文化实践。"授业的过程不是合理技术的应用,就教师而言,它是在复杂的语境中展开的实践性问题的解决过程,是要求高层次的思考、判断、选择的决策过程。"[14]这可以用授业的三角模型来加以说明:"教师、学习者、学习内容"这三者的关系唯有有了授业的实践,才可能结合起来。有了学习者与学习内容,"学习"才得以成立;而"授业"本身,自然意味着教师的参与。就是说,教师的"授业分析"必须记录并反思自身的实践。为凝练自身的实践,应进行如下的考察与反思:(1)教师同学习者构筑怎样的关系;(2)教师应当怎样理解学习内容;(3)旨在促进学习者与学习内容互动的影响方式。同学习者的互动,不仅是建构关系的手段,而且是准确把握学习者的理解的有效手段。

日本的教师拥有课堂观察与记录的漫长历史传统。授业分析的推广,使得中小学教师的授业方式与研究风格发生了变化。1899 年杜威《学校与社会》的出版,1900 年爱伦·凯(Ellen Key)《儿童世纪》的出版,燃起了走向"儿童中心教育"的烽火。在日本,东京师范学校附属小学训导樋口勘次郎学习美国学者帕克(F. W. Parker)的"中心统合法"的理论,在 1899 年出版《统合主义新教授法》,"基于儿童的自我活动,展开游戏性学习"的原则,倡导"合科授业"。[15]授业是以教材为直接对象、教师与儿童互动展开的活动,在授业研究中当然是缺一不可的。但不管怎样,授业研究的重点总是放在教材与教授法的研究上,而儿童研究一般多以学年或是发展阶段来把握,聚焦具体的每一个儿童的研究并不多见。

战后日本的儿童中心的教育政策,成为儿童中心授业分析得以兴盛的契机。1958 年成立的"社会科初衷会"主张:"主体地创造新的民主社会的人,唯有通过贴近儿童的问题解决中心的学习才能培育。"[16]20 世纪 60 年代,开始出现了授业研究的重心转移——把儿童视为授业研究的主要对象。在名古屋大学重松鹰泰、上田薫的倡导下,中小学授业中采用了"诊疗卡"、"座位表"、"指导构想"、"样本儿童"、"座位表指导案"等划时代的手法,绵密地记录师生的发言与行为,积累因材施教的授业。这是基于儿童的立场来解释授业的分析方法,奠定了儿童中心授业研究的基础。[17]

(二)"授业分析"准备了教师与研究者协同研究的新关系

教师的授业实践,不是单纯的理论与技术的应用领域,它也是实践性理论形成的领域。[18]施瓦布(J. J. Schwad)指出,在"实践话语"与"理论话语"之间存在相对差异,承认两者的相对独立性意味着,在授业研究中与其说是"理论的实践化",毋宁说是"实践的理论化"。授业研究原本就是"实践性研究",其主体是教师。授业分析的目的在于改进授业,其内容在于实践性问题的解决。授业分析就是以教师的实践性经验的创造与反思为基础的实践性研究。

当然,强调授业研究的核心是教师的实践性研究,不等于否定研究者参与授业研究的重要性。教师的授业研究需要庞大的周边领域的基础研究的支撑,以便为授业中产生的复杂问题的解决提供启示。"教育研究者所进行的教学理论研究,可以说是把教师用'实践话语'提出的问题翻译成适合自己专业领域之课题的'理论话语'来解决的,是形成'理论话语'与'实践话语'之网结之研究;是通过这种作业,支援教师的实践研究的研究。"[19] 所以,授业分析需要教师的实践性研究与研究者的理论研究的交流,展开综合的合作研究,构成教师与各领域专家合作的"实践性讨论"。这种讨论将有助于促进教师的实践性研究,成为提高教师的专业见识的基础。

在日本的学校现场,事实上形成了如下循环往复的授业研究链条[20]:

［授业座谈会］ ⟶ ［研究性授业］ ⟶ ［研究协议会］

自由参加　　　　　全员参加　　　　　全员参加

限定 30—45 分钟　　50 分钟上课　　　限定 45 分钟

日本的授业分析贯穿了如下三个原则,体现了"自发、系统、协同、多样、分享、平等、持续、反馈"的特征。

1. 问题性,即作为问题解决的授业研究。从日常的实践中提炼期待实现的愿望,作为研究课题,探讨解决问题的切入口。研究授业的问题时,意识的明确化是研究的第一步。在授业研究中,教师必须有就日常的教育实践中感到的问题加以解决的志向。从不懂的地方着手研究,包含了对未知现象的挑战。

2. 协同性。授业分析最受重视的是从授业的事实出发,既不是片面地从特定的理论来看待授业,也不是仅仅关注同理论整合的事实,而是原原本本地把握儿童学习的状态,作为基本的出发点。参与研究的人彼此尊重各自的立场,基于事实展开讨论,这对于有效的协同是不可或缺的。

3. 实证性,即临场研究。设定 3 名左右的样本儿童,在设计教案之际,将对每一个儿童的期待、实现其期待的方法,记载在教案上。上课时,根据所设定的期待与方法,进行样本儿童的详细观察,观察结果在授业分析中展开讨论。设定样本儿童的目的是彻底地根据现场进行研究。

(三)"授业分析"孕育了扎根"同僚性"的教师文化

反思精神。传统的课堂研究的习俗,或是把课堂视为"黑匣子",以定量的方法探讨教学过程诸要素之功能的因果关系；或是把课堂视为"玻璃盒"，基于课堂观察的质性研究求得教学过程的理论解读。这样的研究既不能打开"黑匣子"，也不能踏进"玻璃盒"，更不能打开"潘多拉盒"。"授业分析"的价值就在于，它为教师准备了打开授业研究"潘多拉盒"的钥匙。一线教师在"授业分析"中不是单纯地罗列事实，而是聚焦实践的改进；不仅执教者，而且所有参与的教师，通过同新的儿童的学习姿态的相遇，共同成长。为此，整个授业分析的研究渗透着"反思"的精神。这里的"反思"包括"回顾性反思"与"展望性反思"。前者是指"教师通过解读自身的体验，获得新鲜而深刻的动"，后者是指"尔后实践可能性的深层思考"。

同僚研讨。即扎根教师"同僚性"的授业研讨。日本授业研究的模式是召开"参与性授业研究会"。第一阶段——编制授业研究的年度计划与研究授业及执教者的总体计划。第二阶段——由学科或学年的教师集体编制单元计划与教案，编制针对样本儿童的教案。第三阶段——研究授业的事前准备。包括明晰研究授业的问题意识、构想单元教案、完成座位表等。第四阶段——决定研究授业的观察、记录的分工与说明（速记者 2 名、样本儿童观察者、全体观察者）。第五阶段——研究授业的观察与七个步骤构成的协议会。第六阶段——讨论成果的积累与使用资料的整理与保管。第七阶段——利用长假，每年实施基于逐句记录的授业研究 1—2 次。[21]

在这里，重要的是"同僚性"的确立。所谓"同僚性"是指，教师通过合作探讨，共同直面学校的愿景，分享学校中培育起来的作业见识、自我认同与合作学习的历练。在课堂这一复杂的背景中生成的教育经验，未必就是教育性的经验，而且还包含同教育价值无关的"非教育性经验"，也包含背离教育价值的"反教育性经验"。而且，教育性经验可以界定为从已知经验到未知经验的过程，不过，这种认知性经验是包含了社会的、政治的、伦理的经验形成的。教师通过"授业研讨会"等方式进行鲜活经验的交流与论评，一方面，有助于教师解剖自身及同僚的教育实践经验，区分"教育性经验"、"非教育性经验"、"反教育性经验"；另一方面，有助于自身及同僚对其认知的、社会的、政治的、伦理的特质做出具体的探讨与综合的论评。

热心于从事授业研究的学校不少,但长年坚持的不多。然而,教师的成长是需要漫长的岁月的。因此,为了每一位教师的成长,校内授业研讨的持续实施是一个前提。根据日本的经验,坚持校内授业研究的实践提案需要满足如下条件[22]:(1)培育引领学习共同体的骨干。(2)开发促进授业研究的资源。(3)教师与研究者的合作。(4)把授业分析作为授业研究的重心。(5)发现证据。(6)用自己的话来表述自身的实践。(7)彼此界定事实与分析者的授业分析的导入。(8)面向教育实践的教育实践研究伦理的探索。

归根结底,"儿童中心的授业分析"为我们展示了一幅崭新的图景——授业分析的主要对象首先是儿童;授业分析的主体是一线教师。这对于我国多年来受凯洛夫教育学影响,导致"目中无儿童"的"课堂研究"的现状而言,是一种富于魅力的挑战。

注

日本的"授业研究"(Lesson Study)是一个囊括性的概念,有广义和狭义之分。广义的"授业研究"是指围绕支撑课堂授业的种种条件的研究。一节课牵涉到学校、教师、儿童、课程、教材等各种各样的要因,这些构成了授业的条件,而这些要因又构成了一个个固有的研究领域。广义的授业研究当然涵盖了这些研究领域。诸如关于教材的研究,以认知过程为中心的研究,以创造过程为中心的研究,以集体过程为中心的研究等等同授业相关的一切思辨性、实证性的研究。狭义的"授业研究"是指以授业过程本身为研究对象——以课堂中借助师生互动而展开的授业本身为对象——的研究(参见:东洋,等.儿童与授业[M].东京:岩波书店,1987:234.)。本文的"授业分析"即为狭义的"授业研究"。

参考文献

[1][3][4][5][6][7][8][9][10][11][12][13][20] 的场正美,柴田好章.授业研究与授业的创造[M].广岛:溪水社,2013:281,10,15—16,59,60,61,62,62,64,66—67,67,67—68,68—69,85.
[2][15][16][17] 日本教育方法学会.日本的授业研究:授业研究的方法与形态(下卷)[M].东京:学文社,2009:33—105,50,51,52.

[14][18][19] 佐藤学. 课程与教师[M]. 钟启泉,译. 北京：教育科学出版社,2003：225,230,231.

[21][22] 秋田喜代美,C. Lewis. 授业的研究、教师的学习[M]. 东京：明石书店,2008：174—175,181—183.

第16章

走向学习共同体的创造

——寻求"研究—实践"的新型关系

教师教育的核心是基于"理论与实践的整合"的反思与判断的教育。因此,作为专家教师的教育是以实现理论与实践的统合的案例研究为中心来组织课程的。医生教育中的临床研究、律师教育中的判例研究,被视为教师教育案例研究的典型。教师教育中倘若要开发拥有专家教育内涵的课程,教育案例研究的理论与实践的统合必须置于课程的核心。那么,怎样才能做到呢? 本章就来讨论这个问题。

一、从研究(理论)与实践的整合谈起

不仅教师教育,大凡专家教育中的理论与实践,一般拥有三种关系。第一种理论与实践的关系是"理论实践化"的立场。根据这种立场,实践是理论的应用领域。近代主义的专家概念中有关实践是"科学技术的合理运用"的见解,体现了这种立场。"理论实践化"随着实证主义科学的发展而渗透于专家的研究与实践之中,在学校教育与教师的领域中,在基于行为科学的教育研究与教育实践中均有明显的表现。这种传统从1910年代一直持续到1970年代,其特征在于"可预测性"与"可再现性"。在这种立场中,运用揭示因果关系(独立变量与从属变量的关系)的理论成为实践者的课题。实践者通常假定一个最有效的方法,通过实证研

究来改进实践。

第二种理论与实践的关系是"实践理论化"的立场。这种立场寻求的是,通过优秀实践的一般化与典型化,抽取产生优秀实践的一般原理与技术。这成为教师民间研究团队的研究中的主要谱系。在课堂实践中寻求典型化是重要的,在教师中间分享多样的典型对于教育实践的改进与教师的成长是有效的。不过,这种立场也存在难点。借助优秀实践的典型化来抽取一般原理与技术并非轻而易举。即便有可能,理论化了的一般原理与教师是否在所有的教师与课堂中都有效,那是另一回事。尽管是优秀实践的典型化,在教育这样拥有多元而复杂的价值的领域中,要断定哪一个实践是优秀的是不可能的。

第三种理论与实践的关系是研究"实践中的理论"的立场。一切的教育实践都有意无意地隐含着某种理论,并基于这种理论采取行动。亦即要求反思隐含于实践中的理论,通过反思、变革这种理论,来改进实践。

借助"反思性实践者"的现代教师教育改革,在这三种立场中,主要是通过对"实践中的理论"的反思,来构筑理论与实践的关系的。以反思性实践为特征的"行为中的反思"这一实践性认识论,把"实践性思维"或"实践性智慧"的开发视为教师教育的目的之一。

日本东京大学佐藤学教授 30 多年来,殚精竭虑,躬行实践,从事"学习共同体"的实践研究,开创了 21 世纪"课堂革命"的东亚奇迹。一方面,他为我们提供了一批创建"学习共同体"的学校改革的样本,另一方面,又为我们提供了寻求"研究—实践"的新型关系的经验。在他漫长而艰难的挑战过程中,我们可以读到诸多值得品味的关键事件。

第一个关键事件,揭穿"教学科学"的一套神话。1992 年,佐藤学教授率先打开"教学研究"的"潘多拉盒",揭穿了"教学科学"的神话。[1] 在他看来,日本教育界那些标榜"教学科学"的一般研究者并没有在课堂实践中尝试自身的实践,也不去探讨一线教师直面的具体实践课题,却一味寻求教学过程的技术合理性解释。这种"教学研究"既不能打开"黑匣子",也不能踏进"玻璃盒",更不是打开"潘多拉盒",终究不过是形成了如下一套神话而已:其一,"教学科学法则"的神话。"教学过程是合乎法则的过程,作为确立法则之学是可能形成的。而这种法则是可以根据学习与发展心理学研究加以阐释的。"其二,"普遍教学论与学科教育学"的神话。"教学的过程是凭借合理的技术构成的,凭借出色的教学有可能求得更合理的技术体系。"换言之,以为"超越了学科教学的特殊性的普遍的教学理论是存在的"。其三,"教学研究主导性"的神话。"教学实践的践行者是教师,教育科学的理论研究专家是研究者。"面对传统"教学研究"的陷阱与神话,他呼吁教学研究的转型,并且针锋相对地指出:第一,教学过程是师生的文化、社会实践过程。因此,教学不可能是价值中立的过程,而是政治的、经济的、社会的、文化的、伦理的复杂实现的过程。第二,教学过程不是合理的技术应用过程。就教师而言,教学是在复杂的语境中展开的实践性问题的解决过程。因此传统的"教学科学"是站不住脚的。"教学研究"的领域首先是一线教师实践研究的对象,其次是教育研究者以多样的科学为基础,同一线教师展开"协同研究"的对象。第三,作为教育科学的教学研究,不是特定专家垄断的领域,而是所有学科领域的研究者展开跨学科研究的领域。教师的实践研究与研究者的理论研究,共享同一个研究对象,尽管在课题与责任上有所分工,却是应当一道"协同研究"的领域。

第二个关键事件,躬行"学习共同体"的学校创建的实践。1998 年,佐藤学教授应"神奈川县茅崎市教育委员会"之邀,基于他的"学习共同体"理念,展开了创建新型学校的实验。借助"学习共同体"的理念,滨之乡小学的教师们组成学习社群,展开"授业研究",寻求共同的专业成长。他们的心得是:"课堂不变,教师不会变;教师不变,学校不会变。"确实,他们营造了新的学校文化,给中小学界带来了巨大的冲击。"滨之乡小学"就这样诞生了。佐藤学教授作为一个"行动的研究者",从东京大学的象牙塔走出来,走进城市与乡村的中小学,进入每一间课堂,观察课堂中每一件微不足道的小事,同教师一起研讨儿童学习的过程,同校长一起探讨教师的发展与学校的网络,经历无数次的失败与痛苦,也面对无数次的彷徨与失落,但所有这些都没有动摇他的信念,反而鞭策他从实践中学到智慧。在他看来,要理解学校改革的问题与困境,就要走向学校现场,浸润其中。唯有这样,才能找到现实的路径与通道,因为,"学校改革的一切答案在现场"。如今,大约 2 500 所日本国内中小学和欧美、东南亚 27 个国家与地区的大约 500 所中小学,结成了松散的草根改革的网络。以"滨之乡小学"为代表的提供实践模型的先锋学校,在整个日本约有 300 所,这些学校每年举办 1 000 次左右的公开研讨会,可谓声势浩大。毫无疑问,这种改革为新型学校的创造,提供了源源不断的实践经验与思想资料。[2]

第三个关键事件,创造"研究"与"实践"的新型关系。佐藤学教授传承日本"授业研究"的传统,形成了一套"授业研究"的话语系统,积累了丰富的"授业研究"的案例。日本中小学的"授业研究"主要是围绕"单元教学"展开的系统性、整体性研究。教师们一起备课,一起观摩教学,一起反思教学,一起评议教学过程中发生的现象与问题,一起发现教学改进的门道。这种"授业研究"的展开,不同于传统的"假设—验证"型的研究。在这里,教师不再是被研究的对象,教师自身就是研究者;研究者的作用也不再停留于从单纯的观察者的立场,对现场提供一些指点,而是基于研究者与一线教师的交互影响的关系,创生新的教育智慧。佐藤学教授自身从这些学校的儿童学习与教师实践的事实中得到了学习。他说:"造访学校与课堂乃是一种动人心弦的、令人惊异的经验。多少次的造访、多少次的课堂观摩,从没有令人失望:我总是直面众多的难题,不得不去展开求解多元高次方程那般复杂的思索,并从每日每时同这些难题格斗、孜孜以求地展开学习的儿童与教师身上,享受多样的感动。"

透过上述关键事件,读者不难领悟到"教学研究"的真谛与未来学校发展的愿景。笔者同佐藤学教授相识,是他在三重大学教育学部执教之初的 1982 年,30 多年来彼此交往不断。他的一系列著作——《课程与教师》、《学习的快乐》、《学校的挑战》、《教师的挑战》、《学校见闻录》、《教师花传书》等,经笔者的翻译与介绍,得以同我国广大读者相遇,产生了广泛而持久的影响。佐藤学的影响力之所以从日本扩展到我国,乃至欧美和东南亚国家与地区,就是因为他的"学习共同体"的学校改革哲学,能够有效地消解现代学校教育的危机,代表着新时代学校改革的方向。

二、"临床研究":寻求"研究—实践"的新型关系

(一)"临床研究"的三个"基轴"

在教育研究中采用"临床"这一词汇究竟意味着什么? 所谓"临床"(clinic),原

是从古希腊语"床"的意义派生出来的词汇。"贴近床头",就是"临床"的字面含义,这原本是医学的术语。根据《广辞苑》的界定,所谓"临床医学",是指"相对于基础医学而言的实地诊断并治疗病人的医学"。从这种界定看来,"临床"的含义,大体囊括了两个"基轴"[3]。

其一,聚焦医学中的"实地"侧面时的"现场性"、"实践性"之轴(a)。谓之"临床教育学"的研究,在界定上全都可以纳入这一轴。这是因为,大凡紧扣"教育现场的实践"的研究,尽管强烈地意识到了"临床"的重要性,但是在"密切联系现场和实践"这一意义上的表现仍有不同。依其指向实践还是指向理论,各种研究形成了一个光谱。就是说,针对教育现场问题的个别具体案例,揭示"解决方案"的研究构成一极;密切联系现场,旨在丰富实践应用可能性的"理论形成"的研究构成了另一极。而表征"现场性"、"实践性"之内在含义的关键词,就是"关系"(师生关系或是同学关系)或是"发展支援"、"自立支援"等,从具体入微的论考到抽象的理论概括,形形色色。

其二,表征如何把握医学中的"病人"这个要素的"病理性"、"问题性"之轴(b)。同(a)轴一样,谓之"临床教育学"的研究,在界定上全都可以纳入这一轴(b)。在这个基轴上,如果以"逃学"、"欺凌"或是其他种种教育病理现象及其具体案例作为考察对象的"临床教育学"为一极,那么,也存在着不限定于这种"特别需求"的研究立场的另一极。例如,未必以这种显著病理现象为对象的研究,而是以"焦虑、困惑的青少年"作为一般考察对象的研究,或是针对个别的儿童在学校教育中面临的"个别性问题"的教育研究。

以上两个基轴都是从"临床"的字面意义(明义、原义)推演出来的。此外,还可以考虑另外一个基轴,这就是从两轴相交形成的四个象限。由于这一轴是从"临床"这个术语的言外之意(隐义、衍义)引申出来的,所以称之为"发现性"、"批判性"之轴(c)。这一轴表示,是否不同于现存的教育观,能够"批判性"地看待"临床教育学"这一新的领域;或者,是否能够承担起现存教育学未能充分认识的"发现"的作用。这是用来判断各种研究是否拥有了新的视点、实现了某种范式转换的基轴。

可以说,教育临床研究的三基轴——"现场性"、"实践性"之轴;"病理性"、"问题性"之轴;"发现性"、"批判性"之轴——的分析,集中体现了"临床教育学"研究的基本性格及其特色。

（二）"临床研究"的意涵

"临床"这一术语大体有两种意涵。一是指"求得问题解决"这一狭义的"临床"，二是指"扎根现场"这一广义的"临床"。所谓"临床研究"，是研究者自身沉入学校现场，亲身感触学校的氛围、从"临床"的角度获得智慧，借以发现学校教育改进的策略的一种研究方式。因此，"临床研究"不是单纯的知识、技能与理论在学校现场的应用，而是在理论与实践的交互反馈中，求得认识的创造性与发展的过程。[4]在"研究—实践"的关系中，嵌入了形成"持续性"、"相互交流性"以及"价值追求"的意涵，通过建构这种关系，形成有助于课堂教学的有意义的知识与理论。

所谓"持续性"，是指研究者在一定的时期内，同学校教育实践的现场及其当事者形成不间断的直接性关系，保持关系的状态。所谓"相互交流性"，是指学校一线教师中分享的"实践智慧"与研究者中产生的"研究智慧"的双向交流。所谓"价值追求"，归根结底是旨在"提升学校作为一种教育组织的力量"，或者说，意味着在学校内部形成自身的自律性。正因为这样，研究与实践的关系并不是"研究者作为专家提升实践策略"，或是"实践者依赖于来自研究者的建议"这一短暂性、单向性的关系，而必须借助"持续性"、"相互交流性"来形成研究者与一线教师之间的关系。

"临床研究"的具体形态是多种多样的，包括沉入现场、支援性实践（建立关系、展开对话、发挥作用）、研究、学校现场与研究机构的相互交流。这里特别要指出的是，"临床研究"不仅仅是实践，而是必须具备的作为研究的要件。所谓"要件"就是形成如下的行动研究的要素：其一，作为研究成果，产生有可能分享的知识（见识）。其二，支持这种知识（见识）的具体的根据，揭示由此引导出来的探究过程，探讨其妥当性。其三，把所获得的知识（见识）同该领域的先行知识整合起来。

可以说，"临床研究"是从学校现场求得知识创造的一种尝试。这种尝试不是单纯的研究方法的问题，而是探讨"实践—研究"、"学校现场与研究机构"的新型关系的一种尝试。

（三）"临床研究"的可能性

在教育研究中的"临床"不限于"病床"，不停留于课堂教学中所存在的问题与

病理的诊断与治疗,也包括了开发与支援活动在内的论述。这种临床研究开拓了如下的可能性[5]:

其一,生动地描述与理解每一个课堂事件,同时基于这种描述与理解,开拓理论建构的可能性。为了坚实课堂研究的基础,积累课堂事件的准确描述是不可或缺的条件。课堂研究的基本功就在于这种课堂事件的准确描述。亦即通过准确地描述所发生的课堂活动,积累具体的案例,才能由此获得"临床知识",建构"理论"。确立这种课堂事件准确而丰富地描述的方法,正是求得课堂研究发展的第一步。"临床研究"具备这种使描述得以丰富的可能性。

其二,谋求"解释"与"开发"的接近与融合。为了解释课堂事件,研究者们倾注了课堂研究的大半精力。但另一方面,他们也倾注了许多精力用于"开发"诸如开发新的课程、新的教法、改进教学组织之类的研究。然而,这种"解释"与"开发"往往是处于分割状态的。一线教师执着于开发性研究,大学研究者往往执着于解释性研究,显示出双方所依据的研究文化有所差异。临床研究是旨在谋求分割的解释与开发得以消化接近和融合的一种尝试。课堂研究的一个既老又新的课题就是,确立一种既能确凿地解释现实的状况,又能引出改进方略的研究方式。可以认为,寻求解释与开发的尝试,有可能产生新型的课堂研究。

其三,寻求基于课堂实践的课堂研究的发展。可以说,围绕课堂教学的实践知识与经验知识在学校教育现场是散乱无序的。如何挖掘处于埋没状态的课堂"知性",系统地组织活动,正是从"临床"获得智慧、建构"学问"的途径。"临床研究"有助于接近课堂实践展开的场域,打开其细部,发展扎根于实践的课堂教学的理论研究。研究者通过经验"临床"而得以加固"基础",同时又凭借"基础"而得以更好地逼近"临床"。"临床研究"有助于促进研究者的"临床"经验与专业成长。

三、"临床研究"的课题:超越"研究—实践"的二元对立

(一)思维方式:从"主体思维"转向"间性思维"

"临床研究"也意味着思维方式的转换:从"主体思维"转向"间性思维"。这里所谓的"转换思维方式",亦即转变原来的自我为中心的主体性思维方式,用

间性思维方式来面对鲜活的课堂事实与课堂经验,共同促进教师实践思维的发展。

主体、主体性、主体性思维的问题是哲学研究,也是教育研究中核心的命题之一。建构主义倡导"我思故我在"的命题,这种主体性哲学有助于提升人的主体地位,有助于使得每一位学生把自我视为"学习的主体"。不过,"主体性思维"往往过度夸大主体性的自我中心主义,从而导致"唯我论"。鉴于这种主体性思维的狭隘性,社会建构主义倡导"我们思故我们在"的命题。20世纪西方哲学界对以主体性为标志的近代哲学展开的反思,实质上是对自我中心主义的反省。以哈贝马斯(J. Habermas)为代表的哲学家倡导"对话伦理"、"沟通理性"。"对话伦理"可以消解任何一个单一主体的中心地位,而"沟通理性"则可以让理性由"以主体为中心"变成"以主体间性为中心"。这里所谓的"主体间性"是指在"涉他性"行为中将他者当作"我"共生的主体而不是客体。他者与我的关系不应当是控制与被控制、服从与被服从的关系,而是在平等基础上自由的对话关系。"主体间性"摆脱了"唯我论",关注的对象也从"自我"转向"他者",倡导主体间的相互交往、沟通与对话。真正的主体唯有在主体与主体相互承认和尊重对方的主体性时才可能存在。人的思维方式也从自我中心式的主体性思维转向承认他者、尊重他者的间性思维。间性思维方式不仅肯定自我的主体性,同时也承认他者的主体性,并且倡导主体之间的平等对话。

从主体思维转向间性思维,亦即从个体思维转向集体思维。**间性思维有助于更好地认识自身**。间性思维是一种关联性思维——自我离不开他者,个体离不开集体。一则因为有他者的存在,自我才成为认识的主体。二则他者是了解自我的一面镜子,正是因为有了他者这一"参照系",才能全面地认识自我。

从主体思维转向间性思维,同样意味着思维方式的转变。以自我为中心的主客观对立的认知方式及主体性思维方式,在20世纪后半叶,经历了认识论与方法论的重大转型,出现了互动认知方式,开始强调主体的认识必须依靠主体之外的他者视角的观察与反思,这就是"间性思维"。基于间性思维的学习共同体,应当是一个多元互动、多元协同关系的整体。

第一,尊重差异。任何间性都是以差异性为基础的。唯有差异的东西才可能出现交互性的对话。儿童之间的差异性是客观存在。正是因为各自的差异,才具有相互吸引的力量和相互借鉴的必要,在相互对照中进一步认识、发现自己,从他者的角度反观自己,达到相互滋养。处于间性关系之中的课堂世界是平等的、各自具有独立的主体性的世界。作为平等对话的伙伴,在和谐友好的氛围中相互尊重、消除误解、摒弃成见,共同探讨所面临的问题,寻求最佳的问题解决的途径。

第二,多向沟通。间性思维的特征之一就是关联性。关联性体现了整体之间的沟通性,要求把他者作为主体来关联他者、倾听他者。因此,自我与他者的关系是交互主体性的。既然是交互作用的关系,那么,他们之间的关系是多向沟通的。间性思维主张不同主体之间的双向的、多向的碰撞,在相互碰撞之中,每一个主体不是一成不变的,而是一个不断变化的活生生的有机体。同时,在这种相互碰撞中,每一个主体也不是僵硬地、机械地接纳或是迁移,而是从他者身上汲取对自己有益的文化养分,从而产生新质文化。

第三,和而不同。不同特色的主体之间交互作用、相互推动,求同求异、共存共荣。这里的"和"不是消弭"差异",而是协调"不同"。所有的不同并不是消失,而是不同的主体都获得新的发展。"和而不同"在强调尊重差异性的同时,形成不同主体之间的互动互补、协同发展的关系。

(二) 行为方式：彰显"临床研究"的魅力

1."实践研究"视野下的"临床研究"。20 世纪 90 年代以来,研究者对学校教育中的实践课题的兴趣高涨起来,同时,实践研究也开始展开,打开了学校教育研究的封闭状态。表现在：其一,实践与研究之间的沟通与知识的相互环流得以活跃。其二,拥有实践有效性的知识(包括有关教育实践的基础性知识、诊断性知识、处方性知识)的生产与积累得以活跃。[6] 可以说,这些"实践研究",借助"研究—实践"的互惠互补关系的构筑与知识环流的实现,有助于教育实践的知识领域的丰富,和教育实践的知识基础的重建。

作为教育的"实践研究"可分两种："民俗志研究"与"临床研究"。前者是以组织的动态描述为主的研究;后者是以组织认识到的问题解决为主的研究。前者并不是嵌入组织内部还原性地分析其动态,而是以同他者分享经验为中心来进行描述的;后者的特质是参与组织的问题解决,通过这种过程来深化人们对组织动态的见解。前者主要是基于研究者侧面的兴趣与课题意识而展开已经获得;后者是从实践侧面借助问题揭示与委托而发生的研究活动。根据上述分类,教育研究者的实践性研究的类型,亦即实践研究,大体有两个方向。一是"实践描述型研究"。这是旨在立足于学校教育的现实或实践,谋求理解与理论化的研究。它不是基于现成的模型和理论去分解、理解教育现象,而是深入教育现象、谋求现象的理解、概念化乃至理论化。当然,在这个过程中,对于既有的概念、理论会做出比较性的探讨。二是"问题解决性研究"。这是一种对教育实践具有有效性的知识的建构。就是说,是推进"为了"、"有助于"教育实践的一种研究活动。前者关注的是对教育现象的解释与理论化,后者关注的是对教育实践的有效性。上述两个指向,都不是从既有的理论体系演绎出假设,并找出适于该假设的事实(数据)的作业的反复。两者的共同点在于参与教育的实践,并在这个过程中深化对教育现象的理解。

2. 彰显"临床研究"的魅力。具体地说,狭义的"临床"就是"行动研究"。"行动研究"的课题原本就是直接地"有助于"学校现场的研究。不过,"行动研究"的主体可以是一线教师自身,也可以是大学的研究者。对于大学的研究者而言,感受"行动研究"的魅力,是十分必要的。大学的研究者事实上存在两种研究动机。[7]其一,"学究动机",是旨在以产出学术研究成果作为第一目的而介入现场,从学术的视点来理解与说明现场的问题,进而以高标准的要求把现场问题撰写学术论文的动机。其二,"实践动机",是指在特定现场研究者展开自身的实践,或者以改进现场的实践与体制为第一目的而介入现场的动机。在教育研究中,这两种研究动机往往是彼此分离的。而兼容两种动机——"把现场的实践加以理论化"的学究动机与"更好地变革实践"的实践动机,去直面现场,就是"行动研究"。可以说,助力学校现场,同时又展开特定现场的案例研究——这种"行动研究"为填平"研究与实践"之间的鸿沟、超越"研究与实践"的二元对立,提供了一种可能。

参考文献

［1］佐藤学. 课程与教师［M］. 钟启泉，译. 北京；教育科学出版社，2003：217—238.

［2］佐藤学. 教师的挑战［M］. 钟启泉，陈静静，译. 上海：华东师范大学出版社，2012：
　　136—149.

［3］浅沼茂. 从巴赫金的语言哲学看"临床教育学"［J］. 上海：全球教育展望，2007(9).

［4］［5］［6］［7］小野由美子，等. 学校经营研究中临床研究的构筑［M］. 京都：北大路书房，
　　2004：16,33—34,26,130.

结语

课堂研究与教学创造

　　儿童的"学习"是怎么回事？优质的"教学"应当是怎样的？——这是"课堂研究"必须回答的问题。不过,事实上,对于"学习"的科学研究是从上世纪初才正式开始的。在以往的百年间,心理学者和教育学家围绕人类"学习"本质的解读,发展了三种"隐喻"[1],体现了"学习"概念的三个里程碑式的进化：第一,20 世纪前半叶的隐喻是行为主义的"反应的强化"——教师提供奖惩,学习者被动接受奖惩。技术的作用是求得反应、做出反馈。第二,20 世纪中期的隐喻是认知主义的"信息的获得"——教师通过信息,学习者被动接受信息,技术的作用是提供信息手段。第三,20 世纪末的隐喻是建构主义的"知识的建构"——基于学习经验,学习者在认知性地重建所提示的教材之际,"学习"才会发生。教师是协助学习者进行认知性处理的向导,学习者则是对所提示的教材建构意义的意义形成者。这种场合技术的作用,不仅是提示信息,也包括学习之际帮助学习者的认知性处理。显然,"有意义学习"倘若离开了聚焦"知识建构"的隐喻,是难以奏效的。因此,重要的是秉持这样一种视点："学习者在习得知识、运用知识的过程中,成为能动的参与者"。

　　这样,依据社会建构主义的"学习"概念,21 世纪的教育目标是旨在提升适应性的"学力","CSSC"被视为理想的教学模式。所谓"CSSC"具有四个特征：学习者积极地建构知识与技能的"建构性"(constructive)；学习者积极地运用学习方略的"自控性"(self-regulated)；从环境的文化脉络中获得充分理解的"情境性"

(situated)；不是单独活动而是合作展开活动的"协同性"(collaborative)。这就意味着，实现"课堂革命"——从"灌输中心的课堂"转向来"对话中心的课堂"——是培育"新世纪的学习者"的必然诉求。

我国中小学教师经历十几来年的"新课程改革"的洗礼，开始感受到这种"课堂研究与教学创造"的挑战。"课堂转型"的实践需要新型的"课堂研究"来支撑。"传统的课堂研究模式是以行为科学作为模型的假设验证型研究，是把精力倾注于教材研究、教案编制和提问的研究，上课之后展开教案与提问的验证。这种研究模式是教师教法的研究，不是儿童学习的研究，是一味追求"知识传递"的'有效'、'高效'的教学研究。"[2] 聚焦儿童学习事实的新型课堂研究不再局限于"教学步骤"、"教学方法"之类的表层问题的行为主义研究；也不再满足于个体的认知过程的研究，而是立足于社会建构主义的立场，把"学习"视为一种社会文化实践的研究，是一种教学实践研究。这种课堂研究对于一线教师而言，是通过教学实践，尝试解决课堂教学直面的种种问题、建构明日之课堂实践可能性的场域；对于研究者而言，是教育学概念内涵的发现与再发现的场域。在"课堂转型"的实践中，一线教师时时刻刻会碰到这样那样"转型的烦恼"。这种挑战，一方面有助于他们的改革实践的反思，积累丰富的实践知识，另一方面，自然也促成了他们同教育研究者展开对话。这就无异于优化了"实践中的理论"的过程。

本书探讨的论题就是在这样的时代要求与认识背景中引申出来的。全书设 4 编 16 章，涉及两类内容。一类是基于核心素养的"课堂研究"的基本视点及其实践课题的探讨，另一类是"课堂研究"作为教师成长的基本路径的探讨。其中半数论题是近 10 年来由华东师范大学课程与教学研究所、上海市教委教研室与上海市普陀区教育局协同展开的"有效教学的理论与实践研究"中，围绕"课堂转型"的主题提出来的。通过课堂转型的基础理论所展开的学术探讨与实践研究，梳理了课堂研究的主要课题、基本框架及其研究视点。同时，围绕课例研究的"设计—实施—评价"的课题，明察了教师研修面临的挑战。

课程改革不是一场运动，而是改革网络的形成。如果说，以往的十几年"新课程改革"侧重于"自上而下"的顶层设计与思想发动（而且这种过程仍然在持续之中，诸如"核心素养"的界定就是一个明证），那么，未来 10 年将会更倚重于"自下而上"的一线教师的课堂创造。但愿本书能够成为革新的教师推进课堂改革实践的一种助力。

参考文献

［1］佐藤学.教育方法［M］.东京：左右社,2010：86—96.

［2］日本教育方法学会.授业研究与校本研修：为了教师的成长与学校的创造［M］.东京：图书文化社,2014：58.

分享课堂创造的世界遗产

一、苏格拉底的"产婆术"

我国的"新课程改革"针对死记硬背的"灌输教学",倡导"对话教学"。不过,"对话教学"不是简单化的"问答教学"。中世纪的"问答示教法"也是采取教师"问"与学生"答"相互交换的形态,但它不过是片面传递宗教教义的"灌输术"罢了。"满堂问"无异于"满堂灌","满堂问"其实是"满堂灌"的高级表现形式而已。面对这种困境,人们往往容易联想到教育史上津津乐道的苏格拉底"产婆术"。那么,它究竟隐含怎样一种魔力呢?

产婆术的精髓。古希腊哲学家苏格拉底(Sokrates,约公元前470—前309)生于雅典。在他看来,哲学的当务之急在于"知你自己"。要能够"有知",就必须抱着"无知"的态度。所以他的一句至理名言就是"无知之知",即知道自己无知。体悟到"无知之知"的谦逊,正是迈向真理的第一步。[1]这是因为,自认无知之人,起码还有"无知之知",别人却连无知也不知。他的这个思想在他的弟子柏拉图(Platon)的著作中有清晰的阐述。

苏格拉底采用"产婆术"作为探究真理的一种对话方法。这里所谓的"对话"并不是单纯的日常会话与交谈,而是借助双方的语言交际,展开讨论的意涵。苏格拉底生活的时代,有一群被称为"诡辩家"的人,他们以指导辩论术为职业。在他们看来,"对话"的形态实际上是对话的一方旨在说服对方的一种"说服的技术"。这也是苏格拉底"对话法"的精髓,通过语言的交换产出真理,但从共同作业的意义上说,其离抵达真理的彼岸还相当远。

从无知到困惑,再到真理。"产婆术"源于他的"先天观念"。在他看来,人的观念是天生的,不是后天培育的。因此,教师的教学类似于产婆将胎儿"引出"。产婆**无法**"由外往内"地赐给产妇婴儿,而只能"由内往外"将婴儿接生下来。学习者怎样才能产出真理、抵达真理呢?苏格拉底对于那些诡辩家"掌握"的所谓"知识",对于"教授者"所要教的"知识"或是"教授"的行为,发出了严厉的警告与批判:这些人满足现成知识的状态(即"无知的状态")。苏格拉底(无知的知者)以全然没有觉悟到自己的无知的"知识的无知者"为对手,首先从"设问"开始,引出对方的"回答",再发出一个个"设问",让对方难以"回答",直至对方觉悟到自己的无知(困惑)。

这样,在导致困惑的阶段里,苏格拉底激发起对方寻求真理的强烈欲望;在尔后的阶段里,苏格拉底借助"问题",逐步地引导对方引出自己的知识,去探求真理,从而逼近真理。

苏格拉底拥有知识,但他并不教授真理,而是让学习者接受他的帮助,凭借自己的力量去探究真理,产出真理,抵达真理的彼岸。

那么,人是借助怎样的机制产出真理的呢?对于这个问题做出解答的是柏拉图的"回忆说"。知识是一种"回忆",也是一种"发现"。受苏格拉底"问题"的牵引,学习者就像是回想起了先天知道的知识那样,自然而然地产出了真理。在《柏拉图对话录·美诺篇》里,叙述苏格拉底同一位未受教育的奴隶一问一答地讨论几何问题,经过苏格拉底一步一步地质问,一步一步地引出该奴隶的先天观念,终于让他能够理解如何画一个四边形,使其面积等于原来四边形面积的 2 倍。在他看来,这个奴隶是原本拥有几何学观念的,教师的任务不过是"引出"——点醒他,让他"回忆"起来并发现了它——而已。

教学的原点。这样一种从"驳倒"到"助产"的苏格拉底的影响作用,谓之"助产术"。可以说,这个"助产术"体现了学习者自身学习并凭借自身的力量产出真理的"教学"的原点;同时也描述了让学习者自身产出这种状态的教师的"教学"的理想。借助"对话",谁都能够唤醒心中的理性,探讨更好的生存方式——这就是作为一个母亲的职责,也是助产之术。

二、夸美纽斯教学论的特质

夸美纽斯教学法的特质。 夸美纽斯(J. A. Comenius，1592—1670)1592 年生于波希米亚王国(捷克)的摩拉维亚，自幼父母双亡，由兄弟会一手扶养成人。大学毕业后，他回归故里谋得了学校教师与牧师之职。不久，夸美纽斯从事的农民救济事业，被 30 年战争的炮火中断了。在国破家亡的黑暗年代，他不得不辗转流浪于国内外。他目睹了 30 年战乱带来的国家破碎、人类绝望的惨状，似乎在儿童教育中发现了拯救人类于水深火热之中的一线光明。他说："基督教的《圣经》所教诲的，首先是为拯救普天之下人类的毁灭。唯有给青少年施以正确的教育，才是唯一有效的路径。上帝恩宠的，是您；拥有未来时代的权利的，是您。"这是因为，在夸美纽斯看来，只有在儿童的身上还残留着"人类的原型"。这意味着，人类是上帝赋予认知能力和种种特性的存在，是祈求上帝赋予虔敬之心的存在。这样，对于夸美纽斯而言，所谓儿童的教育，就是复兴祖国与人类、缔造和平与未来的宏伟事业。因此，他主张儿童教育就在于实现三个目的：懂得科学，纯于德行，习于虔敬。

"大教授学"的构想。 夸美纽斯在国内避难的艰难时刻写就《世上的迷宫与灵魂的天堂》(1623)一文，辛辣地批判了当时的教育情景。说的是在入学考试中要求考察应考生是否拥有"钢、水银、铅、铁、金"五种金属的品性。在考试指南中给出的理由是："这很重要哟！倘若没有钢的脑袋，脑袋就会爆裂；倘若脑袋中没有水银的能力，就做不了镜子；倘若没有铁的皮肤，就经不起鞭子的抽打；倘若没有铅的背脊，就耐不了端坐的学生生活；倘若没有金的钱袋，又怎能获得时间与老师呢！"针对这一点，夸美纽斯在《大教授学》(1632)中开宗明义地指出，教育就是"把一切事物教给一切人类的全部艺术"[2]。在这里，所谓"一切人类"，意味着不分身份、财产、性别的差异，举办面向所有民众的公办学校，设立实施 4 个阶段的单轨性的学校教育制度。所谓"一切事物"意味着所有的人平等地分享一切的知识，消除彼此的偏见，促进相互的理解。而《大教授学》意味着人类的知识遗产的体系——"泛智体系"，并提示了如何"迅速地、愉快地、彻底地"授予有关上帝、自然与社会的普遍知识的确凿而精致的方法。

《世界图解》的启示。《大教授学》的这种教学法是立足于事物主义与感觉主义基础之上的。夸美纽斯基于"感性内容是认识之源"的理论,把教育的出发点放在感官的训练上,同时又立足于认识的发展系列的原理,倡导按照"个别知识的获得→基于归纳法的普遍知识的获得→判断的形成"的步骤,展开教学。这种教授方法,谓之"感性直观主义"。基于这个原理,夸美纽斯编撰了世界上第一本有插图的语言教科书——《世界图解》(1654)。[3]这本教科书基于"泛知学"(夸美纽斯在《医治无知的良药是学识》一书中开宗明义的一句话)的思想,凡150章,撷取大量事物,全部配以插图。他确立了教科书编制的如下三个目标:第一,要使得学校成为快乐的天地,而不是拷问的场所。第二,锻造专注力与敏锐性。第三,以游戏的方式让儿童学会世界上主要事物的知识。特别是作为普及教育的关键,夸美纽斯所思考的以事物与语言作为媒介的"绘画"或"形象"的教学论意义,是永远不会黯然失色的。

夸美纽斯的《大教授学》奠定了近代教学论的基础。不过,其局限性也是显而易见的。不管任何内容和任何年龄的任何儿童,他都采用"普遍的技法"来构想学校的结构与教学形态,未能充分经验到也不可能充分想象到教给"一切人类"以"一切知识"的具体现实与具体困难。因此,在考察教学方法与技术之际,夸美纽斯往往把具体的儿童同具体的教学内容与教材分割开来,而且其教学的方法与技术是从自然界的机制与生产技术之中类推出来的,这就不免带有乌托邦的性质。

三、卢梭的"儿童的发现"

顺应自然的教育学。卢梭(J. J. Rousseau,1712—1778)出生后母亲亡故,10岁时父亲出走。同父母生离死别以降,形同孤儿,浪迹天涯。卢梭在学院的悬赏论文中取得名声之后,于1760年写出了一本以想象中的少年爱弥儿作为主人公的教育小说《爱弥儿,或论教育》,一举闻名。他在这本书中斥责封建社会体制是违背人类自然的"人为"的社会体制,主张建立自然的合乎人类本性的自由平等的资产阶级社会秩序。卢梭的教育学就是在这种使人类从封建社会的压抑下获得解放的斗争中产生的。

他的《爱弥儿》开宗明义地说："上帝创造的一切都是善的。一经人手，便成为恶。"[4]他主张顺应自然的教育，要使儿童从这种社会因袭的束缚中解放出来，遵循人的自然倾向，使之自然地成长。这种顺应自然的教育，目的当然不是在培养野蛮人。他说，所谓"自然人"，不是野蛮人，而是受自身本性的法则所支配、所指导的人。

他认为，教育是借助三个要素——"自然"、"人类"、"事物"，而得以实现的。"我们的才能与器官的内在发展，是自然的教育；别人教会我们如何利用这种发展的，是人类的教育；我们对影响我们的事物获得良好经验，是事物的教育。"[5]在这里，不能经由我们人类的手来进行的就是自然的教育。在他看来，后两者从属于前者的，就是"完美的教育"。

消极教育。卢梭斥责当时教育界关于儿童本性的主流观点——"人性本恶"。这种观点认为，教育的目的就在于通过指导，根绝这种本性，改变本性。卢梭以消极教育的原理抗拒这种思想。"早期的教育应当是纯粹的、消极的，他不在于教学生以道德与真理，而在于防止他的心沾染罪恶，防止他的思想产生谬见。"[6]

卢梭主张，爱弥儿到了 12—15 岁前后才是真正的知识学习与道德学习的时期。"问题不在于教他各种学问，而在于培养他有爱好学问的兴趣，而且在这种兴趣充分增长起来的时候，教他学问的方法。"[7]在这个年龄期只应当教授"有用的知识"，如自然科学，"读、写、算"及几何；还要教授各种农业与手工业劳动，因为劳动是自由人类社会的义务，是有效的教育手段。

在教学的初期过程中最有用的工具是实物，是事实。正是通过感觉的东西，我们才得以到达理性的世界。在最初思想的活动中，感觉始终是向导。世界之外无书本，事实之外无教学[8]。"我一点也不喜欢长篇大论地口头解释事物，因为年轻人根本不用心听这种解释，而且也是记不住的。实物！实物！我要不厌其烦地再三指出，我们把过多的力量用在语词上了。我们这种唠唠叨叨、废话连篇的教育必然会培养出一些唠唠叨叨、废话连篇的人。"[9]

作为"儿童的发现"之书的《爱弥儿》。卢梭并不追求系统地让儿童学习人类文化遗产——知识——的课题。他强调的是儿童的发展阶段、儿童的需求兴趣，主张儿童时期只应当教授儿童有用的知识。由于他过高地评价了儿童的个人经验，而陷入极端的儿童中心主义。这样，便同他的"实现人格的全面而最大限度的发展"的理念相悖了。这一点，正是他的教学论的历史局限性。不过，卢梭的《爱弥儿》让我们认识到，自然期望儿童成为大人之前是儿童。儿童并不是未经获得教养的小大人，也不是成为大人之前像狼一样的存在。他是不同于大人的拥有其特有思考、特有见解、特有感悟的一种存在，是拥有其独特价值的"儿童期"的存在。所以，《爱弥儿》被誉为"儿童的发现之书"。事实上，在《爱弥儿》之后，出现了儿童研究与儿童文学的新风潮。可以说，强调儿童的自发性、积极性、活动性对于儿童发展的重要意义，是卢梭教学论的重大贡献。

四、裴斯泰洛齐的"直观教学法"

裴斯泰洛齐及其直观教学法。生于瑞士苏黎世医生家庭的裴斯泰洛齐（J. H. Pestalozzy，1746—1827），是一个把整个一生献给了贫民子弟的教育实践者。1771 年苏黎世大学毕业后，他在自己命名为"新农庄"的新居里，着手农场经营和贫民子弟与孤儿的教育。尽管"新农庄"由于遭到种种障碍而不得不关闭，但他在瑞士各地开办学校，积累实践，从中提炼了教育的理论。

裴斯泰洛齐生活的年代是工场制手工业在农村逐渐渗透，传统农业生产主体的生活逐渐瓦解的时代。当时社会动乱，众多儿童被剥夺了家庭生活，过着贫困和流浪的日子。在封建的压抑的社会体制之下，处于底层的贫困民众要凭借自身的力量从贫穷中解放出来，就得掌握基础的学力。这种教育也不可能从现成的教科书中获得，而是必须基于这样的过程——从民众通过自身的五官所获得的对认知对象的感悟出发，借助思维作用形成概念的过程。以基础学力的获得作为目标，以意味着人类认识的普遍过程的"从感性的直观到明晰的概念"的教学原则，这就是他独具一格的"基础教养的直观主义"教学理论。

"头、心、手"的协调发展与"数、形、语"。裴斯泰洛齐主张把"头、心、手"的教育作为教育的三个基本领域。[10]借助三者的协调发展，求得人格的形成。这就是：第一，思考力（新智力、头脑）的教养。第二，情操力（道德力、心）的教养。第三，技术力(体力、手)的教养。裴斯泰洛齐认为,在一切的认识过程中,必然是以下列问题的提出做出发点的:(1)有多少事物? (2)它们的形状与轮廓怎样? (3)它们叫什么? 由此,他得出了一个基本的结论:发展思考力的基本手段必须是教授并训练认识的三个基本要素——数、形、语。这就是裴斯泰洛齐有关基础教养的方法论的出发点。同时,他进一步倡导基于自我活动的"自我发展原理"与"直观原理"。

自我活动原理。卢梭反对一味灌输知识的传统教育,强调教育应当使儿童过儿童的生活,使儿童凭借天生的自发的活动性,自由地活动,自由地发展。裴斯泰洛齐发展了这一思想,做了如下的理论阐述:"人拥有天赋的人类本性的力量。这就是思考力、情操力、技术力的素质与萌芽。人的这些本性唯有通过使用,才能适应自然得到发展;人也正是依凭这些能力的本性去驱使自己运用这些能力的。而教育,就是'对这些自然的自我发展需求施行手术','人为地、神性地(顺乎自然与技术地)鼓舞这种自然的进程'。"[11]

直观原理。裴斯泰洛齐的一个有名论断就是:人类的直观是一切认识之基础。他说,人类的认识是"从混乱到明确,从明确到明了,从明了到明晰"而过渡的。这是基于自我活动的自我发展原理在知识掌握过程中的具体运用,无非是靠自我活动去自我发展心智能力的一种方法论原理。在这里,裴斯泰洛齐区分了两种直观。其一,被动的直观,即外界印象的接受。其二,能动的直观,即在认识过程中能动地反映外界的人的能力。他认为,人借助被动的直观,将客观的外在世界的现象摄入自身之中;借助能动的直观,则是通过精神的力量去形成理性的认识。这样,精神是从感性印象开始,形成明确的概念的。一切的教学都必须遵循这一永恒的法则。[12]在裴斯泰洛齐的教学理论中,尽管尝试把认识的发展系列同教学内容的排列加以整合,不过,仍然局限于基础教养论的阶段,教学理论的系统化作业仍然任重道远。

裴斯泰洛齐的教学理论被尔后的赫尔巴特学派所继承。他们活跃的舞台——19 世纪前半叶的欧洲,是一个系统分科的近代科学确立的时期,也是一个确立起学科教学与学习理论的时代:他们自觉地把包括主体的形成在内的顺应自然的原理与直观原理同正在确立的近代科学的逻辑相结合,而且把这种结合具体地体现在民众学校的学科内容之中。可以说,在近代教学理论的发展史上,作出了卓越的贡献。

五、赫尔巴特学派的"五段教学法"

赫尔巴特的认识阶段论与教学四段说。生于德国北部奥尔登堡律师家庭的赫尔巴特(J. F. Herbart, 1776—1841),在耶拿大学毕业后,便到瑞士一个贵族施泰格尔家里当家庭教师。在此期间,他拜访了当时已负盛名的教育家裴斯泰洛齐(1788 年秋),受到裴斯泰洛齐教育实践的极大激励,于 1800 年撰写《裴斯泰洛齐的直观教学 ABC》,开始走上了教育学家的道路。尔后,他在柯尼斯堡大学和格丁根大学讲授教育学。

赫尔巴特的教育论述是旨在培育能够承担起近代市民社会、推进普鲁士德意志的"道德革命"的人(中产市民阶级)。因此,他的教学的终极目的是"道德品性的陶冶",而教学的直接目标是"多种兴趣"。

首先,赫尔巴特以陶冶顽强的道德品质作为教育的课题。他从表象力学的心理学——表象是精神生活的原始要素,感情、意志都是表象的运动——立场出发,主张要形成道德品性,就得传递与掌握一定的知识内容。不过,倘若把知识单纯地作为知识,亦即冷冰冰的知识加以掌握,是不可能转化为意志和态度这一道德核心的。要使得知识转化为意志和态度,教学要具有形成德性的教育意义,就得教授伴有兴趣的知识。由此,赫尔巴特提出了多种兴趣的涵养作为教学的直接目标。

其次,赫尔巴特从赋予兴趣方向的心理状态出发,设定了六种兴趣的主轴。这就是,兴趣是从经验中的认识与交际中的共鸣之中产生的。"认识"分三种:多样性的认识、合法则性的认识、审美关系的认识。"共鸣"分三种:对人的共鸣、对社会的共鸣、对两者存在关系的共鸣。这样,"兴趣"也相应地分为六种:经验兴趣、思辨兴趣、审美兴趣,以及同情兴趣、社会兴趣、宗教兴趣。[13]

赫尔巴特在指出人类的认识过程包含"专心"(钻研认识对象)阶段和"致思"(将所得结果的若干内容加以整合)阶段的基础上,提出了实现多种兴趣的"教学四阶段说"，即"明了—联合—系统—方法"。

赫尔巴特学派的理论发展与"五段形式教学法"。赫尔巴特去世后，出现了继承他的教育理论并在教学实践中求得进一步发展的一群学者，其代表人物就是戚勒(T. Ziller)和拉因(W. Rein)。戚勒认为，德性的陶冶与宗教的陶冶是一回事。他把宗教的、道德的教养视为"教育性教学"的核心。不过，单纯用宗教的、道德的学科是不能形成宗教的、道德的人格的，于是他主张以情操学科、意念教材（宗教、历史、文学）作为核心，在核心周围配以自然科学、数学、地理、体操、劳作等，把所有的"学科"统整起来。这就是所谓的"中心统合法"。[14]戚勒又根据德意志民族的文化发展史排列了 8 个学年的教材，倡导"文化史阶段说"。

22 岁前后曾是戚勒指导的教育实习生的拉因，后来也当上了耶拿大学的教授。他根据自身的研究，倡导"预备—提示—比较—总结—应用"的程式化教学过程：

预备——学习目的的提示、学习动机的唤起、旧观念的梳理。

提示——把新教材加以分节，基于直觉展开教学。

比较——把新教材同既习的类似教材进行比较，揭示共同点。

总结——基于借助比较所得出的认识，上升到概念与法则的概括。

应用——把所获得的知识同既有知识关联起来，纳入既有知识之中，并在实际生活中应用其他类似的教材。

教学阶段说是基于儿童的认识发展做出区分的，它具有规定教学步骤的作为形式阶段的性质。

六、杜威的"问题解决法"

杜威(J. Dewey, 1859—1952)生于美国佛蒙特州山清水秀的柏灵顿。佛蒙特州立大学毕业后，他曾任职于当地的乡村学校，后创办芝加哥大学附属实验学校（从幼儿园到高中），实际验证自己的"做中学"的教育理论。

儿童中心的教育。杜威在《学校与社会》(1899)一书中最大胆地表达了"儿童中心教育"的思想。他说，旧教育的重心是在儿童之外。重心在教师，唯独不在儿童自己的直接的本能和活动。"现在我们的教育中正在发生的一种变革是重心的转移，这是一种变革，一场革命，一场和哥白尼把天体的中心从地球转到太阳那样的革命。"[15]当我们认识到儿童自身有其固有的价值，重心置于儿童的发展与自发性之际，教育的中心便从教师移向儿童。教师从主角变为观察者、协助者。这样，教师对于儿童的教育出发点就应当改变——儿童生来就是积极地作用于环境的活动的存在。教育的问题是对儿童的种种活动给予指导的问题。组织种种活动、导向种种有价值的结果，就是教育的作用、教师的作用。在杜威看来，所谓"教育"就是增加经验的意义，提升指引尔后的教育出路与方向的能力，亦即经验的改造与再造。所谓"经验"则是与生俱来的活动力及其同环境的相互作用。

杜威的教育理论就是旨在使得这种传统学校里的学习得以活动化、生活化。他主张学校是"小型的社会、胚芽的社会"。儿童的活动性成长，借助对话（沟通的兴趣）、探究（发现事物的兴趣）、制作物件（建构的兴趣）以及艺术的兴趣，是有可能达成的。课程的中心不是学科，而是作业——木工、烹调、编织等。这种作业可以保障经验的知性侧面与实践侧面的统整，它要求眼、手等身体器官活动的自我表现和不断的观察、计划、反思。教学的中心也不是教师，而要在儿童的生活活动中去发现。

反思性思维与问题解决学习。杜威指出，陶冶思维，培养"反思性思维"的态度是教育的目的。[16]"反思性思维"具有两个特征。一是疑问、踌躇、困惑、心智烦躁，"思维"从这里开始。二是解决这种疑问，消解困惑，旨在发现所处理的材料而进行的调查、探究、琢磨的作用。如果说，养成思维的习惯、发展主体判断是教育的中心，那么就得进一步探讨如何训练这种能力。在杜威看来，从不确定情境或问题，到问题的解决，谓之"反思性活动"或"探究活动"，而在这种状况的转换之间会体现思维的诸多侧面与诸多特征：

1. 思维的先决条件。反思性思维不是在真空中发生的，它是在人们直面困难、困惑，陷入矛盾时，亦即在问题情境中，受特有的焦虑、困惑、紧张所支配，寻求超越问题状况之际就会产生的问题意识。

2. 知性梳理与问题设定。从困惑的、情绪漠然的问题意识出发，准确地把握问题，是同思维、探究的范式联系在一起的。为此，就得多侧面地观察与调查种种条件。

3. 设想与启示。从观察与调查之中分析问题并产生问题解决的线索（暗示、启示、设想、回想），逻辑地梳理逐渐浮现出来的有启发的观念，这就是作业假设（指导性观念）。最初的启示性观念是自然发生的，指导性观念是理性梳理的产物。

4. 确立假设，推出结论。假设一旦形成，就产生了必须逻辑地不至于产生矛盾的过程，这就是推理的作用。一连串的推理作用介于这种进一步丰富假设作业的内涵之中。

5. 通过实验性行为，验证假设。假设是借助实验（行为）加以测验的。测验的成功表明该假设能够解决问题，因此具有妥当性。

这样看来，杜威倡导的"问题解决法"或"反思经验五阶段说"——"问题情境→问题设定→假设形成→推理→假设验证"，正是旨在形成儿童的主体性、逻辑性的思维能力，这正是学校教育的目标。

七、20 世纪初的新教育运动

20 世纪初新教育运动的教育改革实践。20 世纪初，世界规模的新教育改革运动是作为否定或克服 19 世纪德国的赫尔巴特学派而出现的。瑞典教育思想家爱伦·凯（Ellen Key）的《儿童的世纪》（1900 年）宣告，未来的世界是"儿童的世纪"。此后新教育运动的潮流展现出了种种理论谱系，产生了多种多样的"从儿童出发"的学校与教学的改革实践。[17]

众多的改革实践有着相同的普遍特征，大都是重新确认并且最大限度地尊重儿童的自然本性或是个性的所谓"儿童中心主义"的改革计划。"田园教育舍教育运动"让儿童远离大都市，在田舍中设置寄宿制学校，旨在求得儿童身心的健全发展与教育的作用，就是一例。英国的雷迪（C. Reddie）、巴德利（J. H. Badley），法国的德莫林斯（E. Demolins）、德国的利茨（O. Lietz）作为中心承担起这一运动。意大利的蒙台梭利（M. Montessori）在罗马的"儿童之家"实施从感觉训练出发，重视儿童的自发活动的实践计划。在秘鲁，德克鲁利（O. Decroly）实施儿童三阶段的学习节律(观察—联合—表现)的实践计划。世界各地的实战者们展开了形形色色的尝试。

基于这种儿童中心主义的认识,改革实践中的教学形态也从否定划一的教学转向彻底的个别学习。例如,帕卡斯特(H. Parkurst)在美国麻萨诸塞州的小城市道尔顿尝试了儿童根据自己学习教材的进度来编制"课业表",据此在被称为实验室的教室里进行个别化的自主学习,谓之"道尔顿计划"。再者,沃什伯恩(C. Washburne)在美国密歇根湖畔的维纳托卡市实施了旨在个别教学的自学自习的教育体制和教科书、自习类图书的开发,谓之"维纳托卡计划"。

就这样,一方面,尊重个性与个别差异的改革实践兴盛,另一方面,不是单纯的个别学习,而是承认拥有集体教育的积极意义的改革实践也得以问世。这里的所谓"集体"是学习与生活的共同体,彼得森(P. Petersen)在德国耶拿大学附属实验学校主持的"耶拿制"就是一个典型。"耶拿制"替代按照年龄划分的人为的年级组织,顾及因应身心发展的四个"基本集体"中的道德、人格的交互作用而展开教育活动。彼得森的"学校共同体"的思想,也包含了尊重教师集体与家长集体各自的教育权利,协同展开自主管理的学校改造实践的主张。

"合科"主义课程改革。 19 世纪末到 20 世纪初,在课程编制方面也出现了新的尝试。19 世纪近代科学的确立与民众学校的普及,一方面带来了科学知识的大众化,另一方面造成了学校课程缺乏相关性的多科并列的状况。面对这种状况,改革实战者开始摸索课程编制的改革,借以实现统整的人格形成。

在此可举西欧的两个典型案例。其一是德国的奥托(B. Otto)。他率先使用"合科教学"这一用语,其理想是使得儿童根据其内在行为与兴趣自由成长。这是一个借助教学内容的统整,寻求主体内部形成认识的统一性的改革实践。其二是体现莱比锡市学校委员会计划的"合科教学运动"。在课程编制上,这一运动倡导同"分科"主义对峙的"合科"主义。不过,名为"合科教学"的改革实践其实际的样态并不是一样的。就奥托的实践来说,"合科教学"意味着采用自由讨论的教学形态——每天上课的最后一节课时,全校学生聚会一堂,由学生方面提出课题,决定讨论的时间与方向。而莱比锡的实践根据低年级儿童的认识在心理上未分化的特点,在小学低级阶段采用合科教学,尝试新的课程编制——以儿童的生活领域的教材即乡土科的直观教学为核心,同其他学科的教学内容有机结合起来。

同一时期美国合科主义课程改革的典型案例,就是受赫尔巴特学派影响的帕克(F. W. Parker)的"中心统合法"。它跟赫尔巴特学派有些不同,其构想是,统合的中心在儿童,即在儿童周围配置各门学科,激发儿童的自发活动,来学习各门学科。

八、集体主义教育与综合技术教育

集体主义教育论。苏联教育学家马卡连柯(А. С. Макаренко,1888—1939),生于工人家庭,毕业于师范专科学校,十月革命后任小学校长,1920 年起从事再教育工作。他创办了儿童劳动教育设施——"高尔基工学团"和"捷尔任斯基公社",以劳动教育的实践为依据,建构了"集体主义教育理论",《教育诗》(1935)与《塔上旗》(1937)是他的代表作。他秉持马克思主义的方法论,基于两个根本理念,倡导集体创造的原理与方法:其一是集体主义教育思想。马卡连柯认为,通过组织健全、合理的教育集体教育儿童,是培养社会主义新人的重要方法,强调教育的任务是培养集体主义者。集体拥有丰富的创造力,唯有在集体中、通过集体并为集体进行教育,才能完成培养集体主义者的任务。其二是社会主义人道主义,即坚信人的可教育性。尊重与要求的统一——"对人的最大尊敬与对人的最大要求",是苏维埃教育的基本原则。[18]

作为引导每一个人走向更高自觉的"教育路线"——苏维埃儿童集体发展的基本路径,马卡连柯倡导"三阶段说"。第一阶段,是教师作为组织者在儿童集体面前提出要求的阶段。第二阶段,是能够从儿童当中提出儿童自身要求的积极分子形成的阶段。第三阶段,是儿童集体替代教师全面体现自我管理能力的阶段。可以说,这是一种自治集体的形成阶段。因应这种集体的发展,教师的指导工作是从组织上与理论上为两种会议提供准备。前者指作为集体主义教育核心组织单位的基础集体小队的队长会议,后者指集体的最高决定机构——全会。通过有组织的集体使得每一个人受到教育,是培养社会主义新人的最好方法。

集体主义教育的方法与课题包括:第一,集体的形成是人类社会的本能,是超越政治体制的人类的基本素质。第二,对于集体成员的信赖与爱是人格形成不可或缺的素质。第三,集体活动中的活动与集体中的人际交往对于人格的形□最为有效。上述三点,是超越了体制的普遍适用的要素。

全面发展的教育思想与综合技术教育。19 世纪英国的空想社会主义者欧文(R. Owen,1771—1858),要求教育同生产劳动结合起来,培养全面发展的一代新人。马克思(K. Mars)传承了这种先进思想,根据大工业生产和人的全面发展的需要,主张“生产劳动同智育和体育相结合,不仅是提高社会生产的一种方法,而且是造就全面发展的人的唯一方法”。马克思要求青少年了解生产各个过程的基本原理,同时获得运用各种生产的最简单的工具的技能,这种教育叫做“综合技术教育”。它在资本主义社会里可以弥补分工所造成的缺陷。20 世纪初,俄罗斯教育学家克鲁普斯卡娅(Н. К. Крупская,1869—1939)的《国民教育与民主主义》(1915),是她考察欧美教育之后从马克思主义立场写出的论述综合技术教育的经典教育学文献,界定了苏维埃教育的目的是培养“全面发展的人”。[19]

克鲁普斯卡娅寻求教育与生产劳动相结合、培养全面发展的劳动者的思想在近代教育学中是如何发生与发展的。她发现卢梭的儿童劳动教育的目的在于发展儿童的知性,即便是让儿童学习编织,与其说是职业教育,不如说是面向一般劳动的教育,具有综合技术教育的意义。所以,她高度评价卢梭的自主教育见解:劳动与技术的教育不仅是单纯的劳动能力的发展,而且关系到更大的视野——儿童的知性,特别是以劳动为基础结合起来的社会关系。为了实现全面发展的学校教育的基本目标,她主张儿童“个性的自由发展”、“创造性的生产劳动”、“教学与生产劳动相结合”、“综合技术教育”,这些实践是实现人的全面发展所不可或缺的。作为学校教育改革的方向,如下几点特别受到重视。其一,儿童原本就是知识性的存在和学习的动物。关键在于激发儿童的学习兴趣,创造儿童主动学习的教学。其二,游戏与学习的统一。打破历来秉持的二元对立的观念——以为游戏是快乐的,学习是痛苦的,把两者统一起来。其三,重视体验学习。摈弃灌输式教学,引导儿童同自然交往,同他者交往,汲取相遇的体验,实现儿童的知识与感悟的一体化。

九、"教育现代化"运动与"发现学习法"

"教育现代化"运动。1959年秋,全美科学院召开伍兹霍尔会议,第二年,担任会议主席的布鲁纳(J. S. Bruner,1915—2016)出版会议报告书《教育过程》。1957年,苏联发射第一颗人造卫星成功,美国感到科学技术的水准受到威胁,于是对国内的学校教育提出了提升教学质量的紧迫课题。众多处于领导地位的课程编制的科学家、心理学家、教育学家参加了这个会议,力图将现代科学的最新成果反映到学校课程的改革之中。尔后,物理学、化学、生物学等学科的改革相继出台,还有地学(ECSP)、数学(SMSG)等学科教材的革新,形成了一场波澜壮阔的"教育现代化"运动。[20]

PSSC物理。1956年作为教育现代化运动的先驱开发的高中物理课程(PSSC),以原子论特别是粒子性和波动性的波粒二象性认识与能量概念为主导进行改革尝试。构成学科内容的四大要素是"时间、空间、运动"、"光"、"力学"、"电与原子构造"。

CBA。1958年逐步开发出来的"化学键方案设计"(CBA),以化学的基本概念"化学键"为中心逻辑地组织起来,旨在把握核心键的三种典型方式——离子键、共价键、金属键,运用原子的电子云模型,并据以推论化学键的产生,从能量观点统一地解释化学现象。

BSCS。1958年开始的生物科学课程研究(BSCS),以"人人接受生物科学"为基本理念,革新生物教学的内容,倡导探究学习,主张生物教学不在于灌输现成的科学知识体系,而是要立足于掌握知识的过程与培养科学的态度。其教学内容包括三个维度组成的有机联系在一起的结构体系:(1)从分子到生物界的七个水准;(2)生物教学的基本概念(结构与功能、多样性与统一性等九个主题);(3)微生物、植物、动物这一生物界的三种区分。教程编成三种:分子生物学、生态生物学和传统的细胞生物学。

这场运动的特征是:第一,作为对传统的实用主义教育的一种反叛,把现代科学同教育直接结合起来,亦即强调科学本身的系统教育。第二,对儿童的学习能力予以重新评价。亦即,新课程证明了儿童也能够逐步地掌握抽象的高难度的基本概念与法则。这场运动产生了世界性的影响。在英国编制了科学教育现代化的理化生教科书,在欧洲大陆,组织了 OECD 的"科学教育现代化"委员会,提出了改革方案。

"学科结构论"与"发现学习法"。布鲁纳在《教育过程》中提出了有名的学校课程的假设:"任何学科都可以用在智育上是诚实的方式,有效地教给任何发展阶段的任何儿童。"[21]布鲁纳强调"学科结构",主张学校的课程和教学方式"务必使学生理解该学科的基本结构——经典的迁移问题的中心,与其说是单纯地掌握知识与技能,不如说是教授和学习结构"[22]。

布鲁纳进一步提出学习"学科结构"的方法——"发现学习法"。这种方法的长处是,可以培育从假设到验证的探究态度与梳理信息的智慧能力。他强调,现代的教学方法必须形成儿童的学习与探究的态度、推理与预测的态度、发现的感觉以及锲而不舍求得问题解决的态势。所谓"发现"就是发现以前没有感觉到的种种关系的规则性与种种概念的类似性,对自身的能力拥有自信。布鲁纳自身并没有界定发现学习法的过程。不过,他提出了一个假设:"先预见,后确证",亦即,凭借直觉或直觉思维来设定假设,然后通过分析性思维来验证假设的基本架构。具体地说,就是让学生同教材展开对话,产生问题意识,凭借直觉或直觉思维,推测假设,再围绕假设展开实验、观察,查找相应资料等。简而言之,便是通过分析性思维,验证假设,发现一定的法则。不过,"发现学习法"也存在短处,即耗费时间与精力。

十、弗雷内教育

何谓"弗雷内教育"。生于法国的弗雷内(C. Freinet,1896—1966),在第一次世界大战中肺部受伤,在说话困难的状态中,开始了他在偏僻乡村里的小学教师的生涯。因其讲课时间持续不了几分钟,于是他开始了崭新的实践——引导学生讲述自己的生活,让他们自己发现、提问,自己写作文。弗雷内受到卢梭与裴斯泰洛齐的影响,参与了新教育运动,并自觉地开发了新的教学技术——把班级作为自由的学习共同体,组织自由的纪律,凭借学生自身拥有的自发的学习能力展开个别学习。[11]

他的工作是在穷乡僻壤的公立小学的条件下展开的。他将小型印刷机搬进了教室,让孩子们"自由作文",描写自身的生活。随后用投票方式从中选出几篇作文,再印刷出来。弗雷内在"小型印刷机"的实践同时,着手把这种印刷品送往兄弟学校,尝试"校际通信",进而增加儿童们热衷的手工劳作活动,这就产生了儿童自身遵守纪律的必要性。这样,弗雷内创造了"学校协同组合"的实践,这种实践涵盖了儿童自身保管资金之类的种种活动,推动了儿童自我纪律的形成。

弗雷内针对当时划一的教科书的问题,开发了每一个儿童都能利用的用于个别化学习的"协同学习卡片",进而又把众多的"学习卡片"加以汇总,编成《学习文库》,作为教材教具加以出版。这种在贫穷的公立小学里得以创生的弗雷内教育,比之当时新教育运动中使用高价教具的蒙特梭利的实践,受到更广泛的支持。尽管其后受到保守派人士的攻击,弗雷内本人也受到弹压,但弗雷内教育以他们所创立的"非宗教教育协同组合"(C. E. L.)为中心,普及于全世界。

弗雷内的教育创造。弗雷内批判教科书中心的传递型教学,开发了从生活中学习,适应儿童自身的兴趣与自身的课题而展开学习的教学技法与教材群,可谓是独树一帜。[23]

1. 自主课程的编制。学校节、参观、旅行、农场与畜舍的管理等学校共同体的活动,由学校协同组合的会议讨论决定。在弗雷内式的学校里,一共制定四种计划,即教师制定的整体计划与年度计划,及儿童制定的周计划与每天的教学计划。

● 整体计划。这是弗雷内的"功能性活动"目录,系编制四种计划的基础。它根据儿童想要从事的活动,不同的地区、季节和不同年龄的成熟度而有所不同。整体计划的每一个事项根据十进分类法编码,教师敏锐地根据儿童的兴趣,对卡片辑做出相应的调整。

● 年度计划。每一个儿童有一张学习卡,标明了该学年计划学习的材料名称和必须达到的理解水准。教师针对儿童的提问进行个别辅导。学习材料是可以自主评分的,儿童自身检查出错误之后,再求教老师,理解为什么会发生这种错误。

● 月度计划(或周计划)。除继续前周的个别学习和课题研究之外,还包括学校协同组合的活动建议,不过这种活动是自由参加的。在个人的计划表中通常包括了补习的时间。

● 每日计划。从早到晚的作业都是自律地进行的。不过,由于计划与场地是共同使用、共同产生的,所以也产生了组织小组展开共同作业的必要性。

2. 主学材与次学材。弗雷内式学校大多采用个别化学习,为此准备了丰富的教材群供儿童自由选择。比如数学有四则运算与习得概念与定理的五个系列;语文有文法与拼字的卡片和文学和阅读的小册子系列。主学材不是靠教师讲解,而是儿童自身负有学习的责任,逐个地解决问题,小步子推进,并且实施自我评价。作为次学材,学校提供协同活动800种,学习文库1300余册。作为辅助文库,有古文书、观察实验指南、组合模型、透视、幻灯片。

3. 画室。每天下午的课时用于绘画、手工艺、种地、印刷教科书、编撰学校通信、登山与旅游的计划与调查,以及舞蹈与戏剧等的活动。这些活动旨在使儿童体验社会角色,发展协调的人格,促进"学校共同体"日新月异的进步。

十一、"合科学习"与"分团式动态教育法"

"合科学习"的理论与实践。木下竹次(1872—1946),日本教育家,历任奈良、富山、鹿儿岛师范学校教师,1919年起担任奈良女子高等师范学校教授兼附属小学校长。尔后直至1941年,他以该校为舞台,发挥了教育改造运动的指导性作用。当时的日本教育界正处在"大正自由主义教育"(新教育)的潮流中,主张"活动性教育",旨在尊重儿童的个性。1923年出版的《学习原论》,在奈良女子高师附小的"合科学习"的实践中引起了巨大的共鸣。他作为实践研究的先锋,发挥了巨大的影响力。[24]

所谓"合科学习"一般是指,根据儿童的兴趣与生活所设定学习材料而展开的活动中,整合复数的学科内容进行教学的方法。木下竹次主张的"学习理论",以自律学习、生活学习、合科学习为其特色。在他看来,所谓"学习"就是"学习者从生活出发,基于生活,而又提升生活",学习的目的是自我生活的发展与提升。而

"分科主义"把未分化的儿童生活给"分割"了，自然受到批判。因此，他倡导以"生活单位"作为学习的题材的"合科学习"。

木下竹次重视拥有多样的学力、兴趣、生活的学生集体的教育意义，而不是把它们等质化，学习过程被视为借助儿童之间的互补而展开的共同学习的过程。从这一点出发，"合科学习"主张超越以往的划一的课时表和划一的教材，以及基于教师中心主义的教学，创造儿童自律地进行学习的学习组织：大合科——以生活单位自我学习题材展开学习；中合科——界定文科、理科、技术的领域，选定生活单位加以系统组织；小合科——在传统的学科领域中选定生活单位，加以系统组织。

可以说，木下竹次的理论与实践，把儿童从形式化、划一化的学校教育中解放出来，激发了儿童的学习积极性，取得了一定的成果。不过，从生活中选取题材与教材，超越了学科的框架，违背了国定教育内容与法规，所以受到文部省的批判与干涉。"合科学习"并没有得到充分发展。

"分团式动态教育法"的理论与实践。 及川平治（1875—1938）在担任兵库县明石女子高等师范学校教师兼附属小学校长直至 1936 年退休的大约 30 年间，一直致力于打破教师中心的划一教学，重视儿童个性与自发性的儿童中心教育的实现。他批判日本以国定教科书为前提的课程改革潮流，倡导尊重儿童生活经验的"儿童本位的教育"。1912 年出版的《分团式动态教育法》和明石女子附小的实践，作为尔后高扬的大正自由主义教育（新教育）的先驱性实践，产生了巨大的影响力。

及川平治意识到，要像"做中学"所表征的实用主义思想那样，激发儿童的学习意欲、学习动机，实际地通过做来学习有生活价值的东西。因此，他认为教育的根本就在于重视儿童的生活经验与直接经验，把题材生活化，把重心置于儿童自身的判断与自主性、自律性上，就能使儿童自身掌握建构题材的能力。**这种教育不是划一的"静态教育"，而是"动态教育"**，是在寻求多样性、个别性的动态教育中适应多样性、个别性，将集体分团，展开分团式教育。及川平治把课程视为儿童生活经验的总体，打破学科框架，展开基于"生活单位"的学习与生活的指导。[25] 1935年以后，在教育法西斯化的时代背景下，这种超越了国定课程与教科书框架的改革实践受到行政的干涉与镇压。

日本"新教育"的浪潮：八大教育主张。受实用主义教育思潮的影响,日本大正自由主义教育(新教育)的浪潮扩展为全国规模的教育改革思潮。1921 年 8 月在东京召开的"八大教育主张"演讲会就是一个极具象征性的事件。这"八大教育主张"包括:(1)活动教育论(及川平治);(2)创造教育论(稻毛金七);(3)自学教育论(樋口长市);(4)自由教育论(手塚岸卫);(5)文艺教育论(片上升);(6)一切冲动皆满足论(千叶命吉);(7)自动教育论(河野清丸);(8)全人教育论(小原国芳)。

十二、维果茨基复兴热

俄罗斯的天才心理学家维果茨基(Л. С. Выготский, 1896—1934)生于白俄罗斯的一个犹太人中产阶级家庭,早熟,37 岁病故。他在艺术、文艺等多个领域发挥了非凡的才能,被称为"心理学的莫扎特"。晚近,在欧美学术界,对维果茨基学说的再评价成为一股热潮。"唯有先于发展的教育,让发展跟在其后的教育,才是正确的。"——维果茨基的这个理论,克服了对于人的片面理解。把人作为一个整体的人来看待的维果茨基的方法论,受到了舆论的高度关住。20 世纪 80 年代,一股被誉为"维果茨基复兴热",超越了苏联的疆界,在欧美各国及东亚国家和地区奔流。[27]

维果茨基的"最近发展区"。"最近发展区"是维果茨基独创的一个心理学新概念关于如何看待儿童的心智发展与教学之间关系。举园艺家的例子来说,要了解自己的果园的育成状态,仅仅评价成熟的果树是不恰当的。同样,要了解儿童的发展状态,不仅需要观察成熟了的功能(当下的发展水准),还需了解其同正在成熟之中的功能(明日的发展水准)之间的差异,维果茨基把这种前后之间落差的区间,定义为"最近发展区"。他说:"最近发展区是处于尚未成熟过程的某种功能——明日成熟、今日萌芽状态的功能,亦即不是发展的成果,而是发展的花蕾。"[28]"明日的发展水准"意味着接受成人的启发与指导,在同有能力的伙伴合作中,问题得以解决之际所达到的水准。

内言与外言。根据维果茨基的学习理论,正在成熟中的功能,亦即有可能发展的能力,凭借教师的指导与来自协同学习的伙伴的刺激与帮助,可以促进其功能的成熟,这证明能力是可以发展的。在这里,有着教育的期待。这种发展观,不同于皮亚杰(J. Piaget,1896—1980)的发展观。在皮亚杰看来,儿童的认知功能的发展,从出生到 18 岁,可以分为四个阶段:(1)感觉运动期(从出生到 1 岁半左右);(2)前操作期(相当于幼儿期);(3)具体操作期(学童期);(4)形式操作期(青年期以后)。皮亚杰的理论主张分阶段地追随认知发展,而维果茨基的理论则主张教育先于发展。皮亚杰认为,幼儿自言自语是尚未社会化的儿童自我中心言语,维果茨基提出自己的假设加以反驳,指出这是作为沟通工具的语言即外部语言向作为思维工具的语言即内部语言发展的前阶段作为中心语言的一种表现。有关"儿童的自我中心式的语言,是'外言'向'内言'过渡与发展的过渡性阶段的语言"的研究证明,他的假设无论在理论上还是实践上都是正确的。皮亚杰也同意了维果茨基的主张。

生活概念与科学概念。维果茨基一方面批判了在心理学思维研究的发展初期,将思维发展的内涵主要归结为知识的量的积累,另一方面又批判了专门研究思维操作而忽略思维素材的倾向。他提出了区分"生活概念"与"科学概念"的课题。两种概念的差异在于"自下而上"与"自上而下"的发展路径的差异,但不能把两种概念的发展路径加以绝对化。这是因为,即便是"生活概念",倘若没有成人的帮助也是发展不了的。亦即"生活概念"的发展,既存在"自下而上"的路径,也存在"自上而下"的发展路径。"学习",并不是在学龄期才开始的,而且"科学概念"也并不是从某种未知的领域开始或发生的。"生活概念"与"科学概念"的发展路径之间的差异不能绝对化。

儿童在上学之前就已经拥有某种知识与概念,而基于这种知识与概念,儿童会展开自身的解释与说明。因此,即便教师讲解了什么,儿童也不是原封不动地加以接受的。他会以合乎自身持有的知识与概念的方式加以改组。倘若所讲解的内容不合乎自己的解释与说明,也可能会视而不见,听而不闻。换言之,这是一种全新的建构主义学习观。它不同于旧的学习观——儿童的头脑处于真空的状态,科学的知识与概念必须灌输。在建构主义学习观看来,学习的中心课题就在于,儿童持有的知识与概念如何加以改造。

参考文献

［1］［17］岩崎次男,等.西洋教育思想史［M］.东京:明治图书,1987:16,128—150.

［2］夸美纽斯.大教授学［M］.傅任敢,译.北京:人民教育出版社,1984:1.

［3］石井正司.直观教学的理论及其发展［M］.东京:明治图书,1981:1242—1244.

［4］［5］［6］［7］［8］［9］卢梭.爱弥儿,或论教育［M］.李平沤,译.北京:商务印书馆,1983:5,7,96,223,217,237.

［10］［11］［13］［14］佐藤正夫.教学原理［M］.钟启泉,译.北京:教育科学出版社,2001:16,19,26—28,38.

［12］长尾十三郎,原野广三郎.世界教育学名著百选［M］.东京:学阳书房,1980:65.

［15］杜威.学校与社会［M］.赵祥麟,等,译.北京:人民教育出版社,1994:44.

［16］细谷俊夫.教学理论总论［M］.东京:明治图书,1981:160—164.

［18］［19］川野边敏,海老原遥.现代鲜活的教育思想(第6卷·苏俄卷)［M］.东京:行政出版公司,1981:365,228.

［20］筑波大学教育学研究会.现代教育学基础(中文修订版)［M］.钟启泉,译.上海:上海教育出版社,2003:329—338.

［21］［22］布鲁纳.教育过程［M］.华东师范大学外国教育研究室,译.上海:上海人民出版社,1973:23,8.

［23］弗雷内.劳作教育［M］.宫谷德三,译.东京:明治图书,1986:107—136.

［24］［25］田中耕治.简明授业论［M］.京都:智慧女神书房,2007:192—193,193—194.

［26］天野正辉.教育方法探究［M］.京都:晃洋书房,1995:255.

［27］Y.Engestrom.拓展学习:基于活动理论的研究［M］.山住胜广,等,译.东京:新曜社,1999:4.

［28］维果茨基.儿童的智慧发展与教学［M］.柴田义松,译.东京:明治图书,1975:81.

原出处一览

由教育行政、教育研究、教育实践三方人员组成的"课堂转型"研究组,从 2006 年开始展开了历经整整 10 年(2006—2015 年)的长跨度教学研究——"有效教学的理论与实践研究"。研究组每年举办的教育论坛——"全国有效教学理论与实践研讨会",吸引了来自全国 20 多个省市的同行参与。该论坛由教育部重点研究基地华东师范大学课程与教学研究所、上海市教委教研室、上海市普陀区教育局主办,上海市普陀区教育学院协办,上海市普陀区新黄浦学校承办。本书是以笔者在历次论坛上做的主题报告为主线,配以相关论题的阐述构成的。以下为读者梳理各章节出处:

第 1 章 《课堂世界的构图》,系根据笔者为华东师范大学开放教育学院 2012—2013 年度中小学校长、教师培训班所做讲座的相关内容整理而成。

第 2 章 《课堂转型:宁静的革命》,原载《上海教育科研》2009 年第 3 期。

第 3 章 《问题学习:新世纪的学习方式》,原载《中国教育学刊》2016 年第 9 期。

第 4 章 《自主学习的考察》,未发表。

第 5 章 《协同学习的创造》,未发表

第 6 章 《三维目标:对"双基论"的一种超越》,系笔者在 2009 年 11 月 29 日"全国第四届有效教学理论与实践研讨会"上的主题报告,《上海师范大学学报》2010 年第 1 期、《上海教育科研》2010 年第 2 期刊载了录音整理稿,原题为《打造教师的一双慧眼——谈三维目标的教学研究》。后经补充加工,以《三维目标论》为题,载于《教育研究》2011 年第 9 期。本章采用的是录音整理稿。

第 7 章 《课堂互动研究的意蕴》,系笔者在 2008 年 12 月 10 日"全国第三届有效教学理论与实践研讨会"上的主题报告,后经补充加工,以《课堂互动研究:意蕴与课题》为题,载于《教育研究》2010年第12期。这里采用的是录音整理稿。

第8章 《课堂话语分析》,原载《全球教育展望》2013年第11期。

第9章 《课堂规范:从"失范"到"规范"》,系笔者在2010年12月2日"全国第五届有效教学理论与实践研讨会"上的主题报告录音整理稿。后经补充加工,载于《全球教育展望》2011年第1期。

第10章 《单元设计:撬动课堂转型的一个支点》,根据笔者在2015年12月2日"全国第十届有效教学理论与实践研讨会"上所作的主题报告录音整理而成。后经补充加工,载于《教育发展研究》2015年第24期。

第11章 《练习的系统设计》,系笔者在2013年11月29日"全国第八届有效教学理论与实践研讨会"上的主题报告,原题为《让"练习"变得更自由、更快乐、更有趣》,后载于《中国教育报》(2014年5月7日)。

第12章 《打开课堂评价的潘多拉盒》,系笔者在2011年12月5日"全国第六届有效教学理论与实践研讨会"上的主题报告录音整理稿,后经补充加工,载于《全球教育展望》2012年第1期。

第13章 《开垦学习环境设计的荒原》,系笔者在2012年12月24日"全国第七届有效教学理论与实践研讨会"上的主题报告录音整理稿。后经若干补充,以《学习环境设计:框架与课题》为题,载于《教育研究》2015年第1期。

第14章 《有效教学研究的价值》,根据笔者在2006年12月"全国第一届有效教学理论与实践研讨会"上的主题报告录音记录稿整理而成。后经若干补充,载于《教育研究》2007年第6期。

第15章 《教师,在授业分析中成长》,系笔者在2014年5月23日杭州师范大学举行的"第三届课程与教学改革国际研讨会"上所做的大会报告《课例分析与教师成长》,后经补充加工,以《授业分析与教师成长:日本"授业研究"的考察》为题,载于《教育发展研究》2016年第8期。

第16章 《走向学习共同体的创造》,未发表。

附录 《分享课堂创造的世界遗产》,载于《基础教育课程》2016年各期"林籁泉韵"专栏。

图书在版编目(CIP)数据

课堂研究/钟启泉著.—上海:华东师范大学出版社,
2016.
ISBN 978-7-5675-5608-9

Ⅰ.①课… Ⅱ.①钟… Ⅲ.①课堂教学-教学研究-中
小学 Ⅳ.①G632.421

中国版本图书馆 CIP 数据核字(2016)第 198535 号

课堂研究

著　　者　钟启泉
策划编辑　王冰如
审读编辑　王冰如
责任校对　胡　静
装帧设计　崔　楚

出版发行　华东师范大学出版社
社　　址　上海市中山北路 3663 号　邮编 200062
网　　址　www.ecnupress.com.cn
电　　话　021-60821666　行政传真 021-62572105
客服电话　021-62865537　门市(邮购)电话 021-62869887
地　　址　上海市中山北路 3663 号华东师范大学校内先锋路口
网　　店　http://hdsdcbs.tmall.com

印 刷 者　常熟高专印刷有限公司
开　　本　787×1092　16 开
印　　张　14
字　　数　204 千字
版　　次　2016 年 11 月第 1 版
印　　次　2018 年 10 月第 6 次
书　　号　ISBN 978-7-5675-5608-9/G·9765
定　　价　32.00 元

出版人　王　焰

(如发现本版图书有印订质量问题,请寄回本社客服中心调换或电话 021-62865537 联系)